图 1 "幼儿园安全管理及教育实践研究"开题论证会

图 2 "幼儿园安全管理及教育实践研究"课题研讨会

图 3 一切为了孩子的安全、健康与发展

图 4　学会自护自立，享受快乐游戏

图 5　幼儿园安全小剧场开幕啦！

图 6　健康守护，愉快进餐

图 7　把好健康晨检第一关

图 8　晨检幼儿书包，发现零食后当面交还家长

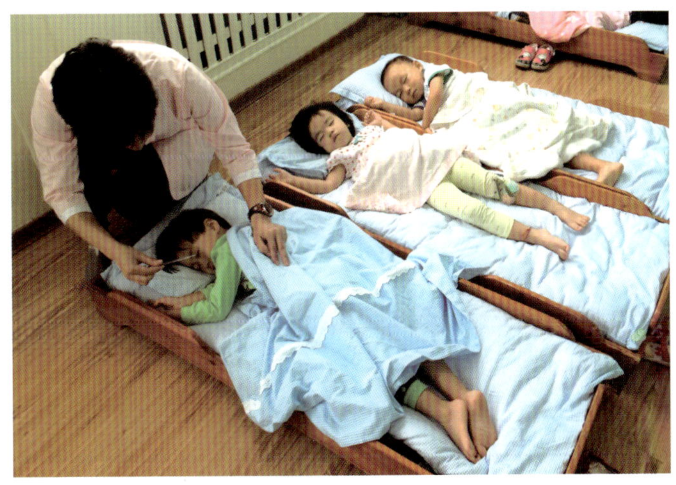

图 9　巡查幼儿午睡情况，关注个别幼儿体温变化

图 10　欢迎家长进课堂

图 11　“消防爸爸”来身边

图 12　我的爸爸是交警!

图 13　幼儿园安全学习不放松

图 14　幼儿园安全实战演练不松懈

图 15　幼儿园安全细节责任到人

图 16　幼儿园伙房功能间分类明确，标识清晰

图 17　幼儿园食堂食品留样制度与操作

图 18　幼儿园食堂消毒柜存放餐具

图 19　定期清洗玩教具

图 20　定期晾晒玩教具

图 21　定期晾晒被褥

图 22　定期检查幼儿园大型户外玩教具

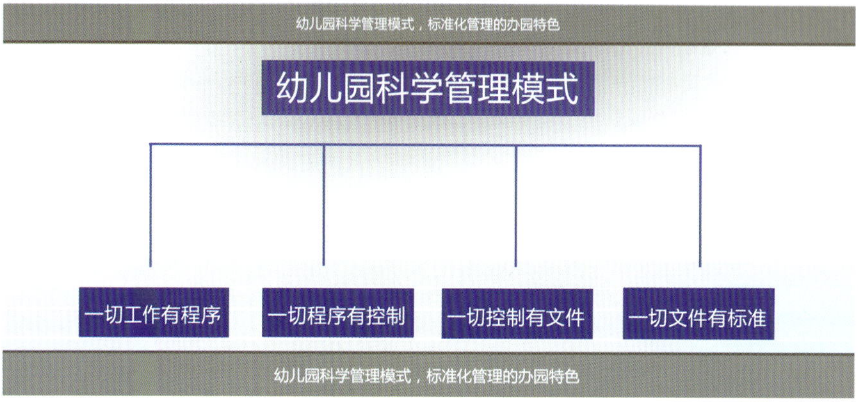

幼儿园科学管理模式，标准化管理的办园特色

幼儿园科学管理模式

- 一切工作有程序
- 一切程序有控制
- 一切控制有文件
- 一切文件有标准

幼儿园科学管理模式，标准化管理的办园特色

图 23　幼儿园科学管理模式

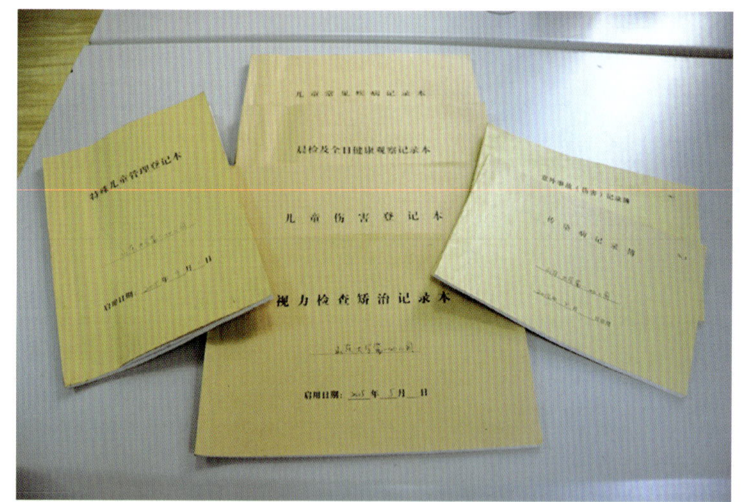

图 24　幼儿园幼儿健康记录

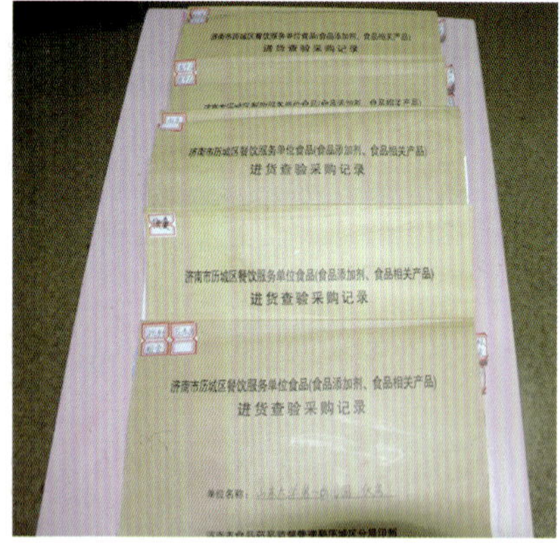

图 25　幼儿园食品进货查验采购记录

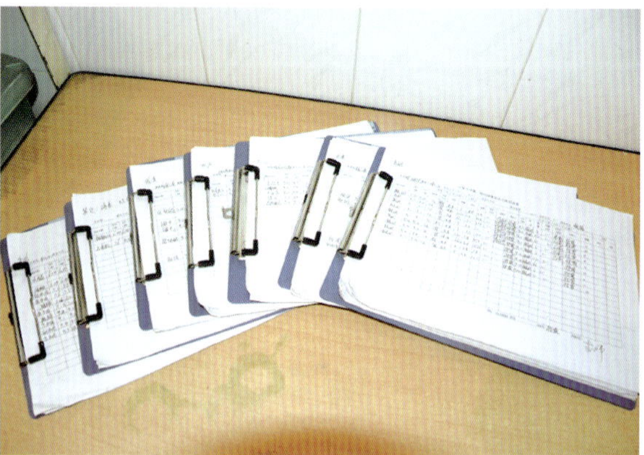

图 26　幼儿园食品采购索证

幼儿园安全管理及风险防范

张卫东　著

山东大学出版社

图书在版编目(CIP)数据

幼儿园安全管理及风险防范/张卫东著.—2版.—济南：山东大学出版社,2018.7(2019.5重印)
ISBN 978-7-5607-5653-0

Ⅰ.①幼… Ⅱ.①张… Ⅲ.①幼儿园—安全管理—研究 Ⅳ.①G617

中国版本图书馆CIP数据核字(2016)第278612号

责任编辑:徐 翔
封面设计:张 荔

出版发行:山东大学出版社
社 址 山东省济南市山大南路20号
邮 编 250100
电 话 市场部(0531)88363008
经 销:新华书店
印 刷:济南新科印务有限公司
规 格:720毫米×1000毫米 1/16
16.75印张 4插页 320千字
版 次:2018年7月第2版
印 次:2019年5月第3次印刷
定 价:39.00元

前 言

幼儿期是人一生发展过程中的“黄金期”，同时也是人一生发展过程中的“脆弱期”。潜在的伤害与危险影响着幼儿的健康发展，关乎幼儿生命。

“安全”是幼儿成人成才的前提条件，也是幼儿园教育与管理的必要前提。一方面，安全关乎每个幼儿的健康与成长，是幼儿生存和发展的根本需要；关系每个幼儿家庭的幸福和安宁，承载了社会各方的信任与希冀。另一方面，安全也是贯彻落实各级政府和教育主管部门关于学校安全工作的题中要义。国家对幼儿安全问题极为重视，原教育部部长袁贵仁就曾明确指出，“生命不保，何谈教育”。《幼儿园教育指导纲要》中也明确写道“必须把保护幼儿的生命和促进幼儿的健康放在工作的首位”。

近年来，由于多种原因，我国幼儿园安全伤害事故频发，引起了社会的广泛关注。一些安全事故直接诱发了家长与幼儿园之间的紧张和冲突，幼儿家长提出了巨额赔偿，个别幼儿教师甚至遭受到人身伤害。每一起幼儿安全事故的发生都让幼儿园园长们和教师们感叹：幼教行业成了高危行业。

幼儿园安全事故的发生给幼儿教育主管部门、幼儿园的园长们和教师们带来了很大的压力，为了避免一些无休止的幼儿安全纠纷和发生事故后的巨额赔偿，幼儿教育主管部门三令五申要求各幼儿园加强管理，防止幼儿安全事故的发生。而幼儿园的园长和保教人员在工作中切实贯彻主管教育部门的文件要求，在日常幼儿教育工作中强化安全意识，小心谨慎，如履薄冰。

在幼儿园的现实工作中，为了不出任何安全事故，一些幼儿园采取了让幼儿少活动、甚至不活动来保证幼儿的安全，因为活动就潜藏着幼儿受到伤害的诸多风险。即使是活动，也是在教师有形或无形的严格控制下活动，以此来防止幼儿安全事故的发生。

但活泼好动是幼儿的天性，是幼儿健康成长的重要保障。一方面，幼儿不仅需要在教室里学习和玩耍，而且需要在室外沐浴温暖的阳光，在有绿树、小草、砂石等各种自然材料的外在空间里活动和游戏，只有这样，才能满足幼儿大脑发育的需求，让幼儿通过视、听、感、触、嗅的刺激，使大脑细胞连接更加紧密。另一方面，游戏活动还是幼儿重要的学习方式。在一般意义上，幼儿园要以游戏为基本活动方式，寓幼儿教育于各项游戏活动之中。幼儿在游戏活动过程中表现出的积极态度和良好行为倾向是人终身学习与发展所必需的宝贵品质。面对幼儿“活动与安全”这一矛盾体，怎样既能保障幼儿的身心安全，又能保证幼儿充分的自由自主的活动？这是我们一线幼教工作者、管理者和学前教育科研工作者十分关注的热点问题。

为了研究和解决当前幼儿园安全管理与教育中出现的安全问题，2011 年 9 月，我申报了中国学前教育研究会“十二五”课题——《幼儿园安全管理与教育实践研究》，并获得了审批（项目号：2011-YB-41）。2012 年 7 月，由山东大学幼教服务中心牵头，联合山东省近 60 所幼儿园参与，启动了该课题。经过四年的实践、研究与探索，我们完成了该课题的研究。2016 年 11 月，该课题顺利结题，研究论文荣获中国学前教育研究会“十二五”课题一等奖。本书是在该项目研究成果基础上的进一步思考与拓展。

全书分为上篇和下篇两部分。上篇主要内容包括幼儿园安全概述、幼儿园安全研究的理论基础、幼儿园中存在的安全问题、幼儿园中存在安全问题的原因分析等，为本书提供现实安全问题的坚实研究基础。下篇主要内容包括幼儿园安全防范网络体系建立的思路与方法、幼儿园安全管理与教育、幼儿园安全事故法律风险防范，为幼儿园安全工作提供具体的、可操作的实践方法和实践思路。

本书的主要特色是：

第一，思路创新。幼儿园安全工作十分重要，却隐性琐碎，书中首次将工业生产中的“危险源辨识”的具体方法借鉴到幼儿园安全管理与教育实践领域中，通过科学的方法与途径识别出对幼儿造成各种安全危害的潜在隐患，并对其可能造成的安全后果进行安全等级评估，这样，就可以从源头排除危险源，保障幼儿的安全。在此基础上提出了解决这些幼儿教育中的安全问题的对策与思路。

第二，内容全面。该书对幼儿园安全工作进行了全面系统的阐述。书中既有幼儿园安全管理及教育实践相关的理论依据和分析，又有幼儿园安全防范网络体系实务的建立与实施策略，同时又从法律角度明确了如何进行风险防范，涉及幼儿园安全工作的方方面面。

第三，方法综合。该书采用的是文献分析和实证分析相结合的方法。本书中不仅提出了为提高幼儿的安全意识、丰富幼儿的安全常识所做的安全教育及其理论分析，而且为一线教师科学系统地做好幼儿园安全工作提供了具体可行的实证的方法，尤其是在危险源的辨识章节细化到伙房的吊顶材质、楼梯台阶的高度等方面，为解决幼儿园的幼儿安全问题提供了部分实证化的指标。

第四，操作性强。该书为幼儿园安全工作提供了实践性、可操作性思路和方法。特别是通过幼儿园危险源的辨识，建立安全网络体系、实施安全教育的内容、提高幼儿园各岗位人员的安全敏感度等内容，均可在幼儿园安全管理工作中直接操作和实践。

《幼儿园安全管理及风险防范》本着"幼儿为本，贴近一线，指导园所，可行有效"的原则，在参阅和吸收众多学前教育专家和幼教工作者的智慧的基础上，历时五年艰辛，最终完成。该书从繁杂的幼儿园日常工作中提炼出可能出现安全问题的细节，运用筛选法，发现安全危险源，不断总结实践中的经验与教训，从中探索出幼儿园安全管理的基本程序和规律，并将安全管理基本程序和规律升华为幼儿园安全管理的理论。衷心期望该书能激发学界和业界同行的研究热情和对幼儿园安全管理与教育工作的重视，启迪安全理念，导引安全实践，推动幼儿的安全健康、幼儿家庭的幸福安宁和社会的安定和谐。

在本书即将出版之际，由衷地感谢山东省教育科学研究院方明教授、山东师范大学教育学院学前教育系王冰教授的悉心指导，感谢山东省高校幼教研究会各高校幼儿园的热情参与，感谢山东大学幼教服务中心各幼儿园的大力支持，感谢赵仲梅、赵伟、史晓敏、栗新、朱政等老师对中心体系文件进行的悉心修改，感谢朱政、王坤、刘亚楠、郑凯凯、陈晨、张婷婷、陈虹虹、周小林、阴秀丽、付钰、王冉冉、孙程琳、衣琳涛、赵嘉、张新宇、刘子琳等老师创编并提供的安全教育小故事和小剧本。感谢山东大学出版社编辑老师的认真审阅与校对。

由于幼儿园安全管理和风险防范是学前教育和幼儿园管理工作中的新的难点问题，而且学界和业界对该问题的研究刚刚起步，因此，本书中的缺陷和错误在所难免，恭请学界和幼教界的同行批评指正。

张卫东

2016 年 11 月 28 日

目　录

上　篇

下　篇

附　录

上篇

绪 论

一、研究缘起

(一)做好幼儿园安全工作的需要

安全,是人类生活最基本最重要的条件。幼儿时期是人一生中发展最迅速的时期,幼儿的健康成长是日后发展的基础。自家长把幼儿送入幼儿园之后,幼儿一天大部分的时间都要在这里度过。人们常说幼儿园的安全是1,工作成绩是1后面的0。当安全1做好了,后面的0越多价值越高;但是,若安全1没有了,一切都是0。做好幼儿园安全工作,确保幼儿安全,是幼儿园的第一要务,是幼儿园生存发展的生命线,是顺利开展幼儿园其他各项工作的前提条件,是衡量幼儿园工作成败的基本标准。幼儿的安全问题不仅涉及幼儿的生命健康问题,还关系到千万个家庭的生活与幸福,关系到整个社会的稳定与和谐,关系到国家和民族的希望与未来。幼儿园要努力为幼儿营造一个安全、舒适、温馨的环境氛围,让幼儿拥有安全感,使其健康快乐地生活、学习和游戏。只有这样,幼儿园其他的各项工作才会按着预订计划积极顺利地进行。

近年来,有关幼儿的安全事故频发,不断见诸媒体,成为社会关注的焦点,加剧了人们对幼儿园安全工作的关注。例如:2001年6月5日,南昌某幼儿园发生火灾,造成13名幼儿死亡;2010年4月29日,江苏泰兴市一所幼儿园发生恶性伤人事件,一名男子持刀冲入幼儿园砍伤31人;2010年8月3日下午4点左右,山东淄博市一幼儿园一名校外人员进入幼儿园持刀疯狂砍杀教师和幼儿,致使5名师生死亡,12名幼儿受伤;等等。一桩桩令人心痛的安全事故,让人瞠目结舌,让人心惊肉跳,更让人揪心。在我国大力发展学前教育的政策趋向和时代背景下,研究幼儿园安全管理及风险防范已成为开展幼儿保教工作、切实提高保教质量的基本前提,也愈发成为一种迫切的社会和时代需要。

(二)预防幼儿园安全问题的需要

近年来,随着幼儿园安全事故的增加以及媒体的大量报道,幼儿园安全问题已成为政府、社会、家长以及幼儿教师特别关注的话题,“安全”二字成为幼儿园日常工作的轴心。教育部前部长袁贵仁在第 15 个“全国中小学生安全教育日”指出:“生命不保,何谈教育!”然而,很多特殊原因导致幼儿园中存在着这样或那样的安全问题,给幼儿的安全造成威胁。一方面,由于幼儿园的受教育主体是 3～6 岁的幼儿,他们年龄小,活泼好动,好奇心强,喜欢尝试新鲜的事物。同时,幼儿的动作协调控制能力不强,并且缺乏社会生活经验,自我保护意识有待培养,对危险的环境和安全隐患不能作出正确的判断和准确的预见,很容易给自己和其他幼儿带来伤害。另一方面,由于经费投入不足、管理制度不健全,政府的监督机制不完善等原因造成幼儿园竞争无序,产业化色彩过于浓厚,管理者重利益、重规模,轻管理、轻教育,给幼儿安全事故的发生埋下了种种隐患。一旦安全隐患发展成为事故,将会给幼儿带来较大伤害。

“安全第一,预防为主”是我国安全工作的方针。预防幼儿安全事故的发生是幼儿园安全工作的重要内容,如果仅仅是“出了问题抓一阵,要检查抓一阵,消极保,被动保”,事故就可能防不胜防,堵不胜堵。在 2016 年 3 月颁布的《幼儿园工作规程》中,第三章的内容就是针对幼儿园的安全作出的相关规定。如第十二条规定,幼儿园应当严格执行国家和地方幼儿园安全管理的相关规定,建立健全门卫、房屋、设备、消防、交通、食品、药物、幼儿接送交接、活动组织和幼儿就寝值守等安全防护和检查制度,建立安全责任制和应急预案。幼儿园要根据工作规程,积极开展安全管理及教育,建立安全防范体系,变被动处理安全事故问题为主动预防安全问题,不仅预防幼儿身心受到伤害,还能够减少事故问责中给幼儿园带来的麻烦和不利影响。

(三)减缓幼教工作者安全压力的需要

由于幼儿天性好奇、好玩、好动,生活经验少,安全意识薄弱,自我保护能力低等原因,致使幼教工作者的安全工作具有一定的难度。又因幼儿是家庭的中心、希望和未来,父母和祖父母对其寄予极大的关心和爱护,一旦发生问题,幼儿家长会对幼儿园严厉问责,幼儿园承担着巨大的压力、责任和风险。为了避免幼儿安全事故的发生以及发生事故后的无休止的纠纷和巨额赔偿,幼儿园的领导和保教人员在工作中如履薄冰。媒体对幼儿园安全事故的报道,家长对幼儿安全的过度关心等原因,导致幼儿园安全检查过于频繁,幼儿教师的安全工作繁琐。面对较大的安全压力,幼教工作者时时刻刻神经紧绷,生怕幼儿磕着碰着,家长前来问责。

近几年,幼教界经常谈论的一个话题就是职业倦怠感。什么是倦怠感?用老百姓的话解释,就是干烦了、干累了。而在行外人眼中,幼儿园的幼儿们天真烂漫,教师们载歌载舞,是多么快乐的地方,教师为什么会有倦怠感呢?原因很多,其中一个重要原因就来自于安全的压力。在幼儿园中,我们经常会听到教师发出这样的感叹:“每天当送走最后一个幼儿离开幼儿园的时候,我这颗心终于可以放下歇歇了。”可见幼儿园的安全问题确确实实给幼教工作者带来了较大的压力。幼儿教师在工作时,因为安全问题,时时刻刻神经紧绷,长期的安全压力就会造成精神上的安全焦虑,而长期的焦虑感产生了职业倦怠感,不少幼儿教师因此离职或工作懈怠。幼教工作者想做好幼教工作,首先必须通过安全管理及教育,养成安全问题查找和预防的习惯,提高幼儿安全意识,教给幼儿安全常识,培养幼儿自理能力,解决安全压力这个大问题。

(四)开展幼儿园安全管理与实践的可行性

控制引发幼儿园安全问题的危险源的策略措施多种多样,如建立安全防范网络,实行联防群治制度,加大奖惩力度,实行安全事故责任追究制,委派安全监督员实行经常性巡查,加大安全防范在评估中的权重,对幼儿园实行年审制,开展预防突发事件演练,让幼儿学会自救,等等。其中幼儿园自身最能够掌控的就是自主地加强幼儿园安全管理和对幼儿、教职工进行安全教育,防患于未然。

安全意外的发生并不完全出乎人们的意料,只有极少数意外才是真正的意外,而绝大多数所谓的“意外”并非偶然。约翰·戈登将流行病学理论应用在“意外”研究上,认为造成意外的因素有三,即宿主因素、病原因素和环境因素。宿主因素主要指人的性别、年龄、性格、生理状况、反应快慢、处事态度等;病原因素主要指导致意外发生的物体,如利刃、水火、毒物、玻璃等;环境因素主要指意外发生时的情况,如气候、位置、时间、季节、道路等状况。就幼儿阶段的幼儿而言,宿主因素具有特殊性,它包含认知水平、动作反应与控制水平、生活经验、生理状态等。因此,通过安全教育,提高学前儿童的认知水平、动作反应与控制水平、生活经验、生理状态等,必然可以达到减少意外伤害、增强其自我保护能力的目的。

针对幼儿园安全管理及教育实践的现状,紧贴幼儿生活实践的实际需要与经验范围,满足幼儿园教职工、家长的安全教育需要,探寻适宜于幼儿园一线安全管理的思路与模式,是目前我国幼儿园管理、教育教学改革的迫切需要,也是“幼儿园安全管理及风险防范”这一课题研究的要义。

二、研究综述

目前，关于幼儿园安全防范体系及安全管理和教育的书籍相对较少，与之相关的论文期刊也是寥寥无几，有的也只是从安全管理或安全教育的某一个点进行阐述，而很少有把幼儿园安全管理和风险防范结合在一起进行系统研究与实践的。学术界关于幼儿园安全问题、安全管理、安全教育及风险防范的研究情况概述如下。

（一）幼儿园安全问题的研究现状

目前，有很多对幼儿园安全问题的研究，因为它是幼儿园安全管理及教育所要解决的最基本的问题。大多数研究者都是从自己的生活经验总结出幼儿园中存在的安全问题，并有针对性地提出相应的预防措施，集思广益，为幼教工作者做好幼儿园安全工作提供了一些有益借鉴。如在《浅议幼儿园安全问题》一文中，作者杜月萍统计了幼儿园常见的安全事故的种类，并对幼儿园安全事故现状进行分析，提出相应的预防幼儿事故发生可采取的对策。[①] 史敏雪和孙辉则从“物的不安全状态”和“人的不安全状态”两个角度分析幼儿园安全问题现状，并从制度建设、教师队伍素质提高、幼儿、家长和社会几个方面提出相应的对策措施。[②] 陈雁在其文章《解决幼儿园安全问题的思路与途径》中，主要分析了幼儿园的安全形势与原因以及加强幼儿园安全工作的重要性和紧迫性，最后提出确保幼儿园安全的主要途径。[③]

农村村办幼儿园是我国幼儿园中发展相对落后、监管相对薄弱的地方，安全问题相对于城市幼儿园较为突出，因此有很多学者对农村幼儿园的安全问题进行研究。如朱扬寿在其文章《农村幼儿园存在的安全隐患及其防范对策》中，总结出农村幼儿园主要在园舍与设施、幼儿往返交通、食品卫生与疾病预防等方面存在安全隐患，并提出通过“建立安全防范网络，实行联防群治制度、加大奖惩力度，实行安全事故责任追究制、委派安全监督员实行经常性巡查、加大安全防范在评估中的权重，对幼儿园实行年审制、开展预防突发事件演练，让幼儿学会自救”这五个方面加强农村幼儿园安全防范的对策。[④] 在《农村民办幼儿园

---

① 参见杜月萍：《浅议幼儿园安全问题》，《佳木斯教育学院学报》2012年第5期。

② 参见史敏雪、孙辉：《幼儿园安全问题现状分析及对策措施》，《科技信息》2012年第1期。

③ 参见陈雁：《解决幼儿园安全问题的思路与途径》，《山西教育（教学）》2012年第11期。

④ 参见朱扬寿：《农村幼儿园存在的安全隐患及其防范对策》，《教育学术月刊》2010年第4期。

安全问题研究》一文中，作者刘丹也对农村民办幼儿园中存在的安全问题进行了梳理，并总结出园舍安全无法保证、食品安全管理薄弱、幼儿接送安全存在隐患、设施安全状况令人担忧、幼儿心理健康被忽视等问题，也同样提出建议，从加强政府的管理与监督、提高管理者的安全意识与管理水平、提高教师的专业素质这三个方面着手保障农村民办幼儿园的安全问题。[①]

（二）幼儿园安全管理的研究现状

幼儿园安全管理是幼儿园安全工作的主要方面，不少研究者对幼儿园安全管理有研究，也大都是从分析幼儿园安全管理中的问题并提出相应策略的角度入手。如，黄海云在《幼儿园安全管理常见问题及解决方案》中介绍了幼儿园安全管理的概念和重要性，分析了幼儿园安全管理中常见的问题，找出幼儿园安全管理问题的解决措施。[②] 在《强化幼儿园安全管理，促进幼儿身心健康发展》一文中，作者李槐青分析了造成幼儿园安全事故发生的三个主要原因：一是幼儿园管理不善，安全制度不健全；二是幼儿缺乏安全意识及应有的自我保护能力；三是幼儿园、家庭教育方式的偏差和过度保护。最后，文章提出了加强幼儿园的安全管理防范的措施。[③] 在《幼儿园安全管理存在的问题及改善策略》一文中，作者徐晶晶分析了幼儿园管理工作存在的安全问题，如安全制度不健全、教师缺乏安全意识、环境安全系数低、幼儿自我保护能力差这四个方面，提出了加强幼儿园安全工作管理的策略。[④] 邹慧敏在《浅议幼儿园安全管理》一文中就其幼儿园近年来加强幼儿园安全管理的经验如加强管理模式，由“被动”转向“互动”，由“专线”转向“联网”，由“静态”转向“动态”，由“单干”转向“合作”作了介绍。[⑤]

（三）幼儿园安全教育的研究现状

幼儿园不仅保护幼儿身心健康，避免幼儿发生安全问题，还要针对幼儿的身心特点，对其进行安全教育，加强幼儿的安全意识，丰富幼儿的保护知识等。目前国内对于幼儿园安全教育的研究还不是很多，并且大都是从幼儿园安全教育的现状、存在的问题以及提出解决策略这三个方面进行研究。林丽琼在《浅谈幼儿园安全教育存在的问题及策略》一文中总结出幼儿园安全教育中存在的

① 参见刘丹：《农村民办幼儿园安全问题研究》，《中国校外教育》2014 年第 3 期。

② 参见黄海云：《幼儿园安全管理常见问题及解决方案》，《科技资讯》2015 年第 10 期。

③ 参见李槐青：《强化幼儿园安全管理，促进幼儿身心健康发展》，《湖南科技学院学报》2009 年第 5 期。

④ 参见徐晶晶：《幼儿园安全管理存在的问题及改善策略》，《科学大众（科学教育）》2014 年第 8 期。

⑤ 参见邹慧敏：《浅议幼儿园安全管理》，《学前教育研究》2006 年第 9 期。

问题如幼儿自身的安全意识不强、幼儿园安全教育工作及管理不到位等，从加强幼儿安全意识的培养、提高幼儿的自我保护能力、幼儿园家庭及社会对幼儿安全的整体教育等方面提出幼儿园安全教育的策略。[①] 张茜在《幼儿园安全教育问题与对策研究》一文中，也首先分析了幼儿园安全教育中存在的问题，然后针对问题提出改进幼儿园安全教育的相应策略。[②]

还有一些学者对幼儿园安全教育内容进行了一定的研究和探索。例如在2007年第一届全国幼儿健康教育优秀成果评选暨学术交流研讨会上，刘东琳写的一篇文章主要谈了三个方面的问题：一是让幼儿了解一些生活常识，学习和巩固一些自我保护的方法和技能；二是创造良好的环境，使幼儿形成自我保护的意识；三是开展形式多样的教育活动等。[③] 消防安全教育也是幼儿园安全教育内容中的重要部分。比如2006年9月16日在北京召开的中国科协年会上，有关学者在《幼儿园消防教育的实践与探索》一文里，主要论述了幼儿园消防安全教育，幼儿园应及早、及时地对幼儿进行消防安全教育，不断增强幼儿的消防安全意识，提高幼儿们逃避火灾的能力。[④]

（四）幼儿园危险源辨识与风险防范的研究现状

危险源辨识是工厂、企业安全工作的重点环节，但在学校层面的展开较少，常以“教育质量管理模型”的形式进行，系属环境管理体系和职业健康安全管理体系建设。将危险源理论用于幼儿园中，对幼儿园中的危险源辨识的研究近年来有一些，但仍不多，仅有数篇文献研究。张卫东在《幼儿园危险源的辨识与控制探究》一文中，首先论证了在幼儿园中进行危险源辨识的必要性，并详细介绍了如何在幼儿园中进行危险源辨识及对危险源的风险等级进行评估。[⑤] 孔敏在《幼儿园危险源的系统性辨识》一文中提到如何系统地寻找幼儿园中的危险源以及常用的危险源辨识方法。[⑥] 在《寻找危险源，防止幼儿园“安全事故”的发生》一文中，作者袁琳琳从人为危险源、活动时的危险源、三餐及加点的危险源等角度寻找危险源，并提出控制的方法。[⑦]

---

① 参见林丽琼：《浅谈幼儿园安全教育存在的问题及策略》，《新课程（小学）》2012年第4期。

② 参见张茜：《幼儿园安全教育问题与对策研究》，《学周刊》2015年第4期。

③ 参见刘东琳：《幼儿园安全教育之我见》，2007年全国幼儿健康教育优秀成果评选暨学术交流研讨会。

④ 参见沈洪芳：《幼儿园消防教育的实践与探索》，2006年中国科协年会。

⑤ 参见张卫东：《幼儿园危险源的辨识与控制研究》，《山东教育》2014年第5期。

⑥ 参见孔敏：《幼儿园危险源的系统性辨识》，《现代教育科学》2014年第12期。

⑦ 参见袁琳琳：《寻找危险源，防止幼儿园“安全事故”的发生》，《课程教育研究》2015年第30期。

三、研究目的

近年来，有关幼儿安全的问题和隐患频频凸显，越来越多的意外事故发生在年幼的幼儿身上，这些现象已经引起了教育工作者和社会各界人士的高度重视，也使得幼儿园工作受到更多人的关注。本研究借鉴已有的相关研究经验，根植于幼儿园一线，通过实践经验分析总结幼儿园中存在的安全问题，并从中分析安全问题背后的原因，结合危险源控制法，为减少幼儿园中的安全隐患提出独特的“幼儿园安全防范网络体系”的思路与方法理论，同时对幼儿园做好安全工作提出具体的操作性建议与策略。在幼儿园中，把建立“幼儿园安全防范网络体系”的思路与方法理论应用于实践，切实有效地做好幼儿园安全管理工作，保障幼儿在园的安全，丰富幼儿安全常识，培养幼儿基本的安全意识与责任感，引导幼儿掌握简单的自护自救方法，切实提高安全防护能力，减少幼儿安全事故的发生。同时，从实践中反思总结经验，检验并创新思路与方法，完善管理制度，为广大一线幼教工作者更好地做好安全工作，为幼儿更加安全健康地生活学习，提供理论清晰、操作系统、实施方便的幼儿园安全管理与法律风险防范的策略和方法，引导幼儿园各岗位人员在具体的实施中不断深入、创新幼儿在园安全教育的科研成果。

四、研究意义

（一）理论意义

安全工作是幼儿园工作的重要部分，保障幼儿的安全是顺利开展幼儿园其他各项工作的前提条件。随着社会的快速发展，社会中的一些不安定因素导致幼儿园安全问题更加突出，而目前专家学者对幼儿园教育的研究颇多，对幼儿园安全问题的研究还较为薄弱，安全工作缺乏科学性和依据性，每个幼儿园都是在实践中摸索，总结经验，这样既耗时，又有可能会以牺牲幼儿的安全为代价。本研究提出建立“幼儿园安全防范网络体系”的思路与方法，并总结本幼儿园在安全工作中的经验，丰富了国内学界关于幼儿园安全工作的理论研究。

（二）现实意义

目前，多数幼儿园在安全工作上仍依靠传统经验和常识，尤其是依靠从老园长们那里传承下来的“经验”。积淀、厚重的“经验”在解决某些具体问题时确有立竿见影的效果，但同时，“以不变应万变”的“经验”在面对日新月异的环境变化和时代要求时，往往显得滞后与不合时宜。本研究通过在幼儿园开展安全管理及教育实践，不仅能够丰富幼儿园安全工作理论，为幼儿园安全工作提供可操作性的建议和策略，还能够将理论用于实践，为幼儿创设安全的生活、学习和游戏环境，有利于幼儿的身体和心理的健康发展。同时还能够加强幼儿园安全管理，提高幼儿园教师及家长的安全意识，帮助幼儿掌握安全自救的方法，有利于减少幼儿安全事故的发生，使幼儿的人身安全得到充分保障。该研究还为幼儿园园长改进幼儿园安全工作，实施幼儿园安全管理及教育，为幼儿园制定和完善管理机制，丰富安全教育的内容，预防幼儿园安全问题，提供经验借鉴。

五、研究内容

本研究针对幼儿园中常见的安全问题，提出切实解决幼儿园安全工作的思路和方法，即通过危险源辨识—分析研究（原因分析、风险评析）—制定防范措施加以控制，通过幼儿园安全管理及教育控制危险源，建立幼儿园安全防范系统。按照这样的一个思路，本课题研究的主要内容有：

1. 辨识幼儿园危险源，并对危险源进行风险评估。

2. 幼儿园安全管理的机制体制，包括日常生活中的安全管理，各岗各位人员的安全管理等。

3. 幼儿园教职工良好安全工作习惯的建立和养成。

4. 幼儿安全教育与实践的研究：幼儿家居安全教育与实践的课程研究；幼儿公共场所安全教育与实践的课程研究；幼儿在园安全教育与实践的课程研究。

5. 幼儿园安全事故的法律风险防范。

六、研究方法

本研究由我园幼教工作者与研究者共同参与，使研究的成果真正为一线幼教工作者理解、掌握和应用，从而达到解决幼儿园安全问题的目的。在研究方法上，不仅采用文献法研究相关理论及借鉴他人安全工作的研究成果，还通过在幼儿园一线实践，收集资料，反思并多方总结安全管理及教育实践的研究成果。

第一章　幼儿园安全概述

一、幼儿园安全的含义

"安全"一词在《现代汉语词典》里的解释是：没有危险，平安。根据《韦伯国际辞典》，英语的安全（security）表示一种没有危险、恐惧、不确定状态，免于担忧；同时在一定的意义上还表示进行防卫和保护的各种措施。英语中的安全通常用 security 表达，有时也用 safety。一般而言，security 更多用于描述整体安全，safety 则多用于描述个体安全。现代安全的定义和以前的有所联系但又有所不同，是指没有危险，不受威胁，不受伤害，不出事故，即消除能导致人员伤害，发生疾病或死亡，造成设备或物质财产破坏、损失，以及危害人的心理和环境的条件，还包含着人们的一种心态、理念、价值观等。

幼儿园安全主要包括以下几个方面：

（一）园舍设施安全：主要包括房屋建筑、玩教具设置、安保及消防设施安全等。

（二）饮食、卫生安全：主要包括幼儿膳食安全及卫生消毒、疾病预防等方面。

（三）环境安全：主要是指园舍周边环境安全及园内活动场所及环境设置安全。

（四）常规活动安全：主要涉及体育运动安全、游戏活动安全、课程活动安全、生活常规活动安全等方面。

二、幼儿园安全管理

安全管理是管理者对安全生产进行一系列的有计划、有组织、监督、协调和控制的活动，目的是保护职工在生产过程中的安全与健康，保证国家和集体的财产不受损失，促进企业改善管理，提高效益，保障事业的顺利发展。幼儿园是对 3～6 岁的幼儿实施正规教育的机构，通过一套系统的安全管理，保证师幼的生命安全和财产安全。幼儿园安全管理的目的在于建立完善安全管理制度，使园长、教师和家长了解并掌握安全管理的内容及程序，保障幼儿生命和幼儿园财产安全。它是幼儿园管理工作的重要组成部分，也是正常教学的前提条件和师幼人身、财产安全的根本保障。

三、幼儿园安全教育

安全教育是针对遭遇突发性事件、灾害性事故时所表现出来的应变、应急能力的教育；是避免自身的生命及财产受侵害的自我保护能力、安全防卫能力、抵御违法犯罪能力和健康心理状态的教育。《中小学幼儿园安全管理办法》中提到，安全教育是指培养学生的安全意识，提高学生的自我防护能力的教育。幼儿园安全教育则是指：在幼儿园中，教师通过有目的、有计划、有组织地开展教育活动，帮助幼儿、教师、家长提高安全意识，掌握必要的安全知识和技能，获得应对突发安全事件的能力，预防安全事故的发生，降低安全问题对幼儿造成的危害而进行的各种教育活动。

四、幼儿园危险源辨识、评价及控制

危险源，顾名思义，就是危险的根源，是指可能造成人员伤害、财产损失、环境破坏或其组合的根源或状态因素。危险源一词最初是工业生产中使用的术语，后被借鉴到幼儿园安全工作中，帮助幼儿园搜查安全隐患，预防安全事故发生。幼儿园危险源则是指在幼儿园中，可能给幼儿造成伤害的根源或状态因素。

危险源辨识就是识别危险源并确定其特性的过程。危险源辨识不但包括对危险源的识别，而且必须对其性质加以判断。幼儿园危险源辨识从不同角度，梳理统计出幼儿园危险源清单。

第二章　幼儿园安全研究的理论基础

一、需要层次理论

美国社会心理学家马斯洛在其著述的《人的动机理论》中提出了著名的"需求层次理论"。他认为,"需要"像金字塔一样,由低到高分五个层次进行划分:一为生理需要,包括一个人对保障个人生存所需的衣、食、住等基本生活条件;二是安全需要,即保障个人身体避免受到伤害的需要;三是社交需要,包括归属、情感、友谊、被接纳等需要;四是尊重需要,包括内在的尊重,希望自己保持自尊和自重,并获得别人的尊敬,得到别人对自己的肯定与赞赏;五是自我实现需要,其中包括个人潜能的发挥、个人成长与个人理想需求的实现。一般来说,只有当最低层次的需要满足后,上层需要才能变为强势需要。由此可见,人除了生理需要之外,其他高层次的需要都是建立在生理、安全需要得以保障的基础之上的,安全自然就成为人们关注的重点。人的需要是按层次等级划分的,虽然对于个人的排序因人而异,但是总体上一般是由低向高循序发展的。如安全作为低阶的需要层次,需要首先得到满足,其他的需要才能够逐渐得到发展和满足。

同样,安全对于幼儿来说是除了生理需要之外最基本的需要。幼儿满 3 周岁后,家长将其送入幼儿园,幼儿园就成为幼儿生活、学习和游戏的主要场所。幼儿园在满足幼儿每日生理的吃、喝、玩等需要之后,还要能够满足幼儿的安全需要,这样幼儿园的保教工作才能够顺利进行。安全对于幼儿园来说,也应该是第一位的需要。因此,关注幼儿园的安全对于保障幼儿的身体心理健康,是必需且非常重要的。

二、生命教育理论

“生命教育”是由美国学者杰·唐纳·华特士最先提出和践行的生命教育思想。华特士认为，教育不只是训练受教育者能够谋得职业，或是从事知识的追求，而是引导人们充分地体悟人生的意义；更重要的是，不仅是在学校的年岁，人的一生都是教育的历程。他为实践生命教育思想的可行性，在美国加州创建了一所阿南达学校，倡导“生命教育”理念，并在其著作中阐明了回归人的本质才是生命的学习。生命教育起初是为了应对美国社会中频频发生的危害生命事件，在现实生活中具有很大意义，具有较强的针对性。后来，生命教育理论逐渐成为国际上一种新教育思潮，从此在各国得到广泛的发展。生命教育就是这样一种关于生命常识和体验生命活动的特殊教育理念，其目标是让受教育者知道生命的可贵，树立正确的生命观。

近年来，生命教育也慢慢走进了我国各个地区的大中小学校，引起了教育界的广泛关注。对于生命教育要如何发展，为什么发展，毕义星认为：“生命教育就是在学生物质性生命的前提下，在个体生命的基础上，通过有目的、有计划的教育活动，对个体生命从出生到死亡的整个过程，进行完整性、人文性的生命意识的培养，引导学生认识生命的意义，追求生命的价值，活出生命的意蕴、绽放生命的光彩，实现生命的辉煌。”①安全教育过程中需要教育者理解并应用生命教育理论，明确安全教育目的，丰富安全教育的现实意义。

在学前教育阶段，生命教育的意义在于让幼儿认识生命、尊重生命，并学会照顾自己。“生命教育从生命的角度出发，发展和完善生命，它是一种新型教育，目的在于提升生命质量和意义。”②然而在理论研究和实践中，中小学和大学对生命教育关注得更多，幼儿园在实际工作中几乎没有涉及。由于幼儿特殊的身心发展特点，幼儿生命教育在幼儿园教育中具有更重要的意义。

三、人本主义教育理论

人本主义教育理论是以马斯洛、罗杰斯等人创立的人本主义心理学为基础的教育学理论。该理论认为，每个人具有先天性的友爱、求知和创造等潜能，这些潜能必须发挥出来，人的自我实现则是人的潜能不断得到发挥的一种动态

---

① 参见毕义星：《中小学生命教育》，天津教育出版社2006年版，第2页。

② 参见潘华泉：《大学生生命教育探讨》，《绍兴文理学院学报(社会科学版)》2006年第1期。

的、形成的过程。教育的主要功能是创造最好的条件，使每个人达到他所能及的最佳状态，帮助个体发现与自我更加协调的学习内容和方法，提供一种良好的促进学习和成长的气氛。因此，必须制定出适应的课程，培养作为促进者而不是权威者的优秀教师，来作为实现这一教育目的最可靠的载体。人本主义教育理论具有自身显著而明确的认识定位，我们可以把这种认识定位概括为“以人性为本位”。人本主义倡导者所主张的教育，是一种有别于传统认识的教育，它将人的发展彻底地置于人性的充分养成之上，置于个体内在的（更确切地说是先天的）潜能在后天充分实现之上，因此，这种教育是以“完整的人”的发展为最基本的价值取向，以培养充满活力、和谐发展的人为最基本的教育目的的。

人本主义的教育观是教人、做人、成人的教育，所重视的是人的价值，强调人的主体地位和创新能力的实现，反对教育的无目的论；主张情智融为一体，开展最佳的内在学习，反对单纯灌输知识、机械强化和条件作用的外在学习；主张把学生视为学习的主体，发挥学生的学习自由和主动创造精神；主张进行课程改革，实施意义学习和经验学习，反对学校课程脱离价值、价值中立和无目标的无意义的学习。

对学前教育而言，以人为本就是要做到以幼儿为中心，实现幼儿的全面发展。人本主义的教育思想揭示幼儿学习的独特性，关注的是幼儿个体自我潜能的发展和适应变化的能力，帮助幼儿成为一个社会需要的充分发展的人。实现幼儿的全面发展的前提是要确保幼儿的生命安全，在各个环节都要以幼儿为本，以幼儿的生命安全及发展为本，以幼儿的利益为本。

四、危机管理理论

“危机”（crisis）一词源于古希腊文“crimein”，其意义为“决定”，是指医学上的“转折点”（turning-point），亦即病情转好或恶化的关键时刻。管理学家罗伯特·希斯将“危机”的概念应用于管理学中，提出“危机管理”的概念。危机管理学是一种过程论的管理思想，通过对危机的根源、本质、表现形式的寻找，分析危机造成的损害，从而能够采取缓冲管理和降低风险来有效地进行危机管理。在借鉴国外学者观点的基础上，国内一些管理学家也提出了自己的看法。如朱德武认为，危机管理是指个人或组织为了预防危机发生，减轻危机发生造成的损害，尽早从危机中恢复，或者为了某种目的以在有控制的情况下让危机发生，针对危机和可能发生的危机采取的管理行为。[①] 苏伟伦认为危机管理是指组织

① 参见朱德武：《危机管理：面对突发事件的抉择》，广东经济出版社2002年版，第19页。

或个人通过危机监测、危机预控、危机决策和危机处理，达到避免、减少危机产生的危害，甚至将危机转化为机会的目的。[①]

在教育领域，随着教育管理理论的不断发展，校园危机管理理论已成为教育管理理论的重要组成部分之一，校园危机管理理论也是中小学幼儿园安全教育实践的理论依据，对中小学幼儿园更新安全教育观念、建立和完善预防机制、改善安全环境以及积极应对安全事故等，都有积极的促进作用。实践证明，有效的危机管理不是凭空获得的，必须通过切实可行的危机教育来实现，在危机防预体系中，危机教育及应对能力的培训本身就是一项重要的内容。学前教育作为基础教育的一个重要阶段，在幼儿园的管理工作中，有义务将危机管理理论融入幼儿园一日活动流程的各个环节，各个岗位之中，提升危机管理的水平。作为未来我国社会主义事业建设者和接班人，成长于和平建设和经济健康发展时期的幼儿，面对危机的心理素质严重不足，加上我国尚未建立危机知识的社会化培训体系，广大幼儿普遍存在危机应对能力欠缺的问题，加强幼儿园危机防预体系的研究，建立起一套行之有效的危机教育制度，有利于提升当代幼儿乃至全社会公民应对危机的能力。

---

① 参见苏伟伦：《危机管理：现代企业实务管理手册》，中国纺织出版社2000年版，第1页。

第三章　幼儿园中存在的安全问题

任何安全事故都是有事前征兆的，安全事故发生之前，一般表现为安全问题或安全隐患。隐患就是在某个条件、事物以及事件中所存在的不稳定并且影响到个人或者他人安全利益的因素，它是一种潜藏着的危险因素，“隐”字体现了潜藏、隐蔽，而“患”字则体现了祸患、不好的状况。凡是有幼儿进入的场所、场地都会存在幼儿安全问题，幼儿园作为幼儿活动的主要场所，也会存在安全问题。幼儿园安全问题主要是指幼儿园内部存在的一种威胁幼儿安全的潜在隐患。只有发现这些潜在隐患，消除隐患，做好预防措施，解决安全问题，幼儿的安全才能得到保障。

一、幼儿园中存在危害幼儿身体的安全问题

(一)幼儿园环境中的安全问题

1. 园舍安全问题

幼儿园的建筑质量是确保幼儿园安全的重要因素和指标，它直接关系到在园师生的生命安全。2008年5月12日中国汶川地震中倒塌了大量的校舍，夺去了无数幼儿鲜活的生命。沉痛的教训使人们深刻认识到，幼儿园房屋建设的质量关系着在园师生宝贵的生命。《幼儿园管理条例》规定：“幼儿园园舍、设施要符合国家卫生标准、安全标准，不得妨害幼儿身体健康或者威胁幼儿生命安全。”《托儿所、幼儿园建筑设计规范》对幼儿园建筑设计也有明确的规定。例如：“选择园舍必须满足下列条件：远离各种污染物，方便家长接送，避免交通干扰。”如果幼儿园的园舍与条例或规定不符，则存在一定的安全问题。《幼儿园管理条例》在幼儿园园址设置方面，也有专门规定：“必须将幼儿园设置在安全区域内”，“严禁在污染区和危险区内设置幼儿园”。所谓安全区域，一般是指不

会出危险、不会出事故、不会使幼儿身心受到威胁的区域，否则，幼儿园就存在不安定的安全隐患。如果将幼儿园建在污染区，如有粉尘污染、大气污染、水质污染、噪音污染的区域，幼儿园就会存在环境安全的问题，影响幼儿的身心发展。幼儿园园舍中的建筑设施，如楼梯的高度、栏杆的密度、幼儿活动场地地面的硬度等，也要适应幼儿的需要，否则也会导致安全问题。

目前，随着国家大力发展学前教育，幼儿园的数量在不断增加，虽然国家已经出台了相关政策法规，但由于各方面原因，幼儿园的园舍建筑质量参差不齐，存在着这样或那样的安全隐患。首先，部分幼儿园的园舍房屋结构不合理，采光和通风存在严重的缺陷，长此以往会对幼儿的健康造成很大的影响。其次，有些幼儿园的楼梯台阶偏高和走廊护栏高度偏低；有些幼儿园的走廊和楼梯狭窄，上下楼拥挤时容易发生踩踏事件。再次，在园内一些容易发生事故的场所未设置提醒语或安全标识。以上问题对好奇好动、安全意识薄弱的幼儿可能会带来一系列的安全隐患。另外，一些新建的小区配套建设幼儿园，在规划和设计时没有按程序由教育部门审批，建成的幼儿园不符合国家有关规定，存在较多的安全隐患。

案例 3-1

甘肃省某幼儿园的一名小男孩被卡在幼儿园四楼的窗框外，他人准备施救时男孩掉了下来，导致受伤住院。出现这一安全事故的根本原因是，幼儿园没有在窗户上装防护栏来预防此类事件的发生。

在这个案例中，幼儿被卡在了四楼的窗户外，窗户没有任何的保护措施，导致幼儿从楼上摔了下来。根据国家建筑规范的规定：幼儿园不能设在三层以上的建筑物内，原则上幼儿园所在的建筑物可以超过三层，但三层以上的房屋不得用于幼儿寝室、教室，只能当作教师办公室、宿舍等。该案例中，幼儿园的园舍存在安全隐患却没有被发现，没有及时采取预防措施，导致了幼儿安全事故的发生。

2. 玩教具、设施设备安全问题

幼儿在幼儿园中生活、学习和游戏时，还要接触许许多多的设备设施、玩教具等，这些物品自身的安全与否，幼儿是否安全使用等都会给幼儿带来安全问题。《幼儿园工作规程》中第 3 章“幼儿园的安全”第 13 条中规定“幼儿园的设备设施、装修装饰材料、用品用具和玩教具材料等，应当符合国家相关的安全质量标准和环保要求”，符合幼儿的年龄特点，以保证幼儿在园的安全。

然而，有的幼儿园在玩教具材料、设备设施等方面存在着安全隐患，主要有两个方面。一方面，幼儿园中的玩教具、设备设施自身存在安全问题，如有的幼儿园在玩教具、设备设施的购置中没有严格执行规定，购买有毒成分的物品，幼儿在使用时有毒物质会影响其身体健康；有的玩教具的设计不符合幼儿身心发展特点，存在着安全隐患等。另一方面，幼儿没有安全、正确地使用玩教具也会给幼儿带来安全问题。

3. 食品安全问题

俗话说“民以食为天”，食物是人类赖以生存的物质基础。身体的生长发育和组织更新所需要的原料、人体的各种生理活动和保持体温恒定所需要的能量都是由食物供给的。幼儿的身体正处于快速发展时期，每天需要摄入足够的营养。幼儿园对幼儿的主要任务是保育和教育，幼儿的一日三餐都在幼儿园中进行，因此幼儿园的食品安全就显得尤为重要，一旦出现食品卫生或食物中毒问题，就会殃及整个幼儿园的幼儿，其后果十分严重。对于校园饮食安全，国家也出台了相应的规章和管理制度，监管学校的饮食安全。例如，《学校食堂与学生集体用餐卫生管理规定》中对学校食堂有严格的规定：“加工食品必须做到熟透，加工后的熟制品应当与食品原料或半成品分开存放，防止交叉感染”等。如果违反规定，可能会造成食品安全事故的发生。

在幼儿园中，食品安全涉及原料的采购、食物存储、食品处理及烹饪卫生、个人卫生、器皿卫生等多个环节，每个环节中都可能潜藏着安全隐患，如果不加以注意和预防，可能就会出现安全问题。例如，有的幼儿园在食品原料的采购上，由于管理者法制观念不强，利益驱使，就从幼儿的伙食费上节省资金，再加之缺乏基本的卫生常识，从食品的采购、储藏，到食品加工各环节都没有严格把关，从而导致食物中毒事件的发生。除饮食外，幼儿在饮水中也会存在安全隐患，如饮用水没有达到安全标准，杯具没有消毒等，都有可能对幼儿身体安全造成不利影响。

案例 3-2

2010 年 5 月，徐州市妇联幼儿园在晨检过程中发现许多儿童出现腹泻、高烧等症状。接着当地多家医院接收了来自该幼儿园的 109 名有此症状的幼儿。经检查，幼儿的体征基本平稳，也没有生命危险。后来经调查证实，是由细菌性食物中毒所引起的幼儿腹泻，罪魁祸首为食用油。油坏了以后里面含有有毒的病菌副溶血弧菌、沙门氏菌，这些细菌为夏季食物中毒常见的细菌，如果稍不注意就会引起食物中毒。

从发生的案例来看，食物在储藏过程中，发生了变质导致细菌繁殖，而幼儿食用了腐蚀变质的食物后，引起腹泻、发烧，最终引发幼儿的食物中毒安全事故。《学校食堂与学生集体用餐卫生管理规定》中提到，幼儿园应建立健全食堂采购、保管、索证留样等各项食品卫生管理制度，坚决杜绝不符合国家食用、饮用标准的食品与物品进入幼儿园，把好食品准入关，确保幼儿吃到安全、健康的饭菜。

4. 校车安全问题

现代社会，交通事业蓬勃发展方便了人们的出行，同时，由交通事故引发的意外伤害也呈现逐年上升的趋势。在一些民办和农村的幼儿园，都会使用校车来缓解幼儿入学交通不方便的问题。但是，近几年屡发幼儿园校车安全事故，校车事故已经成为幼儿意外死亡和受到伤害的主要因素之一，校车中也存在着威胁幼儿生命安全的隐患。国家相关部门推出的《校车座椅系统及车辆固定件的强度》规范中，对校车的颜色、指示灯、车体参数等指标作出明确数据规定，同时要求校车尽可能保证每个幼儿都要有座位，在座位中要系安全带。有关交通部门也要进一步加强校车驾驶人管理，其中的《安全技术条件》集中审查校车驾驶人的驾驶资格和安全驾驶资历，这就保障了幼儿园校车行驶安全，也防止因车内拥挤造成幼儿伤害事故。

幼儿园校车的安全问题主要有：校车安全性能不达标、校车超载；司机不安全驾驶等管理不规范，等等。特别是在民办幼儿园中，由于办园规模小、资金短缺，要投入大额资金购置校车几乎不现实，多是租用或购买报废车、改装车、农用三轮车等充当校车，这部分车辆车况不好，存在自燃、爆炸、刹车失灵等重大安全隐患。另外，一部分校车驾驶员不具有校车驾驶资质、驾驶员和随车接送幼儿的保育员不能认真执行幼儿接送制度和幼儿上下车点名制度，严重超载等现象普遍存在。

案例 3-3

2011 年 11 月 16 日，甘肃省庆阳市一所幼儿园当值司机驾驶着校车，与一辆货车发生碰撞，造成 21 人死亡，其中包括 19 名幼儿。据调查分析，事故原因是载着幼儿的校车严重超载，校车核载 9 人，而实际上却载了 64 人。而且还在大雾天气下逆向超速行驶，导致悲剧发生。

从上面的案例我们可以看出，该校车存在着许多安全问题。首先，校车质量本身是不达标的，这是一辆接近报废的面包车。其次，超载现象严重，实载人数远远超过了应载人数。最后，司机违反交通法规，有的甚至做出逆向超速行驶的行为。除了交通事故之外，幼儿园的接送车还发生过其他意外，如下面案例中的幼儿园接送车内发生了闷死幼儿的意外事故。

案例 3-4

2011 年 9 月 13 日，荆州市气温高达 31℃，由于司机和教师的疏忽，两名 4

岁幼儿被校车接到幼儿园门口后被遗忘在车内闷死，校车事故俨然成了幼儿安全的另一大杀手，给许多家庭造成无可挽回的损失。

无论是因为校车超载发生事故，还是校车内闷死幼儿事件，都暴露出幼儿园在校车安全工作中存在较大的问题。预防校车安全问题，避免悲剧重演，对幼儿的安全具有极大的现实意义。

5. 消防安全问题

幼儿的年龄小，遇紧急情况时的应变能力、自我保护能力和紧急躲避的能力有限，因此，幼儿园的消防工作极为重要。《中华人民共和国消防法》规定："预防为主，防消结合"是我国消防工作的基本方针。这一原则同样也适用于幼儿园。幼儿园要特别关注幼儿活动室、食堂、午睡室等防火重点场所，一定要配备合格、充足的消防设施和器材，安全通道要保持通畅，在紧急疏散通道、安全出口、应急避难场所等地要设置明显的指示标识，确保紧急情况下在园幼儿和教职工能够安全撤离、疏散，室内电源线配置安装要规范、电器开关要安装在幼儿触摸不到的地方，不能超负荷用电，对电器设备和用电线路要定期维修更换，确保用电安全。

幼儿园的消防安全隐患问题，主要表现在两个方面：一方面，一些幼儿园在消防安全设施上，存在器材不足、设施落后、消防通道与要求不符等现象。另一方面，幼儿园管理人员的消防安全意识不足，对消防工作的认识仅仅局限于如何使用灭火器，对安全出口管理、用火用电管理、火灾自动报警和自动灭火设施的管理、防火检查方面的规定和要求不精通，也不能及时察觉存在的不安全因素和隐患，遇到火灾只会惊慌失措，甚至连发生火灾时自身如何逃生都不知道，更谈不上正确引导、帮助幼儿进行疏散了。还有一些幼儿园工作者安全意识不强，对于消防设施、园舍、食堂卫生、大型玩具以及校园的周边环境存在的安全隐患不够重视，安全责任落实不到位，缺乏有效的安全保障措施。幼儿园消防设施不全、消防知识匮乏等现象大量存在，为幼儿园消防防范工作埋下了较大的安全隐患。

案例 3-5

2001 年 5 月，南昌市艺术幼儿园突然发生火灾，最终导致 15 名幼儿惨死的悲剧。引起火灾的主要原因是幼儿床上放着可燃物品，掉在过道上正燃烧的蚊香上引起火灾。发生火灾的班级是位于幼儿园二楼的小三班宿舍，当晚这个班里有 17 名幼儿住宿。

上述案例中，值班教师把点燃的蚊香放到了离可燃物比较近的地方，而且教师在幼儿入睡后离开时，没有及时进行安全隐患的检查。实际上幼儿使用的桌椅、教玩具、被褥等都是易燃品；有的幼儿园室内装修用的建筑材料也是易燃可燃的；厨房、液化石油气储存间、烧水间等与幼儿园活动场所相连；电热板、饮水机等电器工作时间过长等都是火险隐患。如果对火源、电源管理不慎，麻痹疏忽，极易引发火灾，本案例中就是因为教工在易燃物旁边放置点燃的蚊香而造成的特大火灾事故。幼儿床下放着可燃物品，教师却将点燃的蚊香放在了可燃物品的附近，充分折射出其生活常识和消防安全知识的缺乏，严重威胁到了在园幼儿的安全。

6. 幼儿园周围环境安全问题

幼儿园并不是一个独立的环境，而是处于社会的大环境中。幼儿不仅要经过幼儿园的周边环境，还会利用周边环境中的资源组织活动。近年来，由于社会不安全因素增加造成幼儿园幼儿受到伤害事件的发生率有增加趋势，引起了社会各界和教育主管部门的高度重视。幼儿园的周围环境中存在的安全隐患，是幼儿园自身很难控制的危险源，但却可以做好事故预防措施，预防机制是否健全就成为重要的安全问题。《幼儿园管理条例》第 7 条规定："举办幼儿园必须将幼儿园设置在安全区域内，严禁在污染区和危险区设置幼儿园。"因此，幼儿园选址应在周围无工厂污染的区域，要争取地方政府以及各职能部门的支持，协调各职能部门对幼儿园周边环境定期进行严格排查，严禁在幼儿园周边建厂房、加油站等设施，对有污染现象的工厂企业立刻进行整治；同时，还要严禁在校门周边 50 米内摆设摊点，乱堆杂物；严禁在幼儿园门口 200 米以内设立经营性网吧、歌厅、游戏厅等娱乐场所。

调查研究发现，目前仍有部分幼儿园没有配备门卫管理人员，有的安保人员形同虚设，存在离岗、打牌或睡觉的现象，不能认真履行应尽的职责。同时，幼儿园周边环境如道路交通存在安全隐患，也时刻危及在园幼儿的人身安全。另外，幼儿园园舍位置的选择也应充分考虑对幼儿安全的影响。幼儿园安全问题是社会很多问题的综合反映，街道、社区等方面都对幼儿安全产生重要的影响。社会对这些环境因素的影响不够重视，不及时治理，就会导致幼儿安全意外事故的发生。有些幼儿园出门不远就是小摊小贩摊点，由于他们流动性高，社会秩序差，很多商品的质量和卫生得不到保证，如果出了问题很可能找不到责任人。有的幼儿园就处在大街、马路边，周围车水马龙，不远处还有公交站点，根本就不符合办园标准。除此之外，一些幼儿园周围的不良环境也会引起幼儿安全事故的发生。

(二)幼儿园一日活动中的安全问题

学前幼儿的身心发展特点决定了教育的生活化,学前幼儿教育必须是保教并重的,必须寓教育于幼儿的一日生活各个环节之中。幼儿园的一日活动的每一个环节都是教育的重要内容,也是幼儿教育的重要途径,包括入园、晨检、教学活动、区角活动、餐点、盥洗、午睡、游戏、户外活动、离园等环节,每个环节都有可能存在安全问题。

1. 入园环节的安全问题

入园环节是幼儿在园一日生活的开始。幼儿入园时,教师要特别做好晨检工作。晨检是幼儿进入幼儿园的第一道安全防线,其目的有两个:第一,防止幼儿将传染病带入园所;第二,防止幼儿将不适宜的和危险物品带入幼儿园,如尖锐物品、易发生呛噎的食品、药品等。对于幼儿园这样一个儿童密集的场所,晨检是比较重要的一项活动,如果工作人员不能尽职就会出现安全隐患。

近年来,由于幼儿携带危险物品进入教室,造成的安全事件屡见不鲜。幼儿的年龄较小,缺乏自我保护意识,更不能理解什么叫危险,他们会按照自己的兴趣把一些有危险性的小玩意放到口袋里带入幼儿园,家长可能由于工作或家务较忙没有注意到,尤其是如针、剪刀、打火机、豆子、珠子以及带有子弹的玩具手枪等极易引发安全事故。这样的物品应严格检查与限制,避免因此造成伤害。此外,还有的幼儿将自己喜欢吃的零食放在书包中带入幼儿园,幼儿因为吃零食而导致呛、噎、窒息的事件常有所闻,幼儿园应对此重点关注。

案例 3-6

某幼儿园早饭前,幼儿有秩序地进入盥洗室洗手,教师突然发现有三四个小男孩的嘴上、脸上都在流血。看到这样的情况教师们都惊呆了,大家赶紧把校医找来,对伤口进行止血处理。询问情况后得知,早晨入园时东东从家里把爸爸晚上从超市买的刮脸刀片偷偷地带进了幼儿园。在洗手的时候,东东把刀片分给了其他的小伙伴,几个幼儿学着大人的样子用刀片刮胡子,才出现这可怕的一幕,多亏教师发现的及时,把刀片都收回来了,不然后果无法想象。

以上案例就是在晨检时教师检查不到位,没有发现幼儿带入教室的危险物品造成的危险事故。

2. 教学活动环节的安全问题

教学活动是教师有组织、有计划地对幼儿进行的集体教育活动。教学活动可分为室内和户外两种活动。

幼儿园体育活动、游戏活动和课程活动等教学活动开展时，教师要检查活动场地和活动器械是否完好，发现安全隐患要及时排除；还要检查幼儿的衣服、鞋子是否合适，宽松的衣服最好束在裤子里，纽扣要扣齐，袖口、裤管不能太长，鞋带要系紧。活动中，要按照活动要求向幼儿讲明安全注意事项，教师也应做好相关安全保护措施，如：在做攀登练习时，提醒幼儿双手抓紧架子，两脚交替往上爬，并注意观察四周情况，以免相互碰撞；在集体玩滑梯时，双手应扶住边缘两侧从上往下滑，滑下后立即离去；小伙伴间要相互谦让，避免造成拥挤。教学活动结束后，教师要做到“三清”——清人数、清场地、清器械。

通过对幼儿园一日活动的观察、记录、访谈、调查和分析可以看出，幼儿经常出现安全问题的场所所占比例大小不一。随着幼儿户外活动的增加，幼儿伤害事故发生场所的60%都在大型玩具场所。大型玩具造型新颖，色彩鲜艳，幼儿游戏时比较容易兴奋，又因为幼儿自我保护能力欠缺，所以很容易发生伤害事故。针对幼儿的这种特点，需要教师认真了解大型玩具使用方法并有秩序地组织幼儿的活动。另外，在室内进行教学活动时教师也要时刻关注安全问题，比如区域活动中，教师要指导幼儿用正确的方法使用工具，避免因为操作不当导致安全事故的发生。

案例 3-7

2012 年，株洲的一所幼儿园里，教师正在组织幼儿开展户外活动。有个叫多多的小朋友正在秋千上高兴地玩耍，热心的小朋友在后面推他，可就在这时，荡回的秋千撞到了热心推秋千的幼儿，造成左臂骨折。

从本案例中我们可以看出，幼儿受伤是由于在玩大型玩具时，教师监管不当所致。在幼儿园内，幼儿最喜欢的活动就是户外活动，在这一环节教师最应提高警惕。因为活动中幼儿们常常玩得忘乎所以，最容易导致安全事故发生。因此，教师们在引领幼儿开展户外活动时，既要引导幼儿遵守安全规则，玩得适度；又要做到全面观察、细微照顾，提醒幼儿要有安全和自我保护意识，防止安全事故的发生。

3. 游戏活动环节的安全问题

《幼儿园教育指导纲要》中指出：“幼儿园教育应以游戏为基本活动，保教并重，关注个别差异，促进幼儿富有个性的发展。”游戏是幼儿在园的基本活动，也是幼儿最喜欢的活动，在幼儿园一日活动中，游戏的时间占据了幼儿大部分的活动时间。幼儿在游戏中学习和成长，能够促进幼儿健康发育，发展幼儿的智力，带给幼儿积极的身心体验，满足幼儿的社会性发展。幼儿游戏无论是在室内还是在户外环境中，都借助于各种玩具，并且在游戏过程中，幼儿往往处于兴奋的状态，加上身心发展不全的特点，不能躲避危险，这也是最容易发生安全事故的环节。

幼儿游戏时还有可能因为缺少规则或者违反规则，不安全地玩游戏，而造成安全事故。幼儿在游戏活动时如果操作不当或拥挤争抢也会造成安全问题。此外，幼儿在幼儿园游戏活动时，如果教师的安全意识不强，不对幼儿的活动进行有效监管，也有可能会发生危害幼儿的安全问题。

案例 3-8

2013 年 6 月，北京市某幼儿园 5 岁幼童彤彤在参加游戏活动时，由于玩得太开心了没有注意其他小朋友，结果被其他小朋友撞到而受伤，经医院诊断为右额挫伤，缝了 7 针。

在本案例中，幼儿在参加集体游戏时没有注意到周围的环境，而教师也没有加强对幼儿的监管，因此导致安全事故的发生。

4. 进餐环节的安全问题

全日制幼儿园的幼儿一日三餐都在幼儿园中进行，进餐是幼儿生活学习的物质基础，也是幼儿园一日活动的重要环节。在幼儿进餐时就可能会发生各种各样的安全问题。如：盛饭菜时，如果饭菜太热可能会烫着幼儿；教师将菜从幼儿头顶举过可能会洒到幼儿头上或身上；幼儿如果边吃饭边说话，就有可能会噎食、呛到；当幼儿吃鱼时也容易被鱼刺卡到；等等。

案例 3-9

2007 年，当时两岁半的幼儿杉杉在幼儿园吃苹果时，3 块黄豆大小的苹果粒卡在气管里，造成窒息，医院诊断为缺氧缺血性脑病、症状性癫痫以及视觉障碍。杉杉父母认为，幼儿园工作人员没有采取恰当的处理方式才导致杉杉长时间缺氧，让幼儿差点丢掉了性命。遂将该幼儿园、幼儿园园长、幼儿园主办单位和 120 急救中心告上法庭。

案例中，杉杉是在吃食物过程中，食物卡在气管里，没有得到及时的抢救导致脑缺氧，留下了后遗症。案例中的教师在分发食物时没有考虑到幼儿器官发育不完善的特点，没有做到有针对性地发放，而且在食用过程中教师也没有注意提醒幼儿，并仔细观察幼儿的进食情况，发生了幼儿窒息的安全事故。

5. 睡眠环节的安全问题

睡眠对于保证幼儿身体健康具有重要意义。幼儿在园每日均有睡眠。全日制幼儿有午睡，寄宿制幼儿不仅有午睡，还有晚间睡眠。幼儿睡眠时，也是教师疲劳和困乏的时期，有可能会疏忽和大意，容易出现安全隐患。并且，睡眠是在安静状态下的活动，其中的危险因素具有隐蔽性，不易被发现，从而加大了安全事故发生的概率。

幼儿在园睡眠时，可能会有个别幼儿好动好奇，常常趁教师不注意偷偷玩口袋中或身上的小件物品，甚至放入口中、耳中、鼻中，而造成意外。正确的睡姿能保证幼儿良好的睡眠，而不正确的睡姿则可能会引发安全事故。如：有的幼儿喜欢把头蒙在被子里睡觉，容易造成呼吸不畅，甚至有窒息的危险；有的幼儿脖子枕在枕头上，头垂悬着，时间长了也会引起呼吸不畅，造成窒息；还有的幼儿睡下后，被芯揉到一起，实际只盖了被套，容易引起着凉、腹泻；等等。

案例 3-10

2009 年 1 月 4 日，某幼儿园的幼儿小菲菲，早上父母把她送到幼儿园里面的时候，她是高高兴兴地进幼儿园的。可是在下午 2 点左右，教师喊午睡的小朋友起床的时候，看到小菲菲的脸色不一样，一会儿就发紫了，无论怎么喊都叫不醒，教师赶紧拨打 120 把她送进医院。医院给出的医学证明是心脏呼吸骤停造成死亡。

案例 3-11

妈妈今天看小毛毛很听话，就奖励她一串漂亮的项链戴在脖子上。在幼儿园午睡时，她拿着项链上的珠子玩，可是玩着玩着，不小心项链就被她弄断了，珠子全都撒落。后来她把其中的小珠子放到了耳朵里，怎么也拿不出来了，她害怕得哭叫了起来，教师及时把她送到医院，才避免了危险的发生。

上述两起案例，第一起案例是在幼儿午睡时，教师没有加强对幼儿的监护，没有尽职尽责地照顾好幼儿的午睡，以至幼儿心脏骤停 1 个小时没有被及时发现。第二起案例是由于在午睡时，教师没有发现幼儿带的小项链，导致异物进入耳朵，幸亏救治及时，才没有酿成大祸。

6. 离园环节的安全问题

离园环节是指幼儿在一天学习、生活结束后家长来接的这段时间，是幼儿在园一日活动的最后一个环节。在离园环节中，幼儿情绪比较兴奋，人员的流动性较强，极易发生安全问题。离园事故往往伤害面大，程度严重，影响恶劣。

目前，幼儿园在接送幼儿环节存在不少安全隐患。准备离园这段时间，由于幼儿在等待家长来接心情焦急、兴奋，如果组织不好，幼儿们便会乱跑、打闹等，班级会极为混乱，很容易发生幼儿磕碰等意外事故。离园时，人员进出较多，容易出现幼儿没有家长带领而自行离园或被陌生人接走的状况，这些可能会对幼儿的人身安全带来危害。有的幼儿园是门卫管理不严，造成不法分子趁机混入幼儿园内，对幼儿及教师的安全都有可能造成危害。有时候教师在忙于和家长交代幼儿在园的表现或和熟识的家长聊天，无暇顾及幼儿，而让幼儿在园内或室内独自玩耍，这时幼儿很容易发生安全事故。总之，幼儿离园时，人流较多，事务繁杂，最容易出现漏洞，安全隐患也最多。以下两个案例都是在离园环节发生的惨剧。

案例 3-12

5 岁幼儿丽丽（化名）在幼儿园离园期间被陌生人冒领，遭受摧残后被抛弃在马路边。身心受重创的丽丽长期处在惊恐之中，经常在梦中尖叫。丽丽的父母以幼儿园管理疏忽为由提起诉讼，该案二审在广州市中级人民法院开庭。

案例 3-13

某日下午，杨女士去幼儿园接儿子，不料被告知，当天上午一男子持接送卡已将她儿子接走了。杨女士闻讯焦急万分，立即同家人四处寻找。但到了第三天，儿子仍无下落，杨女士遂向派出所及刑警中队报案。通过摸排，发现杨女士的儿子是被一个黑瘦、头发邋遢的男子接走的。第三日上午，一男子让人给杨女士送来一张纸条，称其儿子在他手中。下午 4 时许，一男子打来电话要杨女士拿 2 万元钱，地点、方式随后另行通知。经查，此人名叫韩向东，25 岁，蓝田人，此前暂住红庙坡附近的大白杨西村，以蹬人力三轮车卖杂货谋生。几天前，韩向东和熟人一起去过杨女士的家，他认为杨女士家很有钱便滋生了恶念。他从杨女士家中偷走了幼儿园的接送卡，接走杨女士儿子后绑架了他，企图勒索一笔钱财。

二、幼儿园环境中存在危害幼儿心理的安全问题

随着人类对自身认识的不断深化，人们对健康的认识也在不断深化。如今我们常说的健康，不仅包括身体健康，还包括心理健康。那么，幼儿安全问题不仅包括危害幼儿人身的安全问题，还包括危害幼儿心理的安全问题。幼儿的心理安全不像身体安全能够看得见，它是隐形的，容易被教师忽视，但对发展幼儿的身心健康，对培育幼儿的安全感、培养幼儿的健全人格等都具有重要的作用。然而，幼儿园中除了存在着对幼儿身体健康有不利影响的安全问题外，还存在着易被忽视的给幼儿心理带来不利影响的其他方面的安全问题。

（一）教师在组织一日活动中存在的心理安全问题

“疼爱自己的幼儿是本能，而爱别人的幼儿是神圣！”这种神圣的大爱，是幼儿教师之魂。无条件地爱每一位幼儿，应该成为幼儿教师教育教学的灵魂，所以，我们主张只有喜欢幼儿的人才能从事幼儿教育工作，否则，就有可能出现幼

儿园教师在教育教学活动中体罚幼儿、虐待幼儿事件，这种事件在媒体上屡屡曝光，它的破坏性强、负面影响性大。如：某幼儿园集体教学活动中，两名幼儿胡乱敲打乐器，教师为此感到很生气，就冲过去推搡这两名幼儿，并让他们在墙角处罚站，从此，这两名幼儿看到这名教师就害怕，教师的不当行为使幼儿在幼儿园感觉到恐惧和不安全。教师的不当行为对幼儿的心理安全造成的伤害也许会改变幼儿的一生，甚至是终生难忘。

幼儿教育是养根的教育，是为幼儿的后续学习与终身发展奠基的重要阶段，因此，教师在教育教学的过程中不仅要关注幼儿的身体健康，更要关注幼儿的心理健康，正所谓“养身养心，成就幼儿的未来”。

关于安全、关于责任，归根结底是一个字——“爱”，因为有爱，才会想到安全，因为有爱，才会加强责任。这是教育的本真，是教育的灵魂和真谛！为促进幼儿园教师专业发展，建设高素质幼儿园教师队伍，根据《中华人民共和国教师法》，教育部 2012 年颁布出台了《幼儿园教师专业标准（试行）》〔2012〕1 号文件，贯穿《幼儿园教师专业标准（试行）》的基本理念是：师德为先、幼儿为本、能力为重和终身学习。教师的职业道德我们简称为“师德”，是教师和一切教育工作者在从事教育活动中必须遵守的道德规范和行为准则，以及与之相适应的道德观念、情操和品质。师德是幼儿园教师发自内心的爱。在开展教育教学中，教师应该以幼儿的合作者、引导者的身份参与幼儿的活动，以大朋友的角色与幼儿相处，做到“十心五爱”：接待幼儿要热心；照顾幼儿要耐心。保育幼儿要精心；观察幼儿要细心。教育幼儿要专心；上班工作要安心。完成任务要齐心；学习别人要虚心。帮助别人要诚心；对待事业要全心。爱事业——热爱事业，自学遵纪，努力学习，开拓创新。爱幼儿——面向全体，乐于奉献，细心耐心，做好表率。爱集体——爱护公物，作风严谨，克己奉公，关心集体。爱同事——诚信友善，扶持激励，关爱互助，合作担当。爱家长——主动服务，排忧解难，得理让人，说话和蔼。比如说在入园环节，教师能够在班级门口笑迎家长，笑迎来到班级的幼儿，其实教师的这种微笑对幼儿首先是一种心理的暗示，我是对你好的，我是爱你的，会让幼儿在入园一整天的时间里，感受到一种温馨，感受到一种来自教师的心理上的安抚，从而有助于幼儿入园情绪的稳定，为幼儿一天活动的参与奠定一个良好的心理基础、情感基础。又如，教师衣着打扮要符合职业身份，在态度上落落大方，表现出对幼儿的友好，其实这也是对幼儿发展具有重要影响的一种因素。总之，教师在组织幼儿一日活动中要言传身教呵护幼儿，为幼儿营造和谐、安全的心理环境。

(二)常规管理中存在的心理安全问题

《3～6岁儿童学习与发展指南》指出:珍视幼儿生活和游戏的独特价值,充分尊重和保护幼儿的好奇心和学习兴趣,创设丰富的教育环境,合理安排一日生活,最大限度地支持和满足幼儿通过直接感知、实际操作和亲身体验获取经验的需要。但是,有些幼儿园出于幼儿在园安全的担忧,不断限制幼儿的各项活动,导致幼儿在幼儿园的活动中有着这样或那样的束缚,影响了幼儿身心健康发展。

幼儿园的各项规章制度,一日活动流程的规范管理,都是为了幼儿在园的身心安全,确保幼儿的身心全面和谐发展。因此,幼儿园从管理的角度,进行幼儿园制度化和规范化管理,最终的目的都是指向幼儿更好更健康的发展,绝对不是对幼儿行为和活动的过多限制,更不是限制幼儿的发展,因此,教师要处理好管理和幼儿自主性活动之间的关系,既能够保证幼儿的身体安全,同时又能够避免幼儿在活动当中的束缚和限制,使幼儿的意愿和兴趣能够得到充分的满足和释放。

第四章 幼儿园中存在安全问题的原因分析

一、幼儿方面的原因

幼儿自身的特殊性和局限性是引起幼儿在园发生安全问题的主要原因。幼儿期的孩子由于生理、心理的发展尚未完善成熟，其机体组织比较柔嫩，因此机体易受损伤。同时，幼儿的认知水平较低，知识经验匮乏，缺乏必要的安全知识经验和自我保护意识。并且，这一阶段的幼儿又活泼、好动，有强烈的好奇心，他们什么都想看一看、摸一摸、动一动，常常不能清楚地预见自己行为的后果，对突发事件不能作出准确的判断。幼儿年龄的特点、身心发展的特点、认知特点等致使幼儿容易受到安全问题的威胁，因此，幼教工作者对幼儿生命安全要格外关注和重视。

(一)幼儿身体弱小，容易受伤

3～6 岁是幼儿期，幼儿整个身体的各种器官和组织发育并不完善，尤其是骨骼、肌肉、脏器、血液、大脑等运动器官的功能和运动支持器官、组织的功能都与成年人相差甚远，这就决定了幼儿不能承受高强度和长时间的运动，容易产生安全风险，比如说因为运动强度过大或者运动时间过长导致的骨骼变形或者折断、肌肉拉伤、心脏缺氧而呼吸困难等。另外，幼儿各部分器官比较娇嫩，神经系统也比较脆弱，运动水平比较低，动作的协调性差，这也从客观上增加了发生幼儿园安全事故的概率。

(二)幼儿好奇好动，增添危险

幼儿年纪较小、心理不成熟，处在萌发了一定的独立需求意识但是又没有能力完全支配自我行为的人生时期。他们对世界充满了好奇，看到任何东西都想去认知、去探索，亲身体验一番。然而，幼儿不能很好地辨别模仿的事物是对还是错，有没有危险性，从而引发安全风险。比如，有几位幼儿不知道上吊是怎么回事，于是提出玩“上吊”的游戏，他们把绳子中间打成一个圈，套在另一个小朋友脖子上，结果酿成悲剧。有的幼儿对火、电、光、水有着强烈的好奇心，认为好玩又神奇，总是忍不住要摸摸、碰碰。再如，幼儿从高处往下跳，他不是会预想到这样做的危险性，而是跳下后把脚摔伤或把腿摔折了才会想到不应该从很高的地方往下跳，等等。这些都是幼儿无法对危险进行正确判断，遂将自身陷入风险之境的表现。

案例 4-1

某幼儿家住五楼。一次，他看到阳台上晒着衣服，就模仿妈妈去收衣服，人小够不着，他就搬了个凳子站上去。当他扑出去抓衣服时，由于重心不稳，结果从高处摔下而丧命。

案例中的幼儿就是因为模仿妈妈的行为而导致了悲剧的发生。这也启示我们在日常生活中应适当地引导幼儿，辨别危险源，增强安全意识。

(三)幼儿安全意识薄弱

幼儿年龄小，安全意识薄弱，安全经验缺乏，安全防范能力不足，也容易导致安全事故的发生。如有的幼儿在滑梯上推搡其他幼儿，有的幼儿不顾跷跷板那一端的小朋友，自己突然走开，都是因为缺乏生活经验，不能预见行为后果而导致的安全风险。一旦幼儿有了安全经验，知道了什么样的行为会导致什么样的后果，幼儿的安全意识提高了，有意识地不去做危险行为了，安全问题也就有效避免了。

(四)幼儿自我保护能力差

幼儿的自我保护能力较差，遇到安全问题时无法采取正确的方式保护自己，也增加了幼儿的危险系数。特别是独生子女，在家事事都是父母包办代替。如：吃鱼时，家长把鱼骨头全挑出来，再让幼儿吃，幼儿没有鱼刺危险的认识，更没有遇到鱼刺被卡之后如何自我保护的经验和能力。父母的包办代替，剥夺了幼儿通过实践锻炼提高自我保护能力的机会，结果幼儿缺乏对危险事物的防范和自我保护能力，加剧了幼儿受到安全伤害的程度。

二、幼儿园方面的原因

近几年，虽然安全工作日益受到幼儿园的重视，但幼儿意外安全事故时有发生。这些安全事件的发生，一方面是幼儿身心发展的特殊性所致，另一方面则是因为幼儿园自身安全工作没有做到位，安全管理不善，安全教育落实不到位，存在安全漏洞。

（一）幼儿园安全管理不善

在幼儿园中，主要通过安全管理，消除幼儿园中可能存在的安全隐患。然而，现实生活中，幼儿园安全管理工作较为随意、不规范，单纯停留在言传身教的层面，没有文字说明，没有客观要求，导致教职工一味凭借自己的经验与习惯来开展工作。领导焦急，职工不急。园长满腹“安全经”，即便看到、纠正教职工某些不良的安全工作习惯，在教职工看来也只是陈词滥调、絮叨啰嗦罢了。幼儿园的安全管理存在问题，幼儿的人身安全得不到保障，致使安全事故频繁发生。另外，随着当前幼儿园管理体制的深化，幼儿园人事管理逐步实行聘用制，导致劳资矛盾、教职工流动性增大等，客观上增加了幼儿园产生意外伤害事故的可能。由此可见，幼儿园安全制度没有落实到实处，安全监管不到位，园中的安全隐患没有被及时发现并预防，是激发幼儿安全事故的重要因素。

（二）幼儿园安全教育落实不到位

《幼儿园教育指导纲要（试行）》中明确规定，要让幼儿“知道必要的安全保健常识，学习保护自己”。这就需要幼儿园将安全教育纳入幼儿园日常教育教学活动中，落实到具体的教学实践中。但是，目前幼儿园安全教育体系并不完善，幼儿园安全教育落实不到位，有些幼儿园忽视对幼儿的安全教育，幼儿缺乏安全常识，不懂如何自我保护。有些幼儿园虽然在开展安全教育，但却存在着教育方法多使用说教的形式，形式单一，教育成人化的倾向严重，安全教育的效果不佳。还有的幼儿园的安全教育内容不全，安全主题活动不多，实际演练就更少了。有的幼儿园从来就没有进行过安全演练，从小班到大班没有完整的、连续的安全教育计划。此外，通过调查发现，部分幼儿园没有充分认识到家庭在安全教育工作中的重要地位，家园之间在安全工作中没有形成合力，没有通过采取合理措施达到共同保障幼儿安全的目标。种种现象都表现出幼儿园在安全教育中存在着问题，幼儿园安全工作存在不足。

三、幼儿家长方面的原因

家长是幼儿的第一监护人，对幼儿的身心发展具有重要的影响，对幼儿的安全问题有着不可推卸的责任。家长缺乏安全意识，对幼儿安全保护过度，对幼儿安全事故的认识和学习不足，忽视对幼儿的安全教育，都是幼儿出现安全问题的原因。

（一）家长的安全意识薄弱

在应试教育影响下，家长只重视对幼儿的“知识”教育，认为幼儿只要学习好，其他方面的知识学不学都无所谓，忽视了幼儿的安全问题。家长对幼儿安全方面的状况缺乏了解，往往过高估计幼儿的自我保护能力而轻视对幼儿安全方面的教育。还有些家长在把幼儿送入园时，不把幼儿的身体情况与教师进行交流，对幼儿的疾病持回避态度，导致幼儿园不能及时了解幼儿身体的真实状况，不能根据幼儿的身体特点对其预防和保护从而容易发生安全事故。

（二）家长过于注重安全保护

幼儿的安全问题对于家长来说是头等大事，家庭承受不起幼儿的意外伤害，很多家长就采取过度保护的措施。一个幼儿 6 个大人看守，吃饭怕烫着，走路怕磕着，过度限制幼儿的活动，等等。父母习惯于担负起幼儿安全的全部责任，总是告诉幼儿“小心，这样太危险，不能做”“宝宝你应该这样做”或是“妈妈帮你做”，而很少引导幼儿学会自我保护，规避危险。导致幼儿不能区分什么是安全，什么是危险，幼儿的自我保护能力弱化。

（三）家长忽视对幼儿的安全教育

大多数家长普遍认为幼儿还小，不能够安全自护，所以在幼儿入园前，大部分家长未曾有计划、有目的地对幼儿进行安全教育，儿童缺乏必要的安全常识和自我保护能力。近年来，也有家长逐渐开始重视对自己幼儿进行安全教育，但家长对学龄前幼儿安全教育知识及内容了解不全面、不系统，对幼儿的安全教育也仅限于交通安全和家庭水、火、电安全等内容，忽视食品安全、自护自救、疾病预防、人身侵害防控、自然灾害自护等安全教育知识的传授。家长的安全教育的方法单一，有时单一的说教不容易被幼儿理解，幼儿的安全意识和自我保护能力就得不到有效的提高。

四、政府方面的原因

“百年大计，教育为本。”国家的发展需要教育，而教育的发展也需要政府的支持、投入与监管等。发展要建立在生命安全的基础上，“生命不保，何谈教育”，因此，政府在承担教育责任的同时还应对学校的安全承担责任。幼儿在园发生安全事故，幼儿园中存在安全问题和安全隐患等，与政府投入不足、监管不到位、相关法律不健全等也有一定的关系。

（一）政府对幼儿园的经费投入不足

近几年来，国家对幼儿教育经费的投入逐年增加，但因为政府对幼儿教育经费投入的起点低，学前教育事业经费相比其他的非义务教育阶段的经费水平要低得多，有限的资金不能充分保障大部分幼儿园的办园经费。据有关部门统计，我国的幼儿教育经费占公共教育经费的1.3%。由于政府对幼儿园的经费投入不足，致使幼儿园没有足够经费购买安全防护设备，只能购买价格低廉的消防设施、便宜老旧的校车等，这些都会让幼儿园存在安全隐患，诱发安全事故。特别是少数以盈利为目的的民办幼儿园，存在侥幸心理，为了节省办园经费而减少安全保护方面的投入，使用价廉质差的玩教具设施，甚至购买过期食品等。某些民办幼儿园之间的恶性竞争为幼儿园安全埋下了各种隐患。

（二）政府对幼儿园安全的监管不到位

多年来一些地区政府责任不到位，幼儿园发展的投入保障机制、管理体制、办园体制等缺失和混乱，使学前教育不仅成为整个教育体系的“短板”，而且成为当前我国公共服务体系建设和民生问题中的一个突出的薄弱环节。另外，政府对幼儿园的安全监管也不到位，幼儿的安全工作存在漏洞，致使幼儿园安全事故的发生。调查显示，有关部门对农村民办幼儿园每年也有一两次检查。检查的重点主要集中在园舍是否是危房、校车是否是即将报废等方面。至于园舍内的安全设施，户外活动场地是否存在安全漏洞则被忽视。更有甚者，某些部门的人员来检查，竟然不检查这个幼儿园是否建有安全通道、是否配备有灭火器、是否贴有逃生的标志。有时即使检查出问题来，也没有相应的惩罚措施和后期监管机制。至于今后是否整改、效果怎样，无人督促，后续监督跟不上。由于这种监管流于形式，导致安全事故频发。

（三）政府颁布的幼儿园安全相关法律法规不健全

近年来，虽然我国针对中小学和幼儿园安全的立法不少，但仍存在立法层次太低、立法技术不足和立法滞后等突出问题。有些幼儿园，特别是私立幼儿园，为了单纯盈利钻法律的空子，对安全工作不重视。我国目前尚没有一部关于校园安全的专门法律，现有的规范性文件层次太低，法律的约束性差。尽管教育部门、公安部门等制定颁布了许多有关规章和规范性文件，但这些文件大都属于部门规章的范畴，在我国法律体系中的法律效力是最低的，因此其执行力差，难以协调和解决实际工作中存在的安全问题。我国现有的法律体系对在校学生合法权益的有关法律保护，只是散见于《宪法》《民法通则》《刑法》《未成年人保护法》《义务教育法》和《教师法》之中，但这些法律的规定很不具体，现行法律只能解决校园内的犯罪与治安的界定、处理，起不到前期预防管理的作用，尤其是在校园安全管理的全局问题如安全管理的责任、管理机构的设置和权利等方面，仍无明确规定。我国目前正处在经济转轨和社会转型期，在校园安全方面出现了许多新情况、新问题，而现有立法跟不上形势的发展和变化，有些法律规定明显滞后，甚至处于一种空白状态。在中小学校及幼儿园的安全监管、人员设置、职责权限、安全审查等方面，以及对不符合安全条件的学校、幼儿园的取缔等方面有待法律进一步完善。

下篇

第五章　建立“幼儿园安全防范网络体系”的思路与方法

中国有句古话“授人以鱼，不如授人以渔”，说的是传授给人既有的知识，不如传授给人学习知识的方法。其实道理很简单：鱼是目的，钓鱼是手段，一条鱼仅能解一时之饥，却不能解长久之饥，如果想永远有鱼吃，那就要学会钓鱼的方法。同样道理，幼儿园为长保一方安全净土，应将预防安全事故的主动权和能动性收归囊中，关键在于掌握“幼儿园安全防范网络体系”的建立思路与方法，以打造无缝隙式的幼儿园安全管理体系。如图 5-1 所示：

图 5-1　建立“幼儿园安全防范网络体系”的思路与方法

一、危险源的辨识

（一）危险源辨识的概念

“危险源辨识”一词来源于工业生产领域，指对那些可能导致死亡、伤害、职业病、财产损失、工作环境破坏或这些情况组合的根源或状态进行排查，即识别危险之源并确定其特性的过程。这就像行军作战想要取得胜利，首先要知道敌人在哪里，进一步明确敌军的方方面面并进行周密研究，把所有可能出现的问题全部顾及到，最终生成作战方案并付诸实施。所谓“知己知彼，百战不殆”就是这个道理。

将“危险源辨识”借鉴到幼儿园安全管理与教育实践领域，是指在幼儿园一日生活和工作中，通过科学的方法与途径识别出能够对幼儿造成各种安全危害的潜在隐患，并对其原因进行分析，对其可能造成的后果进行风险等级评估的工作过程。即明确什么是幼儿园里的危险源，幼儿园里哪些场所或工作环节容易出现安全问题，会出现哪些方面或程度的安全问题。将这些危险源进行“地毯式”搜索与归纳，竭尽所能地纳入到充分的预料与管理之中，将安全隐患关口前移，将危险之源在一定程度上消灭在萌芽之中，避免安全事故。这就有如教师日常的教学工作，只有课前全面备课，才能做到上课时的从容不迫。

（二）危险源辨识的方法

危险源辨识主要采用“直接经验法”，即对照有关标准、法规、检查表或借助辨识人员经验和相关能力，直观判别危险性的方法。直接经验法是危险源辨识中常用的方法。在危险源辨识中使用直接经验法，其“利”表现在简便、易行，但同时也有一定的弊端。如受辨识人员知识、经验和占有资料的限制，可能会出现主观遗漏。为解决上述不足，可采取“专家会议”的方式来查漏补缺，即通过相互启发、交换意见、集思广益，使危险因素的辨识更加细致、具体。

本专题将结合大量文案、例表，与广大幼教工作者分享幼儿园危险源辨识的具体方法与成果，如“一日工作流程梳理法”“工作部门梳理法”“物、人、环境梳理法”“幼儿园安全事故案例归因统计法”等一系列行之有效的具体方法。

1. 一日工作流程梳理法

幼儿园工作繁杂、琐碎却又不失规律可循。一日工作流程的要素，一般可按幼儿生活规律划分为入园、集体教育活动、户外活动、离园等具体环节。不同幼儿园有不同的划分方式，在此不作列举。“一日工作流程梳理法”即建立在上述具体环节之上，通过归纳总结各环节中工作步骤里潜在的安全隐患，形成相应的危险源辨识项目，分析并制订危险源清单，如入园危险源的清单、用餐危险源的清单、午睡危险源的清单、户外活动危险源的清单、离园危险源的清单等，便于教职工了解各环节中可能的危险，提前预防。以某幼儿园教师岗危险源辨识清单为例进行说明，如表 5-1 所示。

表 5-1　　　　　　　　某幼儿园教师岗危险源辨识清单

环节	具体内容	危险源/危险因素	风险描述及导致伤害
入园	晨检	幼儿携带小物品等危险物入园	操作小物品造成的伤害，导致划伤、误吞，眼、耳、鼻、口等受到不同程度的伤害
		幼儿自主入园在走廊、楼梯内追逐、打闹	跑、闹造成伤害，导致摔伤、碰伤、磕伤
		幼儿衣着有绳子、带配饰等	勒伤、扎伤
		幼儿自带食品	意外伤害
		幼儿精神不振、身体不适	可能诱发突发疾病
		幼儿不配合晨检	传染病交叉感染
		教师工作不在状态，注意力不集中、聊天	幼儿打闹摔伤、碰伤等
	晨间活动	幼儿洗手、喝水导致地面湿滑	摔伤、碰伤、磕伤
		教学玩教具、区域活动材料使用不当	操作不当造成伤害，导致刺伤、划伤、误食、戳伤等
		教师没有兼顾所有幼儿	幼儿发生磕伤、摔伤、碰伤
户外活动	早操/间操	户外场地地垫凸起，雨雪天气地面湿滑，场地上有障碍物	跑、闹造成伤害，绊倒、滑倒、摔倒
		幼儿服饰不适宜户外活动	勒伤、扎伤、绊倒
		早操器械有损坏	幼儿使用造成划伤、扎伤
		楼梯台阶陡峭，楼梯拐弯处为教师观察的“盲区”，幼儿上下楼梯拥挤、推搡	导致幼儿摔伤、碰伤等
	集体游戏	教师指令性语言不明确	幼儿肌肉拉伤、摔伤
		幼儿不能正确使用体育器械	造成外伤
		幼儿户外游戏活动时肆意打闹	摔伤、碰伤、擦伤
		园内大型玩具不牢固、锈蚀，有视线触及不到的区域	摔碰伤、遗漏幼儿
	分散游戏	幼儿不在教师视线范围内	易造成意外发生，突发情况不易发现解决
		游戏设置不合理	幼儿无秩序活动，易出现推挤、碰伤等情况
		未关注体弱幼儿	体弱儿被忽略，体能达不到，出现呕吐等情况

续表

环节	具体内容	危险源/危险因素	风险描述及导致伤害
集体教育活动	教学活动	教学玩教具破损	幼儿操作时受伤，导致划伤等
		幼儿搬小椅子的方法不正确	调整幼儿座位，搬椅子时碰伤
		幼儿坐姿不正确	视力、身体发育受到影响
		教学具使用方法不当	玩教具砸伤、划伤、误伤
		教学活动现场混乱、常规不好	易发生推挤、碰伤等情况
		材料整理不得当、收纳不及时	易导致幼儿外伤，如：教师钢琴盖没放好，砸伤幼儿的手等
区域活动	（至少5个区）	区域活动材料破损或投放不当	(1)破损的玩教具容易伤到幼儿的手 (2)剪刀、铅笔等尖锐物品刺伤、划伤、戳伤幼儿 (3)胶水、种子、颗粒状物等误食、咬含 (4)黑板架绊倒幼儿
		操作材料及工具使用方法不当	手划伤、碰伤
		活动区设置不合理	活动区人多拥挤，幼儿推挤、争抢而发生危险
		教师指导不及时，没有关注所有幼儿	幼儿在活动中发生争执，出现抓伤等情况
		区域活动结束时，各活动区整理材料，秩序混乱	跌倒、碰伤等
生活活动	喝水	喝水时，幼儿拥挤无序	跌倒、碰伤、呛着
		水温不适宜	烫伤
		喝水时洒水，地面湿滑	导致滑倒、跌倒
		水杯消毒不及时	物品受污染，导致腹泻等疾病
		水杯消毒柜的边角尖锐	导致碰伤、划伤
	如厕	幼儿如厕拥挤无序	跌倒、碰伤
		幼儿如厕，未有教师跟随	幼儿不在教师的视线内，出现突发情况教师无法及时发现，导致跌到、碰伤
		厕所地面湿滑	跌倒摔伤
		厕所台阶及小便池的边沿棱角	磕伤
		如厕后幼儿衣服未及时整理	绊倒、摔伤

续表

<table>
<tr><th>环节</th><th>具体内容</th><th>危险源/危险因素</th><th>风险描述及导致伤害</th></tr>
<tr><td rowspan="21">生活活动</td><td rowspan="4">盥洗</td><td>教师组织得当,幼儿拥挤无序</td><td>跌倒、碰伤</td></tr>
<tr><td>幼儿洗手时玩水、地面湿滑</td><td>弄湿衣服、滑倒、跌倒</td></tr>
<tr><td>洗手方法不正确</td><td>手没有洗干净,进食后出现腹痛、腹泻等</td></tr>
<tr><td>盥洗室的门缝</td><td>容易挤伤幼儿的手</td></tr>
<tr><td rowspan="8">进餐</td><td>筷子、勺子等餐具使用不当</td><td>戳伤、扎伤</td></tr>
<tr><td>饭菜温度不适宜</td><td>导致烫伤等情况</td></tr>
<tr><td>教师组织不当,幼儿取放餐具秩序混乱</td><td>摔倒、划伤、碰伤</td></tr>
<tr><td>教师分餐时,操作不当</td><td>饭菜溅到幼儿身上、脸上,烫伤、碰伤</td></tr>
<tr><td>幼儿进餐常规不好</td><td>进餐秩序混乱,幼儿争吵打闹,出现烫伤、碰伤、噎呛等</td></tr>
<tr><td>鱼刺、骨头卡嗓子</td><td>划伤嗓子、吞咽疼痛</td></tr>
<tr><td>教师催促,幼儿进餐时狼吞虎咽</td><td>噎呛、消化不良</td></tr>
<tr><td>餐后组织散步活动不合理或没有组织散步活动</td><td>队伍过长幼儿拥挤发生危险,没有散步让幼儿消食,幼儿午睡后出现呕吐等情况</td></tr>
<tr><td rowspan="5">午睡</td><td>未及时观察幼儿情绪及状态,检查幼儿手足口</td><td>导致不能及时发现幼儿病症</td></tr>
<tr><td>幼儿发卡、皮筋等头饰,教师没有提醒幼儿集中放在一起</td><td>幼儿午睡时玩弄头饰,划伤、扎伤</td></tr>
<tr><td>不良睡姿</td><td>导致呼吸不畅,如果咳嗽呕吐,教师未及时发现,易出现意外</td></tr>
<tr><td>教师不按时午间巡视</td><td>不能及时发现幼儿突发情况,导致危险状况发生</td></tr>
<tr><td>个别幼儿午睡时如厕,教师没有跟随</td><td>出现突发情况教师无法及时发现,导致跌倒、碰伤</td></tr>
<tr><td rowspan="3">起床</td><td>起床后未及时关注幼儿情绪和体温</td><td>幼儿易出现高烧等情况</td></tr>
<tr><td>未能及时检查幼儿衣裤</td><td>不能及时发现幼儿尿裤等情况,导致幼儿不适</td></tr>
<tr><td>幼儿站在床上叠被子</td><td>从床上摔下来,摔伤</td></tr>
</table>

续表

环节	具体内容	危险源/危险因素	风险描述及导致伤害
离园	准备	离园活动组织不当	幼儿情绪不稳,导致哭闹、焦虑
		未及时检查整理幼儿着装	仪表不整齐,导致情绪受影响或摔倒、绊倒
	交接	幼儿站成一队,自主离园时,在走廊内推挤,教师并未关注所有幼儿	幼儿离开班级队伍或拥挤打闹,碰伤、摔伤
		接幼儿时,秩序混乱,教师站位不合理	幼儿走失、摔伤、碰伤
		无卡接幼儿	接错幼儿或造成更加严重的后果
	检查	幼儿离园后,教师未进行三清	遗漏幼儿,发生意外
		没有检查水、电、门窗等	存在火灾、水淹地面等隐患
		未能做好第二天的工作准备	工作仓促,导致活动组织不顺利,出现意外

2. 工作部门梳理法

幼儿园虽小,但五脏俱全,各部门分工明确。幼儿园工作部门一般包括班级、保健室、炊事班、传达室、后勤组等。不同幼儿园有不同的划分方式,在此不做赘述。"工作部门梳理法"即归纳总结幼儿园各部门工作中潜在的安全隐患,形成相应的危险源辨识项目,分析并制订危险源清单,如班级的危险源清单、炊事班的危险源清单、保健室的危险源清单、传达室的危险源清单、后勤的危险源清单等,便于各部门了解可能存在的危险,提前预防。下面以某幼儿园制订的各工作部门危险源辨识清单为例进行说明,如表 5-2、表 5-3、表 5-4、表 5-5 和表 5-6 所示。

表 5-2　　　　**某幼儿园班级危险源辨识清单**

具体内容	危险源/危险因素	风险描述及导致的伤害
班级设备设施	三楼走廊外的窗户没有防护栏	跌落事故
	班级内的电源插排、电源	幼儿触电或因线路老化引发火灾
	班级门窗不关或不够牢固、缺少门吸	(1)破坏分子投毒、偷窃 (2)挤伤、碰伤手
	(1)桌、橱、凳子外露的钉子 (2)桌、橱、凳子、玩具架、钢琴等的棱角	划伤、磕碰
	厕所台阶、小便池和洗手池的边沿棱角	磕伤、碰伤
	班级的毛巾架挂钩	刮伤、戳伤
	灭火器指针不在绿色区域	发生火灾时无法使用
	电教设备使用方法、位置放置不当	(1)触电、失火 (2)设备损坏,造成经济损失
	幼儿衣帽橱过高,幼儿拿取衣物不方便	容易摔伤
日常活动	(1)午睡时咬被角、玩被子上的线头、玩小物品等不良习惯 (2)蒙头睡、趴着睡等不正确的睡姿	(1)易导致手指血流不畅,发生异物入口、耳、鼻等危险 (2)呼吸不畅 (3)不利于身体成长
	如厕幼儿过多	幼儿拥挤无序,滑倒、摔伤
	幼儿分散活动时,教师没有关注所有幼儿	幼儿乱跑打闹发生危险
	(1)进餐中,幼儿大声说笑 (2)幼儿进餐时,教师闲谈	(1)噎呛 (2)不利于观察幼儿进餐情况,出现突发状况不能及时解决
	摆放区域材料的架子不牢固或位置不合理	摔倒、碰伤
	幼儿不正确坐小椅子或搬放小椅子	摔倒、碰伤其他幼儿
	玩教具、区域活动材料使用不当	(1)破损的教具容易伤到幼儿的手 (2)剪刀、棉签等刺伤、划伤幼儿 (3)胶水、种子、油画棒、太空泥、小玩具等误食、咬含 (4)铅笔等尖锐的东西戳伤幼儿 (5)挂图等纸质教具划伤皮肤

续表

具体内容	危险源/危险因素	风险描述及导致的伤害
日常活动	幼儿争抢玩教具,教师未及时关注	摔倒、碰伤、抓伤
	奖励幼儿的小粘贴等	容易放入口鼻耳发生危险
	钢琴琴盖	幼儿挤手或砸手
	户外活动,幼儿的衣服带子长,鞋子不跟脚	导致幼儿勒伤,摔倒
	教师或保育员情绪不稳定	造成幼儿心理伤害
	幼儿床摞得太高、不稳	砸伤、碰伤
	体育器械有损坏	划伤、砸伤
	(1)楼梯台阶陡峭,拐弯处为教师观察的“盲区” (2)外出活动时,幼儿在楼梯上打闹	(1)不能及时发现幼儿的危险行为 (2)摔伤
	宽脚黑板放置在班级前面	绊倒、摔伤
	教师带班时接听电话,幼儿无序活动	幼儿无人管理,出现矛盾,发生意外
	活动室、盥洗室、厕所、走廊等地面湿滑	滑倒、摔伤

表 5-3　某幼儿园保健室危险源辨识清单

	具体内容	危险源/危险因素	风险描述及导致的伤害
入园	晨检	幼儿精神萎靡、身体欠佳入园	发生疾病等突发情况
		幼儿携带危险品来园	放入耳、鼻、口发生意外
		幼儿衣服穿戴不合适,手指甲过长	帽绳过长易发生幼儿勒伤、窒息,手指甲长易抓伤同伴,进餐时不卫生引发疾病
餐饮管理	食堂管理	未及时拿取留样	无可追溯性,留样变质
		未及时检查食堂餐具卫生消毒情况	不洁餐具易造成幼儿腹泻及各种传染物
卫生消毒	环境卫生	未及时抽查全园室内外卫生清洁工作	清洁消毒不到位易造成传染病的流行
		未及时发放消毒药品	消毒无法顺利进行,清洁消毒不到位造成传染病疫情的发生

续表

	具体内容	危险源/危险因素	风险描述及导致的伤害
疾病预防	常见病	未及时普及相关知识，常见病预防及培训工作不到位	遇突发情况不能正确、及时处理，造成进一步伤害
	传染病	未对患传染病的幼儿做到有效的隔离控制	易造成传染病疫情的扩散蔓延
		未督促家长完成幼儿免疫接种工作	错过了最佳防疫时间，使幼儿机体不能产生相应抗体
意外伤害	管理	未有计划地对幼儿进行安全教育	幼儿自我保护意识差，遇突发情况易造成人身伤害

表 5-4　某幼儿园传达室危险源辨识清单

	具体内容	危险源/危险因素	风险描述及导致伤害
户外运动	早操/间操 集体游戏 分散游戏	保安未及时在幼儿园内巡查	不能发现园内及园外周边的安全隐患，致意外发生
离园	执勤	开园门后，保安未认真检查执勤	易造成幼儿随意跑出园门，发生危险
	检查	未认真检查门窗是否关闭	出现门窗被风刮坏、漏雨、财物丢失等情况
		保安器械未放置好或没有及时检查	造成器械摆放混乱、损坏，突发情况发生时无法使用
日常检查		大门口外流动人员及车辆较多	幼儿进出时易造成碰伤
		车棚内杂物较多	教师存放车辆时容易碰伤
		冬青枝叶未及时修剪	易划伤幼儿

表 5-5　某幼儿园炊事班危险源辨识清单

	具体内容	危险源/危险因素	风险描述及导致的伤害
设备设施	线路、机件	线路老化、冒火、燃烧、配件磨损	发生火灾等意外，对人员造成伤害
	伙房设备	搅菜机、绞肉机、电饼铛等破损或操作不当	导致人身伤害
		物品箱棱角分明	划伤
		煤气灶的部件老化	引发火灾、造成人员伤害
		食堂的铝扣板吊顶松动、脱落	砸伤
操作流程	操作加工	冰箱、冰柜未及时清理干净	易造成细菌繁殖，易发食物变质
		刀具使用不当	划伤、切伤
		加工、炸制各种食物时，过热的油容易溅出	烫伤
	粗加工	原料腐烂变质	食物中毒
	食品留样	食品留样不足	一旦出现问题，无法检验中毒原因
	食堂管理	外来人员进入	可导致许多不安全因素
进货验收	蔬菜、鱼肉、水果等	货物不洁、不新鲜	易引发幼儿腹泻或食物中毒
	烹调品	原料腐烂变质、过期	食物中毒

表 5-6　　某幼儿园后勤组危险源辨识清单

具体内容	危险源/危险因素	风险描述及导致的伤害
户外	大型玩具生锈、损坏	刮伤、划伤
	院内地垫损坏、翘起	幼儿或教职工绊倒摔伤
室内	壁挂电视机不牢固	砸伤
	班级电脑老化	存在火灾安全隐患
	电扇摆晃严重	砸伤或出现更严重的伤害
	儿童椅的椅腿过软	摔伤

3. 物、人、环境梳理法

一是物(设施)的不安全状态,包括可能导致事故发生和危害扩大的设备缺陷、保护措施和安全设备的缺陷;二是人的不安全行为,包括不采取安全措施、不按规定的方法操作等某些不安全行为(制造危险状态);三是可能造成职业病的劳动环境和条件,包括物理的(噪音、振动、湿度、辐射)、化学的(易燃易爆、有毒有害等)以及生物因素(水杯、毛巾、桌面、门把手不洁,盥洗室不卫生,烹饪设备不卫生,传染病等);四是管理缺陷,包括安全监督、检查、事故防范、应急准备和响应管理、人员安排、防护用品、服务过程和工作方法等方面的管理。应定期对危险因素进行分析和辨析,从而实现安全风险的事前控制。下面是某幼儿园的危险源辨识清单,如表 5-7 所示。

表 5-7 某幼儿园危险源辨识清单

类别/场所	物的不安全状态			人的不安全行为	
	物品名称	存在哪些不安全因素	如何消除不安全因素	哪些行为是不安全的	如何防止不安全行为
户外	红顶滑梯	柱体下面生锈腐烂	维修，暂停使用	没有设置警示标志，教师组织幼儿玩滑梯	及时设置警示牌，提醒注意
	塑料滑梯	横板坏了	警示，暂停使用	不认真巡视检查户外大型玩具	根据制度，定期检查
	户外大型玩具	使用不当	在家长或教师陪同下玩耍	让幼儿自行玩耍	全程教师或家长陪同
	葡萄架长廊	幼儿攀爬	教师时刻关注幼儿，及时制止	教师聊天，没有关注幼儿的活动	确保所有幼儿在教师视线内，不做与工作无关的事情
	种植园地	幼儿在种植园内乱跑	教师有组织地带幼儿进入种植园地活动	幼儿无序活动	活动前进行安全教育，让幼儿知道应该怎样做
	幼儿园门口车辆	撞伤幼儿	早晚接送幼儿时注意维持秩序	车辆随意停放随意穿行	设立警示标志，不允许随意停车辆
	大门	大门没有关好或处于无人看管状态	门卫应及时开关大门，时刻在岗	幼儿安全意识差，自己跑出幼儿园大门	对幼儿进行安全教育，保安不离岗，时刻关好大门

续表

类别 场所	物的不安全状态			人的不安全行为	
	物品名称	存在哪些不安全因素	如何消除不安全因素	哪些行为是不安全的	如何防止不安全行为
室内	楼梯	楼梯拐角处，教师不能观察到所有幼儿情况	教师和保育员注意站位，确保所有幼儿在视线内	上下楼时幼儿打闹、互相推搡	有秩序上下楼
	桌椅	棱角容易碰伤幼儿	桌子加装护角，教给幼儿正确搬小椅子的方法	儿童打闹、推搡	教师加强对幼儿自我保护意识的培养
	走廊内的暖气包	个别位置棱角容易碰伤幼儿	加装防护措施	幼儿通过走廊时，打闹推搡	加强安全教育，教师跟随看护提醒
	桌椅、床、橱柜等家具	钉子凸起划伤或刮伤幼儿	及时检查、维修	幼儿在橱柜上取放物品时不注意观察	教育幼儿注意观察，发现家具上有木刺、钉子凸起时，及时告诉教师
	班级教师用的剪刀、水果刀	放置不当对幼儿造成伤害	合理放置，消除隐患	教师用完剪刀、水果刀后随手乱放	养成物归原处的好习惯，加强责任心
	消毒剂、杀虫剂等	放置不当，幼儿拿到造成伤害	放在幼儿够不到的地方	教师用后随手乱放	养成物归原处的好习惯，加强责任心
	餐具	易烫伤、砸伤	教师分餐时提醒幼儿注意，饭菜温度适宜	分餐、进餐时幼儿秩序乱	注意幼儿良好常规的培养

续表

类别 场所	物的不安全状态			人的不安全行为	
	物品名称	存在哪些不安全因素	如何消除不安全因素	哪些行为是不安全的	如何防止不安全行为
室内	暖水瓶、开水杯	放置位置不当，烫伤、砸伤	放到幼儿够不到的地方	教师随手放开水杯，安全意识不够强	加强安全意识，随时关注幼儿的安全
	伙房设备设施	机器及部件破损，操作中出现故障，导致意外发生	按时检查机械有无故障，发现问题，及时维修	炊事员不按规定流程操作机械	加强机械操作培训，严格流程，注意安全
	采购食品	过期、变质食品，导致幼儿腹泻或食物中毒	定期排查，杜绝过期变质食品	采购人员采购无质量保证的食品	加强采购人员的责任意识，定期培训，严格按程序采购食品

4. 幼儿园安全事故案例归因统计法

对幼儿园已经出现的各种安全事故进行梳理分析，并对为什么会出现这样的安全事故进行归因——原因在哪里？是物的因素，还是人的因素？或者是制度、管理、教育的原因？在分析梳理的基础上深刻吸取国内外幼儿园安全事故的经验教训，辨识幼儿园危险因素，严肃反思，全面总结，认真学习，实现安全风险的事前控制。如以下典型案例：

★晨检环节

案例 5-1　　幼儿误食异物酿大祸

2010 年 4 月 7 日中午，永嘉县碧莲镇中心幼儿园一对双胞胎兄妹，把一种名为“溴敌隆”的老鼠药当作糖果带到幼儿园，分发给 10 多名小朋友一起吃。幸好，这个情况被幼儿园教师及时发现，并将有关幼儿紧急送往医院救治。

原因分析

①幼儿携带异物入园。

②幼儿园晨检把关不严。

③幼儿的自我保护意识差。

预防建议

①教师应在一日生活中加强对幼儿进行安全教育，引导幼儿不乱拿异物、不乱吃别人给的食物。

②严格入园晨检。

③教师应了解并掌握一些处理幼儿吞食异物的处理方法。如下所述：

• 误食药物

首先，搞清幼儿误服了什么药，服了多长时间，服了多大的剂量。这对于突发此类安全事故的紧急处理以及医生的治疗都很有帮助。

然后，稀释、催吐和排毒。如果误服的药物不良反应很少，而且剂量很小，例如普通中成药或者维生素等，可喂幼儿大量的水，从而稀释药物并及时使其从尿中排出；如果误服的药物不良反应大，或者剂量较大，应该采取催吐排毒的对策。成人应立即用手，刺激幼儿的咽喉部位或者舌根，使其呕吐，从而把胃内容物排出。同时，喂其大量白开水，反复刺激催吐。必须注意的是，如果幼儿情况比较严重，例如丧失意识，便千万不可催吐，要立即送医院就医。

另外，根据不同的药物，可采取相应的补救措施，降低风险。例如，对于强碱药物，可立即服用食醋、柠檬汁、橘子汁等，弱化碱性；对于强酸药物，可服用肥皂水、生蛋清，以保护胃黏膜；对于碘酒或来苏水等具有强烈刺激和腐蚀作用的药物,应立即口服稠米汤或面糊等含淀粉的液体,减轻对胃黏膜的损伤。

此外,及时送往医院。急救措施不等于万无一失的治疗,如果发现幼儿误服药物,应及时送幼儿去医院,进行洗胃、解毒的治疗处理。同时,不要忘了把幼儿误服的药物以及呕吐物的"样品"随身携带,以协助医生诊断和对症治疗。

• 误食蜡笔

抱起幼儿,使其脸部朝下,张开手掌虎口,以托住幼儿的下巴。

然后用手掌轻拍幼儿肩胛骨之间,直至蜡笔吐出,及时送往医院检查。

• 误食肥皂

肥皂是最普遍的洗涤用品,主要成分是含有脂肪酸的钾、钠、铵盐以及部分游离脂肪酸,有些加了水软化剂,如硅酸钠、碳酸钠和磷酸钠等,呈碱性。在生活小窍门中,它也可以作为催吐品使用,例如误食某些有毒食物或酸性药物,可以在就医前先喝少许肥皂水,促使腹中异物吐出,便于治疗。

但是,如果幼儿误食了肥皂,会出现恶心、腹痛、腹泻和呕吐现象。这时候,幼儿园医生应尽快想办法让幼儿吐出来,饮用牛奶或水,以冲淡胃内肥皂水的浓度。一般经一天即可缓解。但严重的话,也应该及早送去医院治疗。

• 误食防虫剂

家庭常用的防虫剂一般是卫生球和樟脑丸。幼儿误食防虫剂,一般会表现出呕吐、腹泻、痉挛、皮肤黏膜青紫、呼吸急促、心率加快等。成人一旦发现幼儿有这种异常现象,便应检查其是否误食了防虫剂。

如果是误食卫生球,应立即让幼儿喝茶水或白开水,压迫其舌根催吐,但切记在三个小时以内,不可喂食牛奶和脂肪高的物质。

• 误食口香糖

口香糖不可吞食,但一旦发现幼儿误食口香糖,也不用惊慌。医学研究表明,口香糖的胶质经胃酸和肠酶的消化作用,会完全分解成失去黏性的残渣,对身体不会产生不良影响,而且会随粪便排出体外。建议多吃点粗纤维类食物,如玉米、番薯、豆类、黄花菜、韭菜、芹菜、青椒等,刺激肠蠕动,有利于大便通畅。

• 误食纽扣

像纽扣、珠子、小石子等小、圆并且光滑的小物品,如果幼儿误食,成人也不用太过担心。这些东西一般都可以通过肠道排出体外,食用粗纤维类食物,对其排出有促进作用。

• 误食香烟

如果幼儿误食了烟缸中的烟头,会引起中毒症状。因为烟头在烟缸中可能会经过水的浸泡,从而尼古丁大量释放。而尼古丁与婴儿体内的尼古丁受体结合,轻则呕吐、腹泻,重则痉挛、心律失常。父母一旦发现幼儿误食香烟,需立即清除其口中的余渣，然后喂食牛奶，手法催吐，并及时送往医院就医。因此，为了幼儿的安全，成人最好不要在家里抽烟，也不要在幼儿能够到的地方存放香烟。

• 误食电池

纽扣型的电池，也会是幼儿误食的对象，而且杀伤力极大。因为电池四周的金属保护膜一旦被溶解，里面的有毒物质大量释放，会破坏胃黏膜、灼伤食道，甚至导致急性肾衰竭或压力性气胸而猝死。最好的办法便是千万不可耽搁时间，尽快送往医院，由专科医生帮助处理，越快越好。

• 误食煤油、汽油

成人发现幼儿误食了煤油、汽油，千万不可催吐，以防窒息，而应该立即送往医院处理。同样不能催吐的异物有：洁厕剂、洗洁精、油漆稀料、木头防腐剂等。

• 误食化妆品

化妆品如口红、眼影、指甲油、止汗香露等的成分一般都不会引起全身性反应的急性中毒症状，但有可能对局部皮肤引起过敏反应。但如果误食的量比较大，也会出现严重症状。如果成人发现幼儿误食化妆品，一方面应该咨询厂家，另一方面须立即让幼儿多喝水，并用手法催吐，或送往医院处理。

案例 5-2　　晨检的重要性

某幼儿园 5 岁幼儿丹丹从家中带了一颗桂圆到幼儿园，并在幼儿园将桂圆送给了好友莫莫食用。莫莫在食用时，桂圆核不幸卡在喉部，导致呼吸受阻。教师发现后立即将其送到医院救治。经抢救，小莫转危为安。

原因分析

①教师和家长没有重视对幼儿小口袋、小书包的检查，导致幼儿将小零食带进班级。

②教师安全敏感度差，晨检未做到仔细、认真。

预防建议

①对幼儿及其家长进行入园晨检的安全教育。

②幼儿园晨检时，教师要注意检查幼儿口袋、书包里有无小零食，小玩具等，如有安全隐患应及时与家长协调、解决。

③家长应将这些可能存在不安全因素的零食放在幼儿不能触手可及的地方，并进行安全教育。

案例 5-3　　幼儿误食种子，敲响安全警钟

某幼儿园中二班进行区角活动时，在“娃娃家”活动的 4 位小朋友先后喊肚子疼，其中一名幼儿还吐了两次。听了教师的汇报，幼儿园医务室大夫和班主

任立即带领4位小朋友到医院就医，几位园领导分别到十几个班级调查情况，询问其他班是否有同类事件发生，结果均未发现同类情况。医院方来电话说，4位幼儿均有食物中毒迹象。因为刚喝过牛奶，幼儿园首先怀疑是牛奶质量出了问题，马上将留样牛奶送有关部门检验，检验结果显示牛奶未出现任何质量问题，其他班级也未发现同类情况。4位小朋友的家长坚持让幼儿园给个说法，就在大家困惑不解，各自猜测的情况下，有个小朋友偷偷地告诉教师，过家家时幼儿黄芮曾分给他们巧克力豆吃。经耐心询问黄芮，得知黄芮小朋友星期天到奶奶家去，捡到一种树种子，从颜色到形状特别像巧克力豆，她偷偷带到幼儿园，在“娃娃家”游戏时她扮演了“妈妈”，并把树种子当作从超市买的巧克力豆发给“宝宝”和“家人”吃，结果吃出问题来。

原因分析

①送幼儿入园前，家长未检查幼儿口袋里是否带有危险品。

②来园晨检时，未检查出幼儿是否携带危险物品入园。

预防建议

①严格晨检，教师要检查幼儿有无携带危险品来园，如有，应及时收缴。

②家园合作，家长在幼儿每天出家门时检查其口袋。

③平时要教育幼儿，不知道的东西不要轻易放入口中。

④教育幼儿不要随便吃别人给的东西。

★室内活动环节

案例5-4　幼儿头部撞上了写字台边

2000年4月21日，还差3个月就满6周岁的幼儿湛某，在广州市一家中英文幼儿园上课时，教师叫他上前交作业本，也许他刚完成了“任务”而有点兴奋，走得快了些，不慎绊倒，头部撞在了写字台边上，致使其眉间鼻背上碰伤。幼儿园教师抱起小湛，马上赶去医院治疗，并垫付了医疗费。

经医治，小湛的伤痛消除了，但遗憾的是其两眉之间留下了明显的疤痕。小湛的父亲为此向幼儿园提出索赔。

原因分析

①幼儿园没有重视活动室危险源的查找并及时消除危险源，导致幼儿不慎跌伤，造成事故。

②教师安全敏感度差，未能预察写字台存在的安全隐患。

③教师没有重视幼儿的常规养成。

预防建议

①加强幼儿生活中的常规教育，增强幼儿自我保护意识，如“慢慢走”。

②排查教室内潜在的安全隐患，并进行防护处理。

案例 5-5　　一颗糖的启示

10 月的某一天，是中二班幼儿月月的生日，她带了很多糖来幼儿园。离园前，班里为月月举行了一个生日会，月月将糖分给了每一位小朋友。当家长来接幼儿时，幼儿们纷纷举着糖果欣喜地说："这是月月过生日，发给我的糖。"还有的幼儿走出教室门就急忙打开糖果送进嘴里，边吃边跑下楼。过了一会儿，幼儿果果爷爷匆忙走进教室说："刚才果果在玩滑梯的时候，被糖卡住，脸都发紫了，我立即叫他弯腰并拍他的背，让他把嘴里的糖吐出来的。"教师听完一阵后怕，若是导致幼儿窒息，这是多可怕的事情。

原因分析

①教师应重视幼儿的食品分享活动的安全，幼儿容易边游戏边食用零食，教师应及时劝导幼儿杜绝这一现象。

②教师安全敏感度差，外来食品不能带入幼儿园。

预防建议

①对幼儿及家长进行入园的安全教育。

②幼儿入园时应杜绝携带零食入园，如有安全隐患应及时与家长协调、解决。

案例 5-6　　危险的剪刀

在中班幼儿的一次手工活动中，张教师为了教育幼儿们安全使用剪刀，就告诉幼儿们："大家用剪刀时要小心，今天这些剪刀都是新的，很锋利的，不能剪到小手，小手会剪破流血；也不能剪到衣服，衣服也会剪破的。"结果，一名幼儿真的悄悄剪了小手指上的表皮，虽不至于流血，但也很危险。另一个幼儿则把同桌一女幼儿的羽绒服剪了一个小口。

原因分析

①教师有基本的安全教育意识，却没能运用正确的安全教育策略。

②有的家长或教师喜欢用禁止式的方法，如告诉幼儿"不玩火""不把手指插入电插座的孔内""不用绳索套在颈项上""不探身窗外""不拿滚烫的东西"等。"禁止"是一种消极的做法，很可能带来不良的效果。

预防建议

①采用正确的安全教育策略，主要从正面引导。

②在对幼儿进行安全教育时，尽量不采用禁止式的方法。

案例 5-7　　疏忽带来的结果

幼儿红红活动时一不小心摔倒在地上，其他幼儿赶紧报告当班教师。教师立即检查红红的情况，发现其没有外伤，两只胳膊也能动，红红自己也没有异常反应，便安抚其入睡。交接班时，由于教师疏忽，未将该情况交接给下午班的教师，下午班的教师发现红红穿衣服时抬不起胳膊，翻开其衣服发现右肩处红肿，遂将她送往医务室。经检查，红红锁骨骨折。

原因分析

①在伤害发生后，教师对幼儿的伤后处理方式太随意，不具备基本的保育、保健知识。

②交接班工作不认真，没有将幼儿情况交接给下午班的教师。

预防建议

①教师应该提高工作责任心，仔细观察受伤幼儿情况。

②幼儿园应对教职工进行工作流程和重点环节的培训学习，使教职工增强对工作细节的重视。

案例 5-8 幼儿碰撞事故

潮安县某幼儿园里的幼儿们在做游戏的时候，幼儿辉鹏被朝他跑来的另一名幼儿许润澎撞了一下，当时教师误认为他跌倒起不来的原因是扭到脚，但当拉他起来时，发现辉鹏满身大汗，已不会说话。经医生诊断，辉鹏碰撞倒地时脑部正好撞在坚硬的水泥板上，造成重度颅脑外伤，出现颅内血肿、脑疝症状，伤情十分严重。

原因分析

①教师未能控制好课堂的节奏和秩序。

②幼儿缺少对周围环境不安全因素的认识。

③教师安全敏感度差，未能预见到存在的安全隐患。

预防建议

①教师应加强集体活动的安全教育。

②注意幼儿的常规培养。

★户外活动环节

案例 5-9 责任应该谁承担

萌萌和飞飞是某幼儿园大班的同班幼儿。一日，教师王某带领幼儿到户外活动，在排队时，王老师一再交代："小朋友排队下楼梯时，不要拥挤、打闹。"飞飞站在萌萌的背后，两人均在队尾。下楼梯时，二人嬉闹，萌萌背飞飞时摔倒，导致飞飞的左股骨中段发生斜形闭合性骨折。

原因分析

①教师未能及时发现并制止萌萌和飞飞之间的嬉闹。

②教师安全敏感度差，没有将视线放到所有幼儿的身上。

预防建议

①加强对幼儿安全意识的教育。

②幼儿户外活动时，教师应站在能将视线看到全班幼儿的地方，如有安全隐患应及时提醒、制止。

案例 5-10　飞盘碰伤同伴的眼睛

王萌和韩飞是幼儿园的同班幼儿。在一次早晨锻炼活动时，王萌不小心把飞盘扔到韩飞身上，两人由争吵发展成扭打。这时候，没有教师前来拉开他们。吵打过程中，王萌再次把飞盘扔向韩飞，飞盘碰伤韩飞的眼睛，经医院诊断，韩飞视力下降，需上万元的治疗费。韩飞的家长要求王萌的家长和幼儿园共同赔偿，遭拒绝，便告到法庭。

原因分析

①教师没有及时制止幼儿之间的扭打，造成事故。

②教师没有尽职履责，没有注意到幼儿之间的异常表现。

③幼儿的交往合作能力有待加强。

预防建议

①对幼儿进行安全教育，与同伴应友好相处。

②教师应加强责任心，及时发现并处理幼儿之间的纠纷，时刻提醒幼儿不应该打闹。

③幼儿园应合理投放活动器械，选择无危害、不锋利、对幼儿没有危险的器械。

案例 5-11　滑梯事件

2 月 25 日，某幼儿园内发生了一幕惨剧。因为幼儿园教师的疏忽，4 岁 9 个月大的幼儿朵朵被挂在滑梯内 47 分钟（衣服上的帽子挂在滑梯上一个突出的螺丝钉上，帽子和衣领勒住了她稚嫩的脖子），由于窒息时间过长，最后抢救无效，朵朵离开了人世。

原因分析

①晨检时，教师没有检查幼儿的着装安全（帽绳、帽子），家长没有履行“幼儿园家长安全责任书”的规定，幼儿所穿衣服不符合安全要求。

②教师的安全敏感度差，未能检查并发现滑梯存在的安全隐患。

③教师没有及时清点幼儿的人数，没有及时发现少一名幼儿。

预防建议

①教师对幼儿及其家长进行入园着装要求的安全教育。

②幼儿园晨检时，教师要注意检查幼儿着装是否有帽子、带子等，如有安全隐患应及时与家长协调、解决。

③家长购买幼儿衣服和鞋子时，要全面考虑衣着的安全性。

④教师应及时清点幼儿人数。

案例 5-12 “珠珠”的危害，你知道吗？

一次户外活动，王老师带领小朋友做完集体游戏后，让幼儿分散自由活动。突然有个小朋友告诉教师：“老师，贝贝把一个珠珠塞到鼻子里了。”教师赶忙跑过去，这时的贝贝神情有些紧张，嘴巴张开在呼吸，从她的眼神里看得出她很害怕，急于求助。于是教师就让她尝试自己擤鼻涕，擤了几下也没有出来。情急之下，教师到食堂拿来一瓶胡椒粉，让贝贝闻这种刺激性的味道，她对这种刺激马上有了反应，连着打了几个喷嚏。在打第三个喷嚏的时候，鼻子里的异物喷了出来，危险解除了。后来，经过教师了解，在自由活动时，幼儿贝贝在活动场地上发现了一个小珠珠，玩着玩着，就塞进鼻孔里了。

原因分析

①户外活动之前，教师没有排查活动场地内的安全隐患和及时清理危险物品。

②在分散自由活动时，教师没有密切关注每个幼儿的情况，没有及时发现幼儿在地上捡拾危险物品。

预防建议

①户外活动之前，教师要检查活动场地的安全，排查活动场地内的安全隐患和及时清理危险物品。

②幼儿在分散自由活动时，教师要及时关注每个幼儿的情况，发现幼儿在地上捡拾危险物品要及时加以阻止。

③发现幼儿鼻腔内有异物时切勿紧张急躁，以免幼儿惊慌哭闹将异物吸入下呼吸道，形成呼吸道异物的严重后果；这时，教师还要安排好其他的幼儿（请配班教师组织好其他幼儿），然后把遇到危险的幼儿带到保健室。

④如果发生幼儿鼻腔异物时，可用大拇指压迫鼻翼，将异物挤出鼻腔；也可以让幼儿闻胡椒粉等刺激性气味，促使打喷嚏，有可能将异物喷出；对于无法取出的鼻腔异物，教师也不要强行取出，以免损伤鼻腔或形成呼吸道异物，而是设法劝阻幼儿哭闹，改用口腔呼吸，然后迅速抱送医院治疗。

案例 5-13 “新玩法”带来的伤害

一次户外活动，教师组织幼儿滑滑梯。诚诚和飞飞玩着玩着就想了个新玩法，两人手拉手从双人滑道上滑下来。由于相互配合默契，连滑了几次都相安无事。在一旁的教师见他俩玩得不亦乐乎，就麻痹大意起来，谁知当他俩再次从滑梯上滑下来时，飞飞动作过快，一下子就滑了下来，诚诚由于没有跟上，从上面被拉了下来，连翻几个跟头，结果摔伤头部。

原因分析

①教师已经发现幼儿的危险动作，没有及时加以制止，导致事故发生。

②教师没有进行活动前的安全教育，没有向幼儿交代玩滑梯的注意事项。

③教师没有对幼儿不正确的行为导致的严重后果进行充分的预测。

预防建议

①活动前对幼儿进行安全教育。教给幼儿玩滑梯的正确方法，帮助幼儿了解可能存在的危险因素，加深其对危险的认识，提高自我保护意识和能力。

②引导幼儿学会保护自己、关爱同伴。

③活动时，教师应密切关注幼儿活动情况，发现幼儿有危险的动作及时加以制止。

案例 5-14　　楼梯扶手当滑梯

某日，教师带幼儿们去一楼的大型玩具区活动。刚下楼梯没几步就听到幼儿们你一言我一语聊开了，中间的几个幼儿还有打闹的现象。快到一楼的时候，排在后面的君君把扶手当作滑梯滑了下去。由于速度过快，君君落地没有站稳，摔倒在地，导致脚踝骨折。

原因分析

①户外活动前，教师没有向幼儿交代下楼梯时的安全注意事项。

②教师在刚下楼梯没几步时，就已经发现有幼儿打闹的现象，但没有及时加以阻止。

预防建议

①户外活动前，教师对幼儿进行相关的安全注意事项教育。

②教师发现幼儿打闹的现象时，应及时加以阻止。

③一日活动中，随机对幼儿进行安全教育，加强幼儿的安全意识和自我保护意识。

★生活活动环节——午睡

案例 5-15　　小黄豆酿大祸

某幼儿园 4 岁幼儿小辉辉在午睡前把教室区角里的粘贴画上的黄豆偷偷拿进寝室里。在睡午觉期间，小辉辉感觉好玩儿，把手里的小黄豆塞进鼻孔里，结果在教师没有及时发现的情况下，窒息死亡。

原因分析

①教师忽视了某些操作材料及其带来的潜在危害。

②教师对幼儿安全教育不到位,没有认真查找危险源。

③教师午间巡视不认真,没有及时发现幼儿的危险行为,对存在安全隐患的粘贴画,未包膜防护。

预防建议

①教师要注意检查幼儿是否带有危险物品。

②教师要注意午休前的检查和午间巡视。

③教师要注意对存在安全隐患的颗粒性粘贴画,做包膜防护处理,以防意外发生。

案例 5-16 感冒引发突发性心肌炎

2007 年 12 月 23 日早晨,蓬莱市民赵某夫妇二人像往常一样,把 3 岁的儿子小明(化名)送到幼儿园。因为小明已经感冒了七八天了,一直未康复,赵某夫妇俩对幼儿很担心,但在家里又没有人照看,忙于上班的他们只好把幼儿送到幼儿园。23 日上午,小明并没有什么异常。下午 1 点多钟时,幼儿园教师像往常一样叫幼儿起床,当她走到小明身边时,发现他脸色苍白,摇了几下没有反应,幼儿园教师见状赶紧拨打了 120 急救车,当医生赶到幼儿园时,发现小明已停止了呼吸和心跳,紧急抢救了一个多小时,小明仍然没有任何生命体征。医院征求了家长的意见放弃了抢救,医生诊断小明的死亡是感冒引发的突发性心肌炎所致。

原因分析

①幼儿连续几天用药不见好转,家长不应该送幼儿入园。

②教师没有随时巡查幼儿情况。

③教师没有对幼儿进行午睡前的安检工作。

④教师安全敏感度差,未了解幼儿最近在家的情况和目前的身体状况。

预防建议

①家长只要发现幼儿生病,一定要去医院就诊。为了幼儿的健康、安全,不要私自给幼儿用药。特别是连续几天用药不见好转的幼儿,家长一定不要大意。因为幼儿年龄小,抵抗力差,很容易发生并发症,造成严重后果。

②教育家长,严格遵守幼儿园的规定,凡是前一天发烧的幼儿,病情好转后,先在家观察。确认痊愈后,才能送幼儿入园。因为发烧会带来一连串的不良后果,如严重的并发症、意外伤害事故、传染给别的幼儿等。

③加强家园配合,对于长期不来园的幼儿,教师要了解幼儿在家情况,来园后请家长带病历,确定幼儿完全康复后方可入园。

案例 5-17　　　　6 岁女孩午睡时被捅伤耳膜

6 岁幼儿婷婷中午 12 时许，在幼儿园午睡时，右耳被一个叫毛毛的调皮男生用竹签捅伤。女孩疼痛惊醒后，三名教师赶来，赶紧用剪刀将竹签剪断取出，并进行止血。

原因分析

①教师没有对幼儿进行必要的安全教育。

②教师没有对幼儿进行午睡前的安检工作。

③教师没有进行午间巡视，以至未能及时发现并阻止幼儿的伤害行为。

预防建议

①教师应对幼儿及家长进行安全教育，禁止幼儿带危险物品入园。

②教师要加强午间巡视。

③教师在晨检时要注意检查幼儿是否带有危险物品。

案例 5-18　　　　教师擅离岗位之后……

一天中午，某幼儿园中班的大部分幼儿都睡着了，还有个别幼儿没睡。这时，值班教师便到别的班去倒开水，并聊了一会儿，待她回班后，发现一名幼儿头部红肿。问其原因，才知道是刚才教师外出后，幼儿在床上玩耍，不小心摔伤的。教师赶忙帮幼儿揉了揉，便安慰他睡了觉。下午当家长接幼儿时看到幼儿伤情后，非常生气，要求领导解决处理。

原因分析

①教师没有考虑到自己离开后的后果，从而导致事故发生。

②教师没有及时与家长和保健大夫进行沟通，做好处理。

预防建议

①加强教师的责任心培养。

②幼儿午睡时，加强午巡检查，不得脱岗。

③安全事故发生后，教师应及时通知保健大夫进行处理，同时与家长取得联系。

★生活活动环节——餐饮

案例 5-19　　　　食物中毒酿大祸

2011 年 10 月 15 日，张家口市某幼儿园发生疑似食物中毒，部分幼儿出现腹泻、呕吐、发热等症状。

原因分析

①幼儿园食品采购和加工人员没有重视幼儿的饮食安全，导致幼儿食物中

毒，造成事故。

②教师安全敏感度差，未能及时察觉到食物中毒的安全隐患。

预防建议

①及时逐级报告。一旦发生食物中毒，当班教师应及时向幼儿园的领导或保健员报告，园领导则向上级食品卫生监督检验所、医院和上级教育部门报告。

②立即抢救中毒幼儿。园领导在第一时间组织人员，立即将中毒幼儿送医院抢救。

③保护现场，保留样品。发生食物中毒后在向有关部门报告的同时，要保护好现场和可疑食物，幼儿吃剩的食物不要急于倒掉，食品用工具、容器、餐具等不要急于冲洗，病人的排泄物（呕吐物、大便）要保留，以便卫生部门采样检验，为确定食物中毒提供可靠的情况。

④如实反映情况。园领导及与本次中毒有关人员，如食堂工作人员、分餐教师及病人等应如实反映本次中毒情况，将病人所吃的食物、进餐总人数、同时进餐而未发病者所吃的食物、病人中毒的主要特点、可疑食物的来源、质量、存放条件、加工烹调的方法和加热的温度、时间等情况如实向有关部门反映。

⑤对中毒食物的处理。在查明情况之前对可疑食物应立即停止食用。在卫生部门查明情况后，即可对于引起中毒的食物及时进行处理。对引起中毒的食物可采取煮沸15分钟后掩埋或焚烧的方法进行处理。液体食品可用漂白粉混合消毒。食品用工具、容器可用1%～2%碱水或漂白粉溶液消毒。病人的排泄物可用20%石灰乳或5%的来苏溶液进行消毒。

案例5-20　吃饭烫伤

一幼儿喝豆浆时，由于豆浆太烫，把豆浆洒了一身，手指被热豆浆烫红了。刚刚参加工作的李教师很紧张，带着幼儿去找园医，却没找到。看着幼儿红红的手指，只好又带着幼儿去了医院。一名护士看到幼儿的小手因为没能及时处理而烫起的水疱，赶紧帮助幼儿处理，护士一边处理一边委婉地对小李教师说："其实幼儿当时只要在自来水上多冲一下就没事了。"

原因分析

①教师没有提醒幼儿注意豆浆很烫，小心烫伤。

②教师缺乏必要的安全救助常识而延误时机，导致原本轻微的意外伤害变得后果严重。

③园医脱岗。

预防建议

①烫的食物应该放到安全的地方，凉一凉后再分给幼儿饮用。

②加强教师的卫生保健急救知识培训，掌握必要的救护方法。

③安全教育应渗透在幼儿的一日生活活动中。

案例 5-21 热水烫伤后的思索

一次户外活动结束后回教室，教师要求幼儿先上洗手间然后再喝水。当时班里的两位教师都在洗手间帮助小朋友整理衣物，没有注意到上完厕所后的几个幼儿已偷偷来到饮水机前倒水。不知道如何正确使用饮水机的小朋友在倒水时不小心被饮水机的热水烫伤。

原因分析

①教师的安全意识不够强。分工不明确，没有关注到所有幼儿。

②幼儿的生活常规没有建立好，导致了安全事故的发生。

③幼儿年龄小，自我保护意识和能力差。

④饮水机的水太热，幼儿园安全防护不到位。

预防建议

①对幼儿进行安全自护教育，并结合班级情况，适当地进行演习。

②日常生活中，应在安全的环境下，鼓励幼儿自己动手尝试，避免过度保护。

③教师分工明确，关注所有幼儿，建立良好的常规。

★生活活动环节——如厕

案例 5-22 女童上厕所摔倒，脚卡便池

北京市丰台区某幼儿园二楼，一名 3 岁半幼儿上厕所时不慎滑倒，右脚死死卡在小便池内。幼儿园一名工作人员介绍，听到厕所内传来的哭声后，教师们跑进去发现，这名幼儿的右脚被卡在了蹲便器内。在教师的帮助下，幼儿的右脚成功脱离便池。

原因分析

①教师没有做好安全措施，没有放置防滑垫。

②教师对幼儿的日常安全教育不够。

③幼儿如厕，未有教师跟随。

预防建议

①幼儿如厕前，保教人员应将地面擦干，防止幼儿滑倒。

②教师应及时了解、关注幼儿如厕情况，保证幼儿在教师的视线以内。

案例 5-23 便池台阶磕掉幼儿门牙

上厕所的时候，小班幼儿晨晨推了蓬蓬一下，蓬蓬脚下一滑，摔在台阶上，

嘴里出了一些血。教师给幼儿漱口后便迅速打电话通知家长,并送往医院,确诊需拔掉门牙。

原因分析

①教师的安全敏感度差,厕所地面湿滑,存在安全隐患。

②幼儿欠缺日常安全教育。

③幼儿如厕时有打闹现象,教师未及时发现并制止。

预防建议

①加强对幼儿一日生活活动的安全教育,培养幼儿的安全意识。

②保教人员及时清理厕所地面,保证厕所地面不湿滑。

★接送环节

案例 5-24　哥哥领走弟弟,双双溺水而亡

2010 年 9 月 19 日,7 岁的李亮亮放学后来到金水区百惠幼儿园,领走了在这里上幼儿园的 4 岁的弟弟李星星。兄弟俩没回家,而是来到了附近某中专学校院内一个池塘边玩耍,不幸双双溺水身亡。李家父母遂将百惠幼儿园和某中专学校起诉到法庭,认为幼儿园没有尽到监护责任。

原因分析

①教师不应该把幼儿交给一个不具备完全刑事责任能力的未成年人接走。

②哥哥和弟弟的安全意识差,家长对幼儿的安全教育不到位。

③中专学校保安人员工作不到位,池塘缺乏必要的防护设施。

预防建议

①来接幼儿者,必须是幼儿的监护人(具备完全刑事责任能力)。

②教师应在平时的教育教学活动中,加强幼儿的安全意识。

③幼儿离园后应在监护人的陪同下外出玩耍。

案例 5-25　保育员绑架幼儿

王芳来到金堂赵镇,化名曾洁到职介所登记寻找幼教工作。经某幼儿园面试,王芳顺利成为该园的保育员。5 月 28 日下午,王芳午休后正在叠被子,一个 3 岁的幼儿找到她要上厕所,见四下无人,园内后门大开,王芳借口“阿姨带你出去玩”将幼儿哄骗出幼儿园,带到了其所在的暂住地,并恐吓幼儿园在两日内将 5 万元打入指定账号,如若报警,后果自负。

原因分析

①幼儿园录用职工时,审查不严,对于职工的家庭背景和职业操守没有调查清楚。

②保育教师没有经过正当培训，不具备爱心、责任心。

③幼儿园保安人员脱岗，后门无人监管。

预防建议

①幼儿园在招聘教职工中，应详细调查清楚对方的家庭背景和职业操守，确认无误方可录用。

②幼儿园保安人员应24小时在岗，发现幼儿外出，及时询问，如有可疑，及时制止，并向园长汇报。

案例 5-26　打闹，眼睛被戳成重伤

某农村幼儿园，考虑到农村家长整日在地里忙活，没有接送幼儿的习惯，幼儿入园、离园的路上不安全，便实行了教师代为接送幼儿的制度。有一位吴姓家长认为幼儿园想以此收取费用，而且自家离幼儿园很近，只隔一条小路，不会有什么危险，让幼儿自己回家就行了。幼儿园教师警示家长，幼儿年龄小，不知道什么是危险，万一在路上出了事，后果将不堪设想。吴某对幼儿园教师的话不以为然，未加理会。一天吴某的幼儿在离园回家的路上，因和另一幼儿打闹，眼睛被戳成重伤，于是，吴某把幼儿园和另一名幼儿的家长告上了法庭。在法庭上，吴某指责幼儿园没有履行接送幼儿的约定，并否认幼儿园曾对他有所警示，幼儿园虽据理力争，但因为拿不出证据，最终败诉，不得不承担受伤幼儿的部分医疗费用。

原因分析

①幼儿园接送制度不完善，并且执行时不规范。

②家长安全敏感度差，未能预察到路上的安全隐患。

③教师没有和家长签署幼儿园安全协议书，导致不能出示证据。

预防建议

①对幼儿及其家长进行接送时的安全教育。

②制定完善的接送制度，并严格实施，同时和家长签署安全协议。

案例 5-27　五岁幼儿竟然成功“逃园”

9月1日是入学第一天，丽水市区一家幼儿园一名5岁的幼儿竟然成功“逃园”，最后在街上迷路，所幸没有发生意外。

9月1日上午8点45分左右，一位背着小书包的幼儿，在丽水市区的人民路灯塔新村附近的公交车站牌附近哭泣，大声哭着要找妈妈。有市民上前询问无果后报警。丽水市莲都公安分局白云派出所立即出警，把幼儿带回派出所。

在陌生的环境里，幼儿哭得更厉害了。不过民警自有办法，买来幼儿喜欢

吃的、玩的东西转移幼儿注意力。很快幼儿停止了哭泣，经过交流，得知他5岁，叫文文，但没得到其他具体信息。

细心的民警发现，文文的书包和衣袖上有一个编号类的标记，但没有具体幼儿园的名称。随后，警方查询人民路附近的幼儿园，很快有了消息。其中一家幼儿园说，他们也在找一个从幼儿园出走的幼儿，幼儿园教师立即赶到派出所，确认了文文正是幼儿园里的小朋友。

那么，5岁的幼儿是怎样成功"逃园"的呢？

幼儿回忆说，当天是第一天去幼儿园，很想妈妈。当看到妈妈离开时，他就不由自主跑出大门去找妈妈了。

幼儿园方面介绍，因是幼儿第一天入园，教师对幼儿还没熟悉，而且幼儿跑出去时正是进园高峰，新来的保安也经验不足，所以才出了这个事。

原因分析

①教师对班级幼儿情况不熟悉，没有注意到幼儿跑出教室。

②保安没有注意到有幼儿私自跑出幼儿园大门。

③教师对幼儿人数的清点工作不及时。

预防建议

①开学第一天，教师对幼儿不熟悉，这种情况，一定要有教师站在教室门口，把好教室大门这一关。

②幼儿园保安要看好大门，关注每一位出入的家长和幼儿，发现情况及时处理。

③教师可组织有趣的游戏，吸引新入园的幼儿。

案例 5-28　边走边玩，零食卡咽喉

某日，琳琳妈妈在女儿进幼儿园前将零食喂到琳琳口中，随后让她自己入园，琳琳在途中边走边玩，零食不慎卡到嗓子，教师发现后急忙将其送到了医院。

原因分析

①家长的安全意识不够。

②幼儿没有良好的常规习惯。

③教师和家长没有对幼儿做好相关的安全教育。

预防建议

①通过家园共育加大安全宣传力度，不允许幼儿带任何食物进幼儿园。

②培养幼儿良好的常规习惯，如走路眼睛向前看、做事情精力集中等。

③积极开展安全教育活动，让幼儿识得利弊，学会保护自己。

案例 5-29　家长未与教师交接，幼儿落水身亡

某日，郭林杰的父亲带他去上幼儿园，因是午休时间，幼儿园的大门关着，

郭父就把幼儿放在门口自行回家了。当天下午2时，郭林杰被人发现在位于幼儿园前方相距200米的池塘里溺水，送至医院后不治身亡。

原因分析

①对幼儿的安全教育不够，致使造成安全事故。

②家长没有按照幼儿园完善的接送制度，将幼儿送到教师的手上。

③教师没有做到对未入园的幼儿及家长进行及时联系与沟通。

预防建议

①教师与家长要保持密切的联系。

②离园时，教师要将幼儿送到家长的手里。

③对于没有入园的幼儿，教师要及时与其家长取得联系。

④加强对幼儿的安全意识教育。

★防暴力侵害

案例 5-30　男子闯入幼儿园行凶

《羊城晚报》报道：1999年1月7日上午9时，汕头市某幼儿园的幼儿们正在园内活动，一名30多岁的陌生男子突然闯入，二话不说，便挥拳向园内员工打去，教师们还没明白怎么回事，男子又抓起一名幼儿，举过头顶朝地面摔去……幼儿头朝下重重摔在地面上。约10分钟后，幼儿被送到医院抢救，后颅脑凹入、破碎，生命垂危。惨剧发生在短短10分钟之内。

原因分析

①幼儿园没有做到全面的安全预防和防护措施。

②教师应急反应能力差，未能有效减缓事故伤害。

预防建议

①幼儿园加强安保防护措施。

②幼儿园建立完善的防暴力侵害预案并不定期演习。

③加强对幼儿的防暴力教育。

案例 5-31　男子与女教师谈恋爱被甩心生恶念，持刀闯入幼儿园乱砍

2003年3月7日下午，一歹徒持刀冲进广西北海市某幼儿园行凶。幼儿园女园长和数名女幼儿教师为保护幼儿挺身而出，洒血勇斗持刀歹徒。在一位见义勇为的男性家长的帮助下，将持刀歹徒打晕在地捆绑起来。在整个过程中，有四名女幼儿教师和四名幼儿被歹徒砍伤。其中，一名幼儿伤及肺部，伤势最重的是幼儿园的园长，她头部被砍了两刀，左肩被砍了一刀，右手虎口的肌腱被刀刃割断，被送进医院后昏迷不醒。

原因分析

①歹徒与幼儿园一女教师恋爱不成产生了矛盾，女方叫人将他痛打了一顿，他一怒之下失去了理智，怀揣尖刀冲进幼儿园报复女教师时杀红了眼，伤及无辜的幼儿和其他教师。教师在处理个人感情问题时方法不当是主要原因。

②幼儿园领导缺乏与员工的日常沟通，没能及时发现员工的情绪波动并及时化解矛盾。

③幼儿园出入制度不完善，存在安全漏洞。

④幼儿园对相关人员培训不足，安全意识薄弱。

预防建议

①幼儿园制定严谨的外来人员出入制度，职责分明，责任到人。

②加强安保人员培训，提高安全防范意识，杜绝外来人员随意进出幼儿园。

③领导要善于与员工交流，发现问题及时解决。

4. 其他

除上述几种方法以外，专家会议、询问、交谈、现场观察、查阅有关记录等也是有效归纳总结危险源的良好方法。究竟用哪种方法进行危险源辨识，可根据幼儿园和班级的具体情况来定，最终把所有的危险源辨识出来后制订危险源清单，把这些安全隐患（危险源）都纳入我们的安全管理之中，能消除的消除，不能消除的做好防范措施，制订应急预案。危险源辨识清单化、流程化，增强了各部门的责任意识，形成安全管理的系统化，把安全隐患关口前移，在隐患发展成事故前就把它消灭在萌芽之中，有效做到防患于未然。

二、危险源的分析与控制

面对辨识出的幼儿园危险源，接下来需要判定其风险是否具有可容性。有些风险是可以接受的，如擦伤；有些是可以理解但难以接受的，如骨折、缝针等；有些是不能理解也不能接受的，如死亡、严重烫伤。对辨识出的危险源，应定期进行风险分析，进一步评价现有预防措施是否足以把危险源控制住并符合法律法规的要求，或者在特定危险源控制措施失败的情况下引起伤亡或财产损失的潜在后果，找准当前安全管理与教育工作中的重点、难点与问题，确定排除隐患、控制风险的方法，并不断补充与完善。下面以某幼儿园危险源清单为例进行分析，如表 5-8 至表 5-13 所示。

表 5-8 某幼儿园教师岗危险源控制清单（可容）

环节	具体内容	危险源/危险因素	风险描述及导致后果	直接责任人	管理标准	直接管理人员	主要监管人员	管理措施
入园	晨检	幼儿携带小物品等危险物入园	操作小物品造成的伤害，导致划伤、误吞，眼、耳、鼻、口等受到不同程度的伤害	当班教师	1. 保健员认真晨检 2. 教师二次晨检，发现后及时处理 3. 提醒家长注意幼儿着装	业务园长	园长	1. 晨检时认真做好一摸、二看、三问、四查，发现问题及时处理，做好记录 2. 将幼儿携带的小物品暂时保管，离园时交给家长 3. 与家长沟通交流，提高安全意识
		幼儿自主入园在走廊、楼梯内追逐、打闹	跑、闹造成伤害，导致摔伤、碰伤、磕伤	当班教师	1. 教师对幼儿进行自主入园的安全及常规教育 2. 各班安排家长在走廊及楼梯拐角处执勤	业务园长	园长	1. 经常检查走廊地面，及时擦干地面 2. 教育幼儿不要在走廊打闹，尽快到班上 3. 执勤家长按时到岗，维持秩序，发现幼儿有打闹现象时，及时提醒，督促幼儿到班级
		幼儿衣着有绳子、带配饰等	勒伤、扎伤	当班教师	教师对幼儿及家长进行安全教育	业务园长	园长	1. 提醒家长注意幼儿着装安全 2. 晨检时，发现幼儿着装不合适，及时提醒家长，并帮助幼儿换上合适的衣服 3. 幼儿能主动提醒家长，给自己穿合适的衣服入园

续表

环节	具体内容	危险源/危险因素	风险描述及导致后果	直接责任人	管理标准	直接管理人员	主要监管人员	管理措施
入园	晨检	幼儿自带食品	意外伤害	当班教师	教师严格二次晨检，发现后及时处理	业务园长	园长	1. 在班级开展安全教育活动，用小故事的形式，使幼儿知道自带食品入园不安全 2. 提高家长的安全意识
		幼儿精神不振、身体不适	可能诱发突发疾病	当班教师	1. 保健员认真晨检，确定幼儿是否能入园 2. 教师严格检查，发现后及时处理 3. 提醒家长注意	业务园长	园长	1. 认真观察幼儿情绪，发现问题及时处理，做好记录 2. 与家长沟通交流，了解幼儿情况，如幼儿不适合入园，跟家长讲清楚原因
		幼儿不配合晨检	传染病交叉传染	当班教师	1. 保健员鼓励幼儿配合晨检 2. 家园配合，愉快晨检	业务园长	园长	1. 了解幼儿不配合晨检的原因，消除幼儿紧张情绪 2. 教师在班上开展活动，使幼儿知道为什么晨检，能主动愉快晨检
		教师工作不在状态，注意力不集中、聊天	幼儿打闹摔伤、碰伤等	当班教师	1. 教师严格执行岗位职责 2. 严格按流程组织活动	业务园长	园长	1. 教师加强责任心，不做与工作无关的事情 2. 加强教师培训，知道工作不在状态存在的安全隐患
	晨间活动	幼儿洗手、喝水导致地面湿滑	摔伤、碰伤、磕伤	当班教师	保育员及时清理地面，保持干燥	业务园长	园长	1. 加强幼儿生活常规教育 2. 保育员做到眼勤、手勤、脚勤，及时清理地面
		教学玩、教具，区域活动材料使用不当	操作不当造成伤害，导致刺伤、划伤、误食、戳伤等	当班教师	幼儿会正确、安全地使用操作材料	业务园长	园长	教师能关注所有幼儿，帮助幼儿正确使用玩教具，并对幼儿进行安全教育

续表

环节	具体内容	危险源/危险因素	风险描述及导致后果	直接责任人	管理标准	直接管理人员	主要监管人员	管理措施
入园	晨间活动	教师没有兼顾所有幼儿	幼儿发生磕碰，摔伤、碰伤	当班教师	确保所有幼儿在教师视线内，及时对幼儿进行安全教育	业务园长	园长	合理组织幼儿活动，关注每一名幼儿的活动情况
户外活动	早操/间操	户外场地地垫凸起，雨雪天气地面湿滑，场地上有障碍物	跑、闹造成伤害，绊倒、滑倒、摔倒	当班教师	活动前后，做好三清，及时进行安全教育，增强幼儿的自我保护意识	业务园长	园长	1. 认真做好清人数、清场地、清器械三清工作 2. 教育幼儿遵守游戏规则，培养良好常规
		幼儿服饰不适宜户外活动	勒伤、扎伤、绊倒	当班教师	1. 教师严格检查，发现后及时处理 2. 提醒家长注意	业务园长	园长	检查幼儿服装，帮助幼儿穿戴好便于运动、适合气温的衣服、鞋子，取下头发、服装上的饰物
		早操器械有损坏	幼儿使用造成划伤、扎伤	当班教师	教师严格检查，发现后及时处理调整	业务园长	园长	认真检查器械、工具有无损坏，清理或排除安全隐患
		楼梯台阶陡峭，楼梯拐弯处为教师观察的“盲区”，幼儿上下楼梯拥挤、推搡	导致幼儿摔伤、碰伤等	当班教师	教师及时疏导，进行教育引导	业务园长	园长	1. 教师规范站位，确保幼儿在视线范围内 2. 经常监督，对幼儿进行安全教育
	集体游戏	教师指令性语言不明确	幼儿肌肉拉伤、摔伤	当班教师	教师规范指导用语，注意观察幼儿情况	业务园长	园长	教师语言表述清晰明确，发现问题后及时处理
		幼儿不能正确使用体育器械	造成外伤	当班教师	教师注意观察引导，发现问题及时处理	业务园长	园长	引导幼儿发现户外运动器械、设备与安全之间的关系，学会自我保护

续表

环节	具体内容	危险源/危险因素	风险描述及导致后果	直接责任人	管理标准	直接管理人员	主要监管人员	管理措施
户外活动	集体游戏	幼儿户外游戏活动时肆意打闹	摔伤、碰伤、擦伤	当班教师	集中精力，全程关注幼儿活动情况	业务园长	园长	教师不聊天，不因各种原因远离幼儿，任幼儿自由玩耍
		大型玩具不牢固、锈蚀，有视线触及不到的区域	摔碰伤、遗漏幼儿	当班教师	活动前后，做好三清，提高安全意识	业务园长	园长	认真仔细检查大型玩具，采取防护措施，带领幼儿回活动室前准确核对人数
	分散游戏	幼儿不在教师视线范围内	易造成意外发生，突发情况不易发现解决	当班教师	确保幼儿要在教师视线范围之内活动	业务园长	园长	提醒幼儿不远离教师和同伴，教师注意观察幼儿活动情况
		游戏设置不合理	幼儿无秩序活动，易出现推挤，碰伤等情况	当班教师	合理设计游戏环节，有序组织活动	业务园长	园长	1. 活动前做好准备 2. 合理安排活动内容
		未关注体弱幼儿	体弱儿被忽略，体能达不到，出现呕吐等情况	当班教师	关注体弱儿，合理安排活动量	业务园长	园长	1. 及时关注体弱儿及身体不适幼儿活动情况 2. 合理安排，适当活动
集体教育活动	教学活动	教学玩教具破损	幼儿操作时受伤，导致划伤等	当班教师	教师提前对玩教具进行检查，确保材料安全	业务园长	园长	经常检查，发现问题及时修补
		幼儿搬小椅子的方法不正确	搬椅子时碰伤	当班教师	会正确搬小椅子，提醒幼儿搬小椅子时关注同伴	业务园长	园长	及时提醒，关注幼儿情况
		幼儿坐姿不正确	导致幼儿视力及身体发育受到影响	当班教师	幼儿坐姿正确、端正	业务园长	园长	1. 观察发现，及时纠正幼儿坐姿 2. 引导教育

续表

环节	具体内容	危险源/危险因素	风险描述及导致后果	直接责任人	管理标准	直接管理人员	主要监管人员	管理措施
集体教育活动	教学活动	教学具使用方法不当	玩教具砸伤、划伤、误伤幼儿	当班教师	幼儿能安全、正确地使用教学具	业务园长	园长	及时关注幼儿使用情况，发现问题及时提醒
		教学现场混乱，常规不好	易发生推挤、碰伤等情况	当班教师	教师合理组织教学活动，培养幼儿良好常规	业务园长	园长	1. 提前做好活动准备 2. 合理设计教学活动
		材料整理不得当、收纳不及时	幼儿整理物品争抢，划伤手，钢琴盖没放好，砸伤幼儿的手等	当班教师	合理组织幼儿整理物品，培养幼儿常规	业务园长	园长	1. 幼儿分工明确，整理物品有条理 2. 教师养成良好的工作习惯
		结束时秩序混乱	幼儿推挤、碰伤	当班教师	合理安排结束活动，避免混乱	业务园长	园长	正确引导，及时提醒幼儿
区域活动	（至少5个区）	区域活动材料破损或投放不当	(1)破损的玩教具容易伤到幼儿的手；(2)剪刀、铅笔等尖锐物品刺伤、划伤、戳伤幼儿；(3)胶水、种子、颗粒状物等误食、咬含	当班教师	1. 及时检查材料情况，发现问题及时修补 2. 对幼儿进行安全教育	业务园长	园长	及时检查，提醒幼儿使用时注意，知道发现材料破损时告知教师
		操作材料、工具使用方法不当	幼儿手划伤、碰伤	当班教师	幼儿会安全正确地使用材料及活动辅助工具	业务园长	园长	活动中注意观察，提醒幼儿正确使用
		活动区设置不合理	活动区人多拥挤，幼儿推挤、争抢而发生危险	当班教师	合理安排入区幼儿人数，及时提醒	业务园长	园长	培养幼儿入区常规，合理安排区域

续表

环节	具体内容	危险源/危险因素	风险描述及导致后果	直接责任人	管理标准	直接管理人员	主要监管人员	管理措施
区域活动	（至少5个区）	教师指导不及时，没有关注所有幼儿	幼儿在活动中发生争执，出现抓伤等情况	当班教师	教师及时进行合理指导	业务园长	园长	及时关注幼儿活动情况，发现幼儿有争执时，正确引导
		区域活动结束时，各活动区整理材料，秩序混乱	跌倒、碰伤等	当班教师	养成良好常规，培养好习惯	业务园长	园长	教师提醒幼儿有序整理活动区材料，物归原处
生活活动	喝水	喝水时，幼儿拥挤无序	跌倒、碰伤、呛着	当班教师	养成安静、有序喝水的良好习惯	业务园长	园长	组织幼儿有序喝水，不争抢、不推挤
		水温不适宜	烫伤	当班教师	为幼儿准备温度适宜的白开水	业务园长	园长	水温调整合适，幼儿口渴时可随时饮水
		喝水时洒水，地面湿滑	导致滑倒、跌倒	当班教师	及时清理干净地面，保持整洁	业务园长	园长	1. 仔细观察盥洗室的地面是否干燥，为幼儿喝水提供安全的环境 2. 提醒幼儿喝水时不洒水
		水杯消毒柜的边角尖锐	导致碰伤、划伤	当班教师	加装防护角，合理摆放	业务园长	园长	经常检查，发现问题及时改进
	如厕	幼儿如厕拥挤无序	跌倒、碰伤	当班教师	组织幼儿分组如厕，保持厕所清洁与安全	业务园长	园长	带领幼儿讨论制定班级如厕常规，提示幼儿自觉遵守
		幼儿如厕，未有教师跟随	幼儿不在教师的视线内，出现突发情况教师无法及时发现，导致跌倒、碰伤	当班教师	教师全程关注幼儿如厕	业务园长	园长	加强责任心，幼儿如厕时，教师一定跟随，保证幼儿安全

续表

环节	具体内容	危险源/危险因素	风险描述及导致后果	直接责任人	管理标准	直接管理人员	主要监管人员	管理措施
生活活动	如厕	厕所地面湿滑	跌倒、摔伤	当班教师	及时清理地面，保持厕所干燥清洁	业务园长	园长	厕所地面干燥卫生，教师要跟随幼儿如厕，以防滑倒
		厕所台阶及小便池	磕伤	当班教师	教师要跟随幼儿如厕，加强幼儿安全意识的培养	业务园长	园长	1. 合理组织，幼儿有序如厕 2. 及时教育，知道不在厕所内推挤、打闹
		如厕后幼儿衣服未及时整理	绊倒、摔伤	当班教师	组织幼儿分组如厕，帮助幼儿整理好衣服	业务园长	园长	1. 对幼儿进行如厕的安全教育 2. 教幼儿学会如厕后整理衣服的方法
	盥洗	教师组织不当，幼儿拥挤无序	跌倒、碰伤	当班教师	组织幼儿分组进入盥洗室，有序洗手	业务园长	园长	1. 对幼儿进行安全教育 2. 教师有序组织活动
		幼儿洗手时玩水、地面湿滑	弄湿衣服、滑倒、跌倒	当班教师	培养幼儿良好常规，不玩水	业务园长	园长	及时用干拖把擦干地面上的水，等最后一个幼儿洗完手后再离开盥洗室
		洗手方法不正确	手没有洗干净，进食后出现腹痛、腹泻等	当班教师	组织幼儿掌握正确洗手方法			1. 学习六步洗手法（湿、搓、冲、捧、甩、擦），洗干净双手 2. 养成认真有序洗手的良好习惯
		盥洗室的门缝	容易挤伤幼儿的手	当班教师	教师随时关注所有幼儿，保证幼儿安全	业务园长	园长	门上安装安全门卡，提醒幼儿注意安全

续表

环节	具体内容	危险源/危险因素	风险描述及导致后果	直接责任人	管理标准	直接管理人员	主要监管人员	管理措施
生活活动	进餐	筷子、勺子等餐具使用不当	戳伤、扎伤	当班教师	幼儿正确使用餐具	业务园长	园长	有针对性地进行练习，掌握餐具的使用方法
		饭菜温度不适宜	导致烫伤等情况	当班教师	保证幼儿饭菜温度适宜，取来的饭菜放在安全处	业务园长	园长	提醒幼儿注意安全，饭菜热时，先不要食用
		教师组织不当，幼儿取放餐具秩序混乱	摔倒、划伤、碰伤	当班教师	餐具摆放合理，易取放	业务园长	园长	1. 有序摆放餐具 2. 培养幼儿常规
		教师分餐时，操作不当	饭菜溅到幼儿身上、脸上，烫伤、碰伤	当班教师	盛饭菜时动作要轻，注意避让幼儿	业务园长	园长	提醒幼儿教师盛饭时，注意安全，培养良好常规
		幼儿进餐常规不好	进餐秩序混乱，幼儿争吵打闹，出现烫伤、碰伤、噎呛等	当班教师	培养幼儿良好进餐常规	业务园长	园长	1. 合理组织进餐活动 2. 随机进行教育
		鱼刺、骨头卡嗓子	划伤嗓子、吞咽疼痛	当班教师	帮助幼儿掌握吃鱼、排骨等多种食物的技能	业务园长	园长	提醒幼儿吃鱼、排骨等食物时不讲话，有刺、骨头自己挑出来，能够独立进餐
		教师催促，幼儿进餐时狼吞虎咽	噎呛、消化不良	当班教师	帮助幼儿学习进餐技能	业务园长	园长	创设愉悦的进餐环境，养成良好的进餐习惯
		餐后组织散步活动不合理或没有组织散步活动	队伍过长幼儿拥挤发生危险，没有散步让幼儿消食，幼儿午睡后出现呕吐等情况	当班教师	餐后进行散步、慢走等活动，帮助幼儿消食	业务园长	园长	1. 教师有计划地组织幼儿餐后散步、户外观察等安静活动 2. 关注所有幼儿，发现问题及时解决

续表

环节	具体内容	危险源/危险因素	风险描述及导致后果	直接责任人	管理标准	直接管理人员	主要监管人员	管理措施
生活活动	午睡	未及时观察幼儿情绪及状态，没有提醒幼儿将发卡、皮筋等头饰取下	导致不能及时发现幼儿突发病症，幼儿午睡时玩弄头饰，划伤、扎伤	当班教师	入睡前进行检查，提醒幼儿将发卡、皮筋等头饰取下	业务园长	园长	1. 仔细观察幼儿情绪，关注身体不适幼儿的情况 2. 上床前，将幼儿随身携带的小物件（皮筋、发卡等）集中放在一起，避免午睡中玩耍
		不良睡姿	导致呼吸不畅，如果咳嗽呕吐，教师未及时发现，易出现意外	当班教师	知道正确的睡姿有益健康，入睡时保持睡姿正确	业务园长	园长	1. 加强午间巡查，发现问题及时处理 2. 鼓励幼儿身体不适时 主动告诉教师
		教师不按时午间巡视	不能及时发现幼儿突发情况，导致危险状况发生	当班教师	教师按规定进行午间巡视，关注幼儿午睡情况	业务园长	园长	随时巡视，发现问题及时处理
		个别幼儿午睡时如厕，教师没有跟随	出现突发情况教师无法及时发现，导致跌倒、碰伤	当班教师	幼儿如厕，教师一定跟随，关注幼儿情况	业务园长	园长	及时检查整理幼儿着装
	起床	起床后未及时关注幼儿情绪和体温	个别幼儿易出现高烧等情况	当班教师	全面观察幼儿的精神状态，发现异常，及时关注抚慰	业务园长	园长	起床后认真观察，幼儿有异常及时测体温，并与保健大夫沟通
		未能及时检查幼儿衣裤	不能及时发现幼儿尿裤等情况，导致幼儿不适	当班教师	起床后多关注尿裤子的幼儿或能力差的幼儿		园长	1. 细致检查 2. 鼓励幼儿主动说出尿湿裤子等不适情况
		幼儿站在床上叠被子	从床上摔下来，摔伤	当班教师	帮助幼儿掌握正确叠被子的方法		园长	及时提醒幼儿，对幼儿进行相关安全教育

续表

环节	具体内容	危险源/危险因素	风险描述及导致后果	直接责任人	管理标准	直接管理人员	主要监管人员	管理措施
离园	准备	离园活动组织不当	幼儿情绪不稳，导致哭闹、焦虑	当班教师	合理组织离园活动，稳定情绪	业务园长	园长	鼓励幼儿回想一天中快乐的事情，稳定幼儿情绪
		未及时检查整理幼儿着装	仪表不整齐，导致情绪受影响或摔倒、绊倒	当班教师	及时为幼儿整理着装	业务园长	园长	1. 细致检查 2. 引导幼儿自己整理着装或同伴互相帮助
	交接	幼儿站成一队，自主离园时，在走廊内推挤，教师未关注所有幼儿	幼儿离开班级队伍或拥挤打闹，碰伤、摔伤	当班教师	稳定幼儿情绪，安静等待家长	业务园长	园长	对幼儿进行自主离园的安全教育，合理稳定幼儿情绪
		接幼儿时，秩序混乱，教师站位不合理	幼儿走失、摔伤、碰伤	当班教师	教师合理站位，关注所有幼儿	业务园长	园长	教师兼顾所有幼儿的情况，给予适时指导
		无卡接幼儿	错接幼儿或造成更加严重的后果	当班教师	严格执行离园接送制度	业务园长	园长	与家长取得联系，确实得到家长同意后，签字确认
	检查	幼儿离园后，教师未进行“三清”	遗漏幼儿，发生意外	当班教师	所有幼儿都离园后，整理室内卫生，做好“三清”	业务园长	园长	仔细检查活动室、午睡室、盥洗室的门后、床下等，有无遗漏幼儿
		没有检查水、电、门窗等	存在火灾、水淹地面等隐患	当班教师	严格执行离园检查制度	业务园长	园长	认真检查门窗、水、电情况，发现问题及时解决

表 5-9　某幼儿园班级危险源控制清单（可容）

具体内容	危险源/危险因素	风险描述及导致后果	直接责任人	管理标准	直接管理人员	主要监管人员	管理措施
班级设备设施	三楼走廊外的窗户外面没有防护栏	跌落事故	当班教师	1. 加强幼儿安全教育 2. 提醒家长不要让幼儿攀爬	业务园长	园长	1. 增加防护网 2. 与家长签订安全责任书、《致家长一封信》提出警示
	班级内的电源插排、电源	幼儿触电或因线路老化引发火灾	当班教师	1. 电插排离地摆放，放置到幼儿触及不到的地方 2. 用后检查，及时断电	业务园长	园长	1. 线路重新改造，调高位置 2. 不用的电源遮蔽防护
	班级门窗不关或不够牢固、缺少门吸	（1）破坏分子投毒、偷窃 （2）挤伤、碰伤手	当班教师	1. 日常检查，发现问题及时上报维修 2. 离园时关闭、锁好	业务园长	园长	1. 教育幼儿远离门窗 2. 用绳索等方式固定或更换门吸
	（1）桌、橱、凳子外露的钉子 （2）桌、橱、凳子、玩具架、钢琴等的棱角	划伤、磕碰	当班教师	1. 教师及时检查报修 2. 对幼儿进行安全教育	业务园长	园长	1. 教师上报维修，未修理前做好防护 2. 教育幼儿在室内不跑、不推搡
	厕所台阶、小便池和洗手池的边沿棱角	磕伤、碰伤	当班教师	1. 幼儿进出盥洗室时，教师及时监管、保护 2. 张贴安全警示的图片	业务园长	园长	1. 加强对幼儿的安全教育 2. 为幼儿提供高度适宜的栏杆、扶手
	班级的毛巾架挂钩	刮伤、戳伤	当班教师	对幼儿进行安全教育	业务园长	园长	1. 监督提醒 2. 做好安全防护
	灭火器指针不在绿色区域	发生火灾时无法使用	当班教师	按要求定期检查并更换	业务园长	园长	责任到人，认真检查，发现问题及时解决

续表

具体内容	危险源/危险因素	风险描述及导致后果	直接责任人	管理标准	直接管理人员	主要监管人员	管理措施
日常活动	(1)午睡时咬被角、玩被子上的线头、玩小物品等不良习惯 (2)蒙头睡、趴着睡等不正确的睡姿	(1)易导致手指血流不畅，发生异物入口、耳、鼻等危险 (2)呼吸不畅，出现意外	当班教师	1. 按《一日生活作息时间及常规要求》进行午检、午巡，并及时记录 2. 教育幼儿养成正确的午睡习惯	业务园长	园长	1. 及时检查幼儿的卧具，清理线头等危险因素 2. 午睡前检查幼儿有无携带小物品入寝室 3. 重点关注入睡慢的幼儿
	如厕幼儿过多	幼儿拥挤无序，滑倒、摔伤	当班教师	1. 指导幼儿有序如厕，不拥挤、不打闹。 2. 培养幼儿良好的常规 3. 对幼儿进行安全教育	业务园长	园长	1. 有秩序地组织幼儿如厕活动 2. 及时清理厕所、盥洗室，确保地面不湿滑
	幼儿分散活动时，教师没有关注所有幼儿	幼儿乱跑打闹发生危险	当班教师	活动中关注所有幼儿，出现问题及时处理，确保幼儿安全。	业务园长	园长	1. 活动前教师给幼儿提出明确的要求及分散活动的范围 2. 加强幼儿自我保护能力的培养"
	(1)进餐中，幼儿大声说笑 (2)幼儿进餐时，教师闲谈	(1)噎呛 (2)不利于观察幼儿进餐情况，出现突发状况不能及时解决	当班教师	1. 严格遵守《一日生活作息时间及常规要求》 2. 严格执行巡检制度 3. 对幼儿进行安全教育	业务园长	园长	补充完善教师奖惩制度并培训到每位教职工

续表

具体内容	危险源/危险因素	风险描述及导致后果	直接责任人	管理标准	直接管理人员	主要监管人员	管理措施
日常活动	摆放区域材料的置物架不牢固或位置不合理	摔碰伤	当班教师	合理安排活动区，及时检查置物架	业务园长	园长	教师上报维修，加固置物架，合理安排活动区的位置
	幼儿不正确坐小椅子或搬放小椅子	摔倒、碰伤其他幼儿	当班教师	会正确搬小椅子，提醒幼儿搬小椅子时关注同伴	业务园长	园长	及时提醒，关注幼儿情况
	玩教具、区域活动材料使用不当	(1)破损的教具容易伤到幼儿的手 (2)剪刀、棉签等刺伤、划伤幼儿 (3)胶水、种子、油画棒、太空泥、小玩具等误食、咬含 (4)铅笔等尖锐的东西戳伤幼儿 (5)挂图等纸质教具划伤皮肤	当班教师	1.及时检查材料情况，发现问题及时修补 2.对幼儿进行安全教育，培养幼儿自我保护意识	业务园长	园长	及时检查，提醒幼儿使用时注意，知道发现材料破损时告知教师
	奖励幼儿的小粘贴等	容易放入口、鼻、耳发生危险	当班教师	教师全面考虑奖励物的安全性	业务园长	园长	对幼儿进行安全教育，知道小物品等不能放入口鼻耳中

续表

具体内容	危险源/危险因素	风险描述及导致后果	直接责任人	管理标准	直接管理人员	主要监管人员	管理措施
日常活动	户外活动，幼儿的衣服带子长，鞋子不跟脚	导致幼儿勒伤，摔倒	当班教师	教师对幼儿及家长进行安全教育，给幼儿穿合适的衣服、鞋子入园	业务园长	园长	1. 提醒家长注意幼儿着装安全 2. 晨检时，发现幼儿着装不合适，及时提醒家长，并帮助幼儿换上合适的衣服 3. 幼儿能主动提醒家长，给自己穿合适的衣服入园
	教师或保育员情绪不稳定	造成幼儿心理伤害	当班教师	1. 加强对教师的相关培训 2. 提高教师自我调节情绪的能力	业务园长	园长	1. 招聘员工时严格把关 2. 领导多关心、关注教师的心理健康
	体育器械有损坏	划伤、砸伤	当班教师	1. 活动前教师认真检查体育器械的安全 2. 指导幼儿正确使用各类器械 3. 进行安全教育	业务园长	园长	1. 更换存在隐患的体育器械 2. 教师随时监督、保护
	宽脚黑板放置在班级前面	绊倒、摔伤	当班教师	加强对幼儿的安全教育，提醒幼儿不要靠近	业务园长	园长	1. 教师加强防护 2. 放置在其他安全的位置
	教师带班时接听电话，幼儿无序活动	幼儿无人管理，出现矛盾冲突，发生意外	当班教师	加强对教师的相关培训，严格遵守带班要求	"业务园长	园长	严格按照一日生活流程的规定组织活动，不做与工作无关的事情
	活动室、盥洗室、厕所、走廊等地面湿滑	滑倒、摔伤	当班教师	及进清理干净地面，保持整洁	业务园长	园长	1. 仔细观察地面是否干燥，为幼儿提供安全的环境 2. 培养幼儿的安全意识

表 5-10　某幼儿园保健室危险源控制清单（可容）

具体内容	危险源/危险因素	风险描述及导致后果	直接责任人	管理标准	直接管理人员	主要监管人员	管理措施
入园晨检	幼儿精神萎靡、身体欠佳	发生疾病等突发情况	保健医生	严格规范晨检，有异常及时处理	后勤园长	园长	严格规范晨检，有异常及时让家长带回观察治疗
	幼儿携带小物品等危险物入园	操作小物品造成的伤害，导致划伤、误吞，眼、耳、鼻、口等受到不同程度的伤害	保健医生	严格规范晨检，有异常及时处理，提醒家长注意	后勤园长	园长	严格查看，发现幼儿携带小物品时请家长带回，并提醒家长注意入园时检查幼儿的小口袋
	幼儿衣服穿戴不合适，手指甲过长	帽绳过长易发生幼儿勒伤、窒息，手指甲长易抓伤同伴，进餐时不卫生引发疾病	保健医生	严格规范晨检，有异常及时处理，提醒家长给幼儿穿合适的衣服，勤剪手指甲	后勤园长	园长	1. 严格查看，并及时提醒家长关注幼儿服饰及卫生状况 2. 班级加强晨检，及时提醒家长消除不良隐患
食堂管理	未及时拿取留样	无可追溯性，留样变质	保健医生	留样及时拿取并监督伙房每餐留样留足 100 克	后勤园长	园长	及时拿取留样，放入冰箱妥善保存
	未及时检查食堂餐具卫生消毒情况	不洁餐具易造成幼儿腹泻及各种传染病	保健医生	每日定时检查食堂餐具消毒情况	后勤园长	园长	严格执行工作程序，每日定时认真检查食堂餐具消毒情况
	冰箱靠近暖气	易引起电动机过热发生危险，可导致人身伤害	保健医生	请专业人士检查冰箱的放置位置及使用情况	后勤园长	园长	设备定期维修、保养
卫生消毒	未及时抽查全园室内外卫生清洁工作	清洁消毒不到位易造成传染病的流行	保健医生	每日定时检查班级卫生消毒情况	后勤园长	园长	每日定时检查班级卫生消毒情况，发现问题及时处理
	未及时发放消毒药品	消毒无法顺利进行，清洁消毒不到位造成传染病疫情的发生	保健医生	及时发放消毒药品，并做好记录	后勤园长	园长	定期发放消毒药品，做好登记

续表

具体内容	危险源/危险因素	风险描述及导致后果	直接责任人	管理标准	直接管理人员	主要监管人员	管理措施
卫生消毒	班级消毒记录未及时填写	消毒情况不明，易引发各类传染病的发生	保健医生	定时对班级消毒记录进行检查	后勤园长	园长	保健大夫及时培训各班保育员对消毒记录的填写并加大检查力度
疾病预防	未及时普及相关知识，做好常见病普及培训	培训不到位，遇突发情况易造成人身伤害	保健医生	每月定期开展面向教职工的常见病知识培训	后勤园长	园长	1. 加强培训工作，普及常见病预防知识 2. 重视对幼儿的教育，培养良好卫生习惯
	未对患传染病的幼儿做到有效的隔离控制措施	易造成传染病疫情的扩散蔓延	保健医生	严格执行传染病应急处理流程	后勤园长	园长	做好详细记录，采取相应措施
	未督促家长完成幼儿免疫接种工作	错过了最佳防疫时间，使幼儿机体不能产生相应抗体	保健医生	新生入园时及时查验幼儿疫苗接种记录本	后勤园长	园长	及时查验幼儿接种记录，及时与家长沟通相关问题
	班级内有幼儿发热等紧急情况	易引发惊厥等并发症	保健医生	与班级教师沟通，加强对幼儿的观察，有异常及时送至保健室进行紧急处理	后勤园长	园长	加强排查，行政人员巡查时注意提醒教师多关注幼儿，严格执行全日观察制度
意外伤害	未有计划地对幼儿进行安全教育	遇突发情况易造成人身伤害	保健医生	1. 及时向教职工进行意外伤害紧急救护的培训 2. 加强对幼儿的宣教	后勤园长	园长	采用合适的方法，加强对幼儿的宣教，培养幼儿自我保护意识

表 5-11　　某幼儿园炊事班危险源控制清单（可容）

	具体内容	危险源/危验因素	风险描述及导致后果	直接责任人	管理标准	直接管理人员	主要监管人员	管理措施
设备设施	线路、机件	线路老化、冒火、燃烧、配件磨损	发生火灾等意外，对人员造成伤害	炊事班长	认真检查，发现问题及时上报维修	后勤园长	园长	定期检查维修，发现问题及时处理，消除安全隐患
	伙房设备	搅菜机、绞肉机、电饼铛等破损或操作不当	导致人身伤害	炊事班长	加强防护，时刻注意安全，并加强电器操作规范的培训	后勤园长	园长	设备定期检查维修，规范操作
		物品箱棱角分明	划伤	炊事班长	1. 注意安全使用 2. 有损坏及时上报，及时更新	后勤园长	园长	定期检查，消除安全隐患
		食堂的铝扣板吊顶松动、脱落	砸伤	炊事班长	对各项设施定期检修，加强防护	后勤园长	园长	认真仔细地检查各项设备设施，及时发现安全隐患
操作流程	操作加工	冰箱、冰柜未及时清理干净	易造成细菌繁殖，易发食物变质	炊事班长	及时对冰箱、冰柜进行清理，责任到人	后勤园长	园长	随时检查清理，发现腐烂变质食物及时处理
		刀具使用不当	划伤、切伤	炊事班长	注意操作规范性	后勤园长	园长	加强炊事员专业技能培训，规范操作
		加工、炸制各种食物时，过热的油容易溅出	烫伤	炊事班长	规范操作，操作过程中注意自身安全	后勤园长	园长	加强炊事员专业技能培训，有自我防护意识

续表

	具体内容	危险源/危险因素	风险描述及导致后果	直接责任人	管理标准	直接管理人员	主要监管人员	管理措施
操作流程	粗加工	原料腐烂变质	食物中毒	炊事班长	认真检查，原材料符合食品卫生安全标准	后勤园长	园长	加强检查监督，坚决杜绝腐烂变质的食物
	食品留样	食品留样不足	一旦出现问题，无法检验中毒原因	炊事班长	坚持每餐饭菜留样，应留足数量（不少于 100 克），由专人负责	后勤园长	园长	在留样容器盒上标明菜名、日期、时间等，温度保持在 2～8 ℃，留存时间为 48 小时，不得冷冻保存
	食堂管理	外来人员进入	可导致许多不安全因素	炊事班长	加强监管，坚决杜绝外来人员进入食堂	后勤园长	园长	1. 加强门卫管理 2. 加强炊事班人员的责任意识
进货验收	蔬菜、鱼肉、水果等	货物不洁、不新鲜	易引发幼儿腹泻或食物中毒	炊事班长	加强采购人员的责任意识，严格按程序采购食品	后勤园长	园长	定期培训，加强采购人员、食堂管理人员的责任心
	烹调品	原料腐烂变质、过期	食物中毒	炊事班长	定期排查，杜绝过期变质食品	后勤园长	园长	认真检查，严格把关，坚决不使用腐烂变质、过期原料

表 5-12　　某幼儿园传达室危险源控制清单(可容)

环节	具体内容	危险源/危险因素	风险描述及导致后果	直接责任人	管理标准	直接管理人员	主要监管人员	管理措施
户外活动	早操/间操 集体游戏 分散游戏	保安未及时在幼儿园内巡查	不能发现园内及园外周边的安全隐患,致意外发生	保安	按时巡查,及时发现园内外周边人员活动情况,发现问题,及时处理	后勤园长	园长	督促保安认真执勤及巡查
离园	执勤	开园门后,保安未认真检查执勤	易造成幼儿随意跑出园门,发生危险	保安	坚守岗位,仔细观察幼儿离园情况,防止幼儿走失	后勤园长	园长	认真检查保安执勤状态,并加以监督
	检查	未认真检查门窗是否关闭	出现门窗被风刮坏、漏雨、财物丢失等情况	保安	认真检查并关闭所有门窗,进行离园后的巡视	后勤园长	园长	强化保安的责任心,加强安全意识
		保安器械未放置好或没有及时检查	造成器械摆放混乱、损坏,突发情况发生时无法使用	保安	安保器械应摆放整齐,便于拿放	后勤园长	园长	认真检查监督
日常检查		大门口外流动人员及车辆较多	幼儿进出时易造成碰伤	保安	及时观察园内外周边情况,发现问题,及时处理	后勤园长	园长	1. 提醒家长将车辆等停放在合适位置 2. 对幼儿进行安全教育
		车棚内杂物较多	教师存放车辆时容易碰伤	保安	及时清理车棚,提醒教职工规范停放车辆	后勤园长	园长	按规定将车辆停放在合适位置
		冬青枝叶未及时修剪	易划伤幼儿	保安	加强巡查,及时修剪冬青叶、树枝等	后勤园长	园长	加强监管并对幼儿进行安全教育

表 5-13　某幼儿园后勤组危险源控制清单(可容)

具体内容	危险源/危险因素	风险描述及导致后果	直接责任人	管理标准	直接管理人员	主要监管人员	管理措施
户外	大型玩具生锈、损坏	刮伤、划伤	后勤园长	认真检查户外大型玩具情况,发现问题及时维修,责任到人	后勤园长	园长	及时检查,提醒幼儿使用时注意,知道发现大型玩具破损时告诉教师
	院内地垫损坏、翘起	幼儿或教职工绊倒摔伤	后勤园长	活动前认真检查户外活动场地的安全	后勤园长	园长	加强检查,发现有损坏的地垫及时维修,提醒幼儿活动时注意
室内	壁挂电视机不牢固	砸伤	教学班长	认真检查,及时发现问题并处理	后勤园长	园长	认真检查,对壁挂电视机进行加固,消除安全隐患
	班级电脑老化	存在火灾安全隐患	教学班长	使用时注意,发现异常及时报修	后勤园长	园长	发现电脑有异常,停止使用并断电,及时报修
	电扇摆晃严重	砸伤或出现更严重的伤害	教学班长	使用前请专业人员认真检修	后勤园长	园长	及时检修,发现问题停止使用
	儿童椅的椅腿过软	摔伤	教学班长	购买质量合格的儿童椅,发现问题及时维修	后勤园长	园长	及时检查维修,培养幼儿良好的坐姿

三、安全防范网络体系的生成

“幼儿园安全防范网络体系”不仅是幼儿园安全工作规律的科学总结，是开展幼儿园安全管理工作的科学程序，也是一种幼儿园科学管理的工作思路。建设“幼儿园安全防范网络体系”，首要环节是辨识危险源，包括对幼儿园存在的显性、隐性危险源进行排查、原因分析和风险评析；其次，结合上述辨识结果制定针对性的防范措施加以控制；再次，将上述一系列的控制措施环环相扣，归纳上升为细致、规范、科学的幼儿园安全防范网络体系，把成功的经验尽可能地纳入体系，进行标准化，实现该体系与其他环节的多向反馈与互动，而遗留问题则转入下一个建设循环去解决，由此生成闭环式、无缝隙、具备自我更新能力的安全防范网络体系，最终将幼儿园各种安全事故发生概率降到最低。

幼儿园只有不断增强风险意识，扎实做好“幼儿园安全防范网络体系”才能更好地发现问题、解决问题，切实贯彻好“安全第一，预防为主”的安全方针，推进幼儿园的和谐发展。因此，从其实践与现实意义上看，一方面，它将幼儿园安全工作关口前移，切实践行“防患于未然”，做到“凡事预则立，不预则废”，让幼儿园成为幼儿们名副其实的“乐园”；另一方面，它同时为广大一线幼儿教师提供了理论清晰、操作系统、实施有效的安全工作执行蓝本，有利于培养幼儿教师从常规工作中查问题、从普通现象中看异常、从细微变化处抓苗头的良好业务能力。在其理论意义上看，填补了该问题研究的不足与欠缺，有助于进一步拓展、深化相关领域的研究，不断吸引更多的有识之士关注学前，致力幼教安全防范理论研究的深入。

第六章　幼儿园安全管理及教育实践

建立“幼儿园安全防范网络体系”是幼儿园安全管理及教育实践研究的中心，保证该体系的完整建设则需要幼儿园安全管理及教育的切实践行与具体实施。以下我们将围绕“安全管理”“安全教育”及“意外伤害事故处理”等几个方面进行分析。

一、幼儿园安全制度管理体系

幼儿园安全管理主要是指制度管理。

作为幼儿园的园长，应该组织各岗位人员对幼儿园的方方面面进行拉网式危险源辨识、分析和控制，生成幼儿园安全防范网络体系，使各岗位、各部门人员明确自身职责、工作流程和工作质量要求，即要使全体教职工知道自己该做什么、怎么做和做得怎么样，自觉进行自我评估和自我控制。这种高品质的工作能动性的养成则有赖于幼儿园安全制度管理体系的科学制定及实施，它是确保“幼儿园安全防范网络体系”高效建设的外部依据。

幼儿园安全制度管理体系包括安全工作岗位职责、管理制度、检查制度、奖惩(追究)制度、工作流程和作业指导书等。如文案所示：

(一)幼儿园安全工作岗位职责

文案一　　　　幼儿园安全工作岗位职责

一、园长

1. 幼儿园安全工作第一责任人，全面负责幼儿园的安全管理工作，确保实现安全管理的目标。全面落实《中小学幼儿园安全管理办法》等有关幼儿园安全的法律和法规，建设平安和谐校园。

2. 建立健全与本单位安全管理目标相适应的各项安全工作规章制度和责

任制，并认真执行。

3. 层层落实安全工作责任制，与幼儿园各部门负责人及教职工签订岗位安全责任书，落实安全管理目标责任制、激励机制和责任事故追究制度，保障幼儿园安全工作规范、有序地进行。

4. 作为幼儿园安全工作领导小组组长，主持幼儿园安全工作领导小组会议和安全工作行政会议。制订安全工作计划，落实各项安全管理，确保安全经费投入。及时传达贯彻上级部门安全工作会议精神，开展安全检查，整改事故隐患，确保幼儿园平安。

5. 建立健全幼儿园内部安全的防控体系，健全幼儿园预警制度，制订和完善突发事件应急预案和预防措施。具有启动应急预案的决定权和指挥权。

6. 履行幼儿园治安责任人职责，落实与园外法制辅导员定期联系制度。建立幼儿园及周边综合治理的协调关系和运作机制。

7. 积极组织安全教育培训。组织师生员工开展安全宣传教育活动，增强全体员工的法制观念，努力提高自觉遵纪守法、维护本单位安定团结的意识，建设校园安全文化。

二、业务园长

1. 幼儿园教育教学工作安全第一责任人，对幼儿的安全教育负主要责任。全面落实《中小学幼儿园安全管理办法》等有关幼儿园安全的法律和法规，建设平安和谐校园。

2. 加强教师安全责任意识教育，制订教学要求，结合幼儿的年龄特点，定期开展安全教育进课堂的教研活动。指导教师根据幼儿年龄特点，采取多种形式，将安全教育融入教育教学中。

3. 结合幼儿年龄特点和教育要求，负责制订集体活动方案和应急逃生预案。每学年至少组织两次安全演习，如防火、防震等，以增强幼儿的防范意识。

4. 落实本园教学日常安全的巡查和督促制度。凡是幼儿经过的地方及活动场地要经常检查，督促有关人员不准乱放杂物；负责幼儿集体活动的组织工作和安全防范、处置工作。

5. 做好幼儿园的安全教育培训工作，严格执行幼儿园的安全教育规定，及时进行检查、督导，将幼儿的安全教育落到实处。

6. 负责督促检查幼儿园的日常教学秩序、管理程序和卫生、安全以及保教人员规范操作、幼儿的行为习惯，以及设备设施、活动器械的检查。

7. 协助园长和分管安全的园长，做好幼儿园的一切安全工作。

三、后勤园长

1. 安全工作的主要责任人，兼安全管理干部、安全联络员，负责及时传达上级安全管理行政部门的工作要求，协助幼儿园园长负责幼儿园日常安全管理工作。

2. 负责制订幼儿园年度安全工作计划，拟写年终安全工作总结，供幼儿园安全工作领导小组审定。落实安全管理目标责任制要求，兑现奖励承诺。

3. 协助幼儿园领导制订和健全安全工作规章制度，督促检查执行情况，制订突发事件应急预案，组织预案演练。

4. 协助园长开展幼儿园安全检查和安全专项整治，及时发现事故隐患，落实整改措施，确保幼儿园平安。特别是抓好体育器材的安全管理。

5. 组织开展安全宣传教育活动，提高广大师生、教职工的安全意识、安全知识和安全技能。督促幼儿园领导、有关人员依法参加安全岗位培训，持证上岗。

6. 认真学习安全工作法律法规，参加岗位培训，较好掌握基本安全知识和安全技能。

7. 加强与公安、城管、工商、卫生等部门的联系和协调，做好幼儿园周边环境的治安、保卫工作。

8. 负责做好幼儿园各项安全记录，收集整理安全管理基本资料，做好归档工作。

9. 做好幼儿园设施设备器材的安全检查和安全隐患整改。

10. 负责幼儿园消防工作，定期检查并更换各种消防器材，责任到人。

四、班主任

1. 班主任为本班安全工作第一责任人，应严格执行幼儿园的班主任岗位职责，全面负责班级人、财、物的管理，对发现的幼儿园工作中存在的安全问题提出有效措施和建议。同时注重通过多种形式向家长宣传安全教育的知识，以保证家园安全教育的同步性。

2. 认真贯彻执行国家有关安全工作的各项法律、法规，积极开展社会主义法制宣传教育，增强法制观念，努力提高自觉遵纪守法、维护本单位安定团结的意识。

3. 将安全工作列入班级的重要工作日程。按时参加幼儿园的安全工作会议，认真做好安全会议记录，及时准确地将上级领导的安排和意图传达到班组成员，起到上传下达的作用，避免因沟通脱节引发安全问题。

4. 积极参加园里组织和倡导的各项安全演练和安全演习，督促班级教师认真开展幼儿安全教育课程，并能经常进行随机安全教育，教幼儿学习自我保护。

5. 加强班级人员的职业道德教育。要尊重、爱护幼儿，严禁班级教师体罚或变相体罚学生，避免直接或间接造成不良影响或幼儿致伤、致残等。因体罚造成不良后果，由责任教师负全部责任，同时追究班主任的监管责任。

6. 督促提醒班级教师专心带班，教学活动准备充分，帮助幼儿形成良好常规，随时调控幼儿情绪、动作，预见到不安全因素及时避免，发现幼儿有危险动作立即制止。如发生幼儿意外伤害事故，不论大小应及时联系保健大夫处理并同时上报领导、通知家长。

7. 定期对班级的环境及其设备设施进行深入细致的安全检查，发现隐患及时采取措施解决，自己不能解决的应及时上报办公室要求排除，以防止失火、触电、砸伤等事故的发生。

8. 督导本班级成员严格、规范地实施幼儿园的各项规章制度和流程，并及时、准确地填写各项记录，包括交接班记录、缺勤原因记录、消毒记录等。

9. 高度重视并加强班级一日生活各环节的安全管理，日常工作中应加强幼儿的安全教育，增强幼儿的安全意识，防止碰伤、抓伤、烫伤、吞食异物或幼儿将异物放入眼、耳、鼻、口内等事故发生。

10. 幼儿的玩教具应该符合安全卫生要求，严禁使用有害、有毒物质制作教具、玩具。而且要严格玩教具的卫生消毒制度，根据本园消毒卫生要求，及时对玩教具进行清洗、消毒。

11. 严格执行"接送卡"制度。根据本园接送卡使用要求，确保幼儿人身安全，防止不法分子滋扰幼儿。日常工作中要坚决杜绝幼儿走失现象的发生，定时及不定时地清点幼儿数量，发现走失及时上报、处理。

12. 加强午睡时的值班纪律，值班教师要切实履行职责，不做与值班不相干的事情，随时为幼儿纠正睡姿、盖好被子，观察幼儿有无异常，保证幼儿的午睡安全。

13. 切实加强对班级安全工作的领导。各班主任要严肃对待班级安全工作，并与班级其他人员商定安全责任落实问题，对因玩忽职守酿成重大影响的有关人员，要依法依纪严肃查处。

14. 要严格执行安全工作"一票否决制"，严格执行幼儿园的各项安全制度，班级出现安全问题要与每月、每学期、每年度的工资结合起来，并与学年度的评优、晋升结合起来。

五、教师

1. 认真学习、落实幼儿园各项规章制度、流程，严格教师岗位责任制及一日工作规程，是当班时的安全第一责任人。

2. 加强每天班级的例行检查，发现特殊情况或安全隐患应及时向班主任或分管园长汇报，重大问题直接向园长汇报。

3. 根据不同幼儿的年龄特点，做好各种集体活动之前的安全宣传教育。健全班级联系网络，便于发生突发事件时及时通知幼儿家长。主动加强与早、晚值班教师、家长的联系，做好安全宣传教育工作。

4. 根据《幼儿园工作条例》，熟悉相关年龄段的健康教育大纲教学要求，制订体育活动、户外(雨天户内)游戏活动安全保护措施和突发事件应急预案。

5. 做好活动前安全准备工作。认真检查教学用运动器械及场地的安全性。掌握教学班特异体质、特定疾病幼儿的身体情况。

6. 按照幼儿园的规定及幼儿的年龄特点等，及时向幼儿进行安全教育活动，加强幼儿的安全意识和安全知识教育及安全技能培养和训练，提高幼儿自我保护的能力。活动前对幼儿进行安全教育，进一步增强幼儿自我保护意识，充分做好幼儿的准备热身运动。在体育教学中，加强讲解和示范，发现幼儿有不正确或违规运动，及时劝阻和纠正。对运动量大、有危险性的项目必须加强保护措施。

7. 在教学中，教师必须自始至终在现场组织指导，将幼儿的活动置于教师视野范围内，不得擅自离岗，以防幼儿伤害事故的发生。一旦发生意外伤害事故，应及时将幼儿送幼儿园卫生室救治，或配合保健大夫送医院治疗。同时报告幼儿园分管园长，通知班主任和幼儿家长。

8. 尊重幼儿人格，遵循幼儿成长规律，加强思想品德教育、行为规范教育。随时听取幼儿和家长意见，关心幼儿身心品行等变化，及时给予关心、帮助和教育。对行为偏差、心理偏差的幼儿，要及时与家长联系，重点关心，做好耐心细致的纠正疏导工作。

9. 活动后应及时收回体育用具或教具，将体育器材或教具放置在安全的地方，悬挂好告示标志。

10. 加强业务培训教育，提高应急救护的知识和技能。

11. 负责本班幼儿发生意外伤害事故的现场处置、联系家长等事宜。

六、保育员

1. 认真学习、落实幼儿园各项规章制度、流程，严格保育员岗位责任制及一日工作规程。保育员是本班保育工作安全第一责任人。

2. 严格执行消毒制度。按要求规范做好幼儿的水杯、毛巾、玩具、垫被、教室各类物品等的清洁、消毒工作（注：工作时要穿工作服，防止消毒液、厕宝等伤到身体），保持环境整洁，及时开窗通风。

3. 做到活动室、盥洗室干净、整洁，保持地面干爽，防止因湿滑带来的安全隐患。

4. 注意个人卫生，做好健康检查，做到“四勤”，即勤理发、勤换衣、勤洗澡、勤剪指甲，并在盛饭时戴工作帽和口罩。

5. 对自己保管的工具、用品，要定点存放，消除安全隐患；协助教师妥善保管好幼儿的衣服、设备、用具等。

6. 协助教师检查活动室的安全隐患，发现问题，及时解决或上报。

7. 配合教师做好活动前的准备，保证材料场地的安全；协助教师组织幼儿的外出活动，及时为出汗幼儿擦汗等，做到耐心、细心，保证幼儿安全。

8. 严格执行幼儿园的安全制度，做到操作规范。注意幼儿食品温度是否适宜，防止烫伤。

9. 协助教师做好本班幼儿的疾病预防工作，防止传染病的流行；并及时提醒幼儿喝水。

10. 配合教师做好幼儿的安全教育工作，严禁体罚和变相体罚幼儿。

七、管理员

1. 管理员负责幼儿园物资仓库的管理，保障幼儿园教学、日常生活用品等的需要，保证幼儿园一切物品的安全管理规范、有序。

2. 认真学习、执行幼儿园的一切规章制度，严格遵循幼儿园管理员的岗位责任制，不断完善管理机制，实行物资仓库管理制度化，确保物品的万无一失。

3. 固定资产的管理和使用必须贯彻“统一领导，分工管理，层层负责，合理调配，管用结合，物尽其用”的原则，必须办理固定资产登记，入账建卡，做到账、卡、物相符，同时要求购置有计划，验收有凭据、领用有手续、出库有登记。

4. 低值易耗品，务必妥善保管，进货入库时，应填好品名、规格型号、数量、单价、金额等记录物品的明细账，做到账物对号，计量准确；退回物资要办好退库手续。

5. 仓库内的物资，必须按类分库存放，并保持仓库整洁，通风透气，采光好，并做好防潮、防热、防震、防锈、防盗、防毒等工作，要保证使物资经常处于完好可用状态。

6. 物资设备的入库、发放、存放均应入账登记，做到日清月结，每学年调班时全面盘点一次，做到账物相符。

7. 严格物资入库手续，若发现购进的物资设备质量不合格或数量短缺，应拒收入库；对回收残损设备应及时组织维修，尽量做到节省人力物力的同时，避免安全隐患。

8. 教职工借用幼儿园物品期间，应妥善保管好，不得擅自转借、改装或搬离幼儿园。

9. 做好防火工作，仓库的消防设施应与幼儿园安全保卫室保持联系并加以落实，若发现安全隐患应及时报告园长或相关的主管部门。

10. 仓库重地，不得随便进出，仓库周围不得堆放易燃、易爆的危险品，以免引起火灾。

11. 管理员应遵守幼儿园的各项规章制度，学习物资管理知识，不断提高自身管理素质，做好物资供应工作。凡因玩忽职守所造成的损失，均由管理员承担全部责任。

八、炊事员

1. 认真学习、落实《食品安全法》等有关法规和文件的安全规定；严格履行炊事员职责和岗位责任制，认真执行《餐饮服务食品安全操作规范》，严格遵守幼儿园工作制度。

2. 炊事班长不收腐烂变质的原料，厨师不用腐烂变质的食品，严防食物中毒。

3. 食品原料必须做到分类存放。坚持生与热隔离，成品与半成品隔离、食品与杂物、洗涤物、消毒液隔离。幼儿饭菜每天留样保存48小时，并标明时间、菜名、留样人员等。

4. 不准让幼儿吃剩饭菜；饭、菜、汤做熟，要注意冬季保温与夏季降温，防止烫伤出现。

5. 严格搞好环境卫生和个人卫生，并做好防尘、防蝇、防鼠、防潮。加工熟食品应洗手消毒，佩戴口罩。随时保持灶台、案板等的干净、整洁；地面无积水、污物，垃圾桶随时盖严，并及时清理，定时进行大扫除。

6. 生熟砧板要分开，摆放食品和厨具要规范、整洁、有序；各类厨具、用具一定用蒸汽或开水消毒。杜绝病毒、细菌的交叉感染和传播。

7. 加工蔬菜要做到认真浸泡、漂洗，避免蔬菜污染，预防食物中毒。

8. 餐具要有专人负责，做到安全卫生，使用前必须严格按照规定进行蒸汽消毒。

9. 食堂人员要提高警惕，杜绝无关人员进入食堂，加强对食品的管理和保护，严防不法分子在食物中投毒。

10. 严格操作流程，认真检查液化气、水、电等安全工作，发现问题，及时解决或上报，如违反安全工作要求，造成重大事故者，将追究其责任。

11. 脱排油烟机和烟道要定期清洗，厨房必须配全消防器材。

12. 后勤园长是食堂安全管理和食品入园把关工作责任人，炊事班长是食堂管理执行安全责任人。

九、保健大夫

1. 根据《托儿所幼儿园卫生保健工作规范》和相关法律法规，参与制订幼儿园卫生工作规章制度及公共卫生突发事件应急处理预案，参与公共卫生突发事件应急演练。

2. 定期参加学习、培训。建立安全工作零报告制度和安全事故报告制度。发生安全意外事故时，要在第一时间如实报告意外事故情况，并迅速组织意外事故抢救。同时做好意外事故的记录和反思工作，严禁责任事故的发生。

3. 落实健康教育课程，普及师生员工的健康教育和急救知识，培养幼儿良好的卫生习惯。积极开展爱国卫生运动和红十字会相关工作。

4. 做好疾病防治的宣传教育，加强疾病的控制和预防。一旦发现传染病等情况，应当及时报告，并采取紧急措施，严防疾病的扩散、传播。

5. 建立健全幼儿每人一卡的健康档案制度。每学期做好入(转)学幼儿的体检报告、疫苗的接种资料，全面掌握有特异体质、特定疾病或特异心理状况幼儿的情况，并做好相应记录和汇报工作。配合家长做好教育和保护工作。每天汇总幼儿的出勤率，对身体不适的师生做好登记工作和妥善处理。一旦发现有疑似情况，必须及时报告园长以采取相应措施。

6. 加强校园巡视和卫生检查。督促有关部门做好教室通风采光、师生饮食饮水卫生工作。对食堂从业人员晨检、食堂环境卫生等进行检查督促。配合街道做好灭“四害”工作。

7. 按照药品管理制度，做好幼儿园卫生室的常用药品和器材的采购入账，妥善保管，正确使用，及时清理过期药品。

8. 严格执行《食品安全法》和《餐饮服务食品安全操作规范》，幼儿园食堂上岗人员必须持有体检合格证。

9. 作为幼儿园食堂食品卫生直接负责人，负责制订食堂安全管理职责。接受食品药品部门的执法检查，接受全园师生员工的监督。

10. 规范幼儿园食堂、食品采购渠道及保留每天或每批次主、副食与调味品采购单位的原始凭据。规范食堂食品加工、分装、留样、清洁、消毒等各环节的食品卫生和环境卫生工作。严格幼儿园食堂从业人员的晨检和操作时的着装要求。

11. 协助做好幼儿园安全监督、检查管理工作，加强平时的安全工作检查，做到每周一小查，每月一大查。严格晨间检查，严禁幼儿携带危险物品入园。同时，要重点对容易引发安全事故的教育教学设施或场所进行严格的排查，掌握幼儿园安全隐患情况，并及时提出整改。

12. 定期将履行上述安全工作职责的情况形成书面材料，报送幼儿园园长或相关管理人员。

十、食品采购员

1. 食堂采购实行领导负责制，指定专职采购、验收人员，执行食品验收制度。实行炊事班长负责制。食品采购员则为幼儿园幼儿食品安全工作第一责任人。

2. 认真学习、落实《食品安全法》等有关法规和文件的安全规定；严格履行食品采购员职责和岗位责任制，认真遵守幼儿园工作制度。

3. 采购原料必须做到无害无毒，不使用国家禁止使用的动植物及有碍人体健康的原料，不使用无商品名称、厂名、厂址、生产日期、保存期等不符合国家《食品标签通用标准》的食品原料。

4. 采购食品原料时必须向供货商索取卫生许可证及产品检验合格证。不得擅自采购来历不明的食品。杜绝加工销售掺杂作假、以劣充好的伪劣食品，采购的原料须有专业人员验收质量和数量。

5. 配菜中心的报价和自行采购的发票都必须写明品种、数量、单价、金额。报价、发票应当与当天的菜单相符合。工作人员和幼儿伙食严格分开，定期公布伙食账，有原始单据可查。

6. 采购员应认真遵守幼儿园的各项规章制度，不断提高自身素质，做好幼儿食品的采购供应工作。凡因玩忽职守造成的损失或伤害，均由其本人承担全部责任。

十一、门卫

1. 经过公安等部门专业培训并获得合格证书，具备一定的技能。按规定穿戴整齐，着保安制服上班。

2. 严格执行保安工作管理制度。按规定时间开闭园门，做好迟到幼儿和幼儿离园的登记工作。

3. 严格执行外来人员进园登记验证制度。对家长或外人来访，必须电话联系被访教师，核实后填写“外来人员登记表”方可进园。严禁不履行登记手续或证件不齐备的来访人员进园，严防无关人员或社会闲杂人员进园。

4. 加强园门周边、园内场地、教学楼的巡视清场及夜间巡查工作。发现幼儿滞留或有危险行为应耐心劝阻。发现教室门窗未关应及时帮助关闭，开启应急照明和技防设施。发现无人认领的不明物品应及时处理。

5. 执行幼儿园周边环境治安综合治理制度。配合公安部门做好治安民警巡视工作。发现园门周边有形迹可疑人员、乱停车乱设摊乱堆物、环境卫生差等现象，应及时使用值班电话告知派出所、交警、城管、市容、工商、街道等部门并做好记录。同时向园长或安全管理人员报告。确保园门技防监控设施运作正常，确保幼儿园周边社会环境良好。

十二、幼儿园与家长签订《家长安全责任书》的具体内容

在幼儿园的安全管理和教育工作中，幼儿园除了需要强化自身安全工作以外，还需要与家长签订《家长安全责任书》。

保护幼儿的身心健康和安全是家园共育的重要职责。为了与家长共同做好幼儿的安全工作，达到良好的家园共育效果，幼儿园有责任、有义务征得家长在“想法上的支持”和“做法上的配合”。因此，在公平、公正、公开的基础上，幼儿园应于每学年的开始，与在园幼儿家长签订(续签)《家长安全责任书》，以加强双方的安全责任意识和安全敏感度，密切在幼儿安全工作上的合作。

《家长安全责任书》从幼儿的安全角度出发，对家长“应该做什么”和“不应该做什么”做出明确的、可操作的合理要求，家长从中也能够清晰地认识到自己的哪些行为是被允许的，哪些行为是被禁止的，哪些行为是必须要做的，这对家园双方的幼儿安全工作都具有良好的指导意义，家长的安全责任和义务主要包括如下三大方面：

1. 幼儿接送

(1)家长应严格遵守幼儿园的作息时间，遵守幼儿园的接送制度，做到持卡按时接送，有事请假，不驾车入园，配合好幼儿园的清园工作。

(2)入园时，家长必须将孩子送到值班教师处，并当面交接；在将孩子交予值班教师之前，幼儿的安全问题由家长负责。

(3)如有特殊原因、委托他人接送时，家长要提前联系教师，将被委托者之姓名、性别、年龄、特征、衣着与孩子之间的关系告诉教师；被委托人应具备完全民事行为能力（年满18岁以上的正常人）；交接孩子时，要实行三方通话确认。

(4)入园时，家长要检查幼儿衣着、用具，并确保安全；幼儿来园时着装应简洁大方，便于运动，有帽子、绳索、金属装饰和带子的衣服不要给幼儿穿；不佩戴各种饰物，鞋子大小合适、便于穿脱，尽量不穿系鞋带儿的鞋。

(5)家长要文明有序、穿着得体地来园接送幼儿，如不大声喧哗、不穿拖鞋、不吸烟、不随地吐痰、不酒后来园等，为幼儿树立"好的榜样"；离园时，家长不要带孩子在幼儿园内逗留、玩耍，如发生安全事故，由家长承担全部负责。

(6)家长的通讯联系方式或家庭住址如有变化，应及时告知幼儿所在班的教师，保证幼儿园和教师能随时联系到家长；同时，帮助幼儿牢记家庭电话号码、父母姓名、电话、详细住址等。

(7)未经许可，家长不得擅自进入幼儿教室、食堂；如无特殊情况，谢绝探视孩子。

2. 安全教育

(1)配合教师对幼儿进行安全教育，养成良好习惯；不要将小颗粒物放入口、鼻、耳腔内。

(2)家长应教育幼儿不做危险游戏；不要让孩子携带贵重物品、危险物品入园；幼儿来园前，家长要注意检查幼儿的口袋，如发现有危险物品（如药片、铁钉、小颗粒物、弹子、碎玻璃、打火机、硬币等物品）应立即取出，放在家中，并及时对孩子进行安全教育；不要让幼儿带口香糖、棒棒糖、瓜子、小粒食品等零食来幼儿园。由于家长未能尽到安全检查的责任，致使幼儿藏匿、携带的违禁物件在活动中引起安全事故，家长要承担相关责任。

(3)家长应配合幼儿园对幼儿进行安全教育，增强幼儿的安全防范和自我保护意识。教育幼儿不跟陌生人搭话、不吃陌生人送的食物、不远离集体（教师）单独活动等，知道遇到危险如何逃生等。

3. 卫生保健

(1)幼儿如有传染病及疾病史（先天性疾病、遗传性疾病、过敏性疾病、抽搐史、习惯性脱臼）、药物及食物过敏史或身体不适等特殊情况，家长必须如实告知幼儿园保健大夫进行书面备案，并向保健大夫、班级教师交待清楚，保持密切联系；如若隐瞒病史，由此引发幼儿的不良后果，由家长承担全责。

(2)家长发现幼儿患感冒、发烧、咳嗽等一般疾病，应主动留置幼儿在家休息、观察、治疗；若幼儿住院治疗，则幼儿痊愈后，家长须携带幼儿病历，并经幼儿园保健大夫批准后，方能入园。

(3)在家中,家长如发现幼儿患传染病后,应立即与幼儿园教师联系,以便做好全园的预防工作,并进行园外隔离,及时协助幼儿园大夫做好传染病调查、记录工作。患儿治愈后,凭确诊医院出具的健康证明,并携带病历,经幼儿园保健大夫审核批准后,方能入园;在幼儿园晨、午检时,教师如发现幼儿体征异常,家长要主动配合幼儿园带幼儿离园,并赴专业医院观察、诊治。

(4)因幼儿园不具备院前急救资质,所以幼儿在幼儿园期间禁用抗生素及补品类药物;如有特殊情况,药品必须有医嘱证明并且是原包装方可在幼儿园服用:服用时,家长按要求认真填写《幼儿服药记录表》,将药品交予保健大夫;同时,要自备一份药品留样交给保健大夫留存;为幼儿送药的家长必须是幼儿父母本人,否则,幼儿园不予接待。

十三、《家长安全责任书》解读

1. 幼儿接送

(1)"幼儿接送"是保证幼儿安全的重要环节。尽管幼儿园制定了严格的幼儿接送制度,但仍需要幼儿家长的有力配合,这就要求每个幼儿家长都要按照幼儿园的接送制度,按时把幼儿送到幼儿园,按时把幼儿接离幼儿园;如有的幼儿园为每个幼儿配备了"幼儿信息卡",只有持卡并刷卡后才能入园、离园,以防有社会人员冒充幼儿家长入园,对幼儿安全造成威胁;另外,幼儿园内是不允许车辆进出的,幼儿家长更不能为一己之便,将车辆开入幼儿园。

(2)与小学生、中学生不同,幼儿年龄小、自理能力差,在家庭到幼儿园的"两点一线"中,格外需要家长和幼儿园进行"无缝隙衔接"式的陪护。幼儿家长必须要把幼儿送到幼儿园教师的手中,不能只是把幼儿送出家后还没有与幼儿园教师交接,就不管不顾地离开。在教师没有从家长手中接到幼儿之前,幼儿家长要对幼儿的安全负全责;同样,在幼儿离开幼儿园时,幼儿园的教师必须将幼儿亲自送到家长手里。

案例 6-1

某幼儿园 5 岁幼儿早晨入园时,其家长因着急上班,就把孩子放到离园门口 10 米远的地方,让其自行入园,导致幼儿中途被电动车碰伤。

(3)家长请他人代送幼儿入园或接幼儿离园,要提前联系、告知幼儿所在班级的教师。经常接送幼儿入园的家长一般要固定下来,但必须由他人接送时,家长一定要提前联系教师,特别是接幼儿离园时。幼儿家长自己找的被委托人应具备完全民事行为能力即年满 18 岁以上的正常人,确保幼儿安全。家长在与教师沟通时,要把被委托人的详细外貌信息,如性别、衣着等告诉教师,教师在幼儿交接时对被委托人仔细核对,并与家长和委托人进行三方通话确认。

案例 6-2

某幼儿家长因工作加班无法及时接孩子离园,就执意让上初中的侄子就近去接孩子。虽然家长与孩子的班主任事前电话沟通了事情的原委,但是班主任按照幼儿园安全土作的相关规定拒绝了家长的要求,并耐心分析了未成年人接送幼儿的利害关系。最后,班主任一直在园陪着孩子等到家长加班后来接,做到了恪尽职守,家长也深表反思与感谢。

(4)幼儿家长有义务和责任检查幼儿的衣服、用品等是否符合入园的安全要求,是否有一定的安全危险,否则,家长须承担由此发生的幼儿安全事故的责任。幼儿的衣服、用品等都是家长在家准备好后带入幼儿园的,家长在送幼儿入园之前要对其进行安全检查,以防诸如连衣帽、质地较硬的装饰物等对幼儿造成伤害。

案例 6-3

2007 年 1 月 16 日上午,桂林市临桂县某幼儿园 4 岁女孩小琼在玩滑梯时,衣服帽子上的绳子钮扣被滑梯缝隙卡住,帽绳挂住小琼的颈部,导致小琼窒息死亡。

(5)家长应遵循幼儿园关于离园的有关规定,并尽到看护幼儿的安全责任。违反幼儿园有关离园的规定,没有尽到家长看护的责任而导致的幼儿安全责任事故,由家长承担安全责任。如家长已经接幼儿离园了,但仍继续在幼儿园户外设施玩要,或者家长只顾着和其他家长聊天,致使幼儿自己溜出幼儿园,这些都是易出幼儿安全问题的隐患,由此发生的幼儿安全事故责任,由家长担责。

案例 6-4

某幼儿园家长在接孩子离班后并未及时离园,而是带幼儿在园里玩滑梯。可是家长只顾着和另一个家长聊天,没有注意到幼儿在玩滑梯以后,已经自己跑出了幼儿园大门,被来往的车辆撞伤。

(6)家长有义务和责任将自己的家庭住址和联系电话告知幼儿园教师,并保持畅通。目前,家长与教师的非面对面沟通的主要方式之一是通过电话,家长要将家庭住址和电话号码告知幼儿园和幼儿所在班级教师,如遇幼儿不舒服或其他安全、健康隐患等问题,幼儿教师能够第一时间联系到家长。家长如因工作、生活等原因更换了联系方式,但由于家长疏忽,没有告知幼儿园和幼儿所在班级教师,则家长应承担相应法律责任。

(7)家长应遵循幼儿园的有关规定,不得不经允许擅自闯入幼儿园及幼儿所在班级。对于家长出入幼儿园的规定,一方面是从安全管理的角度出发,另一方面是从幼儿心理安全的角度着想。由于幼儿园的孩子年龄较小,对很多事情都比较敏感,尤其是对自己的或者其他幼儿的家长的行为十分敏感。如若没有经过许可，家长擅闯幼儿园或幼儿所在班级，一方面，违反幼儿园安全管理规定，另一方面，也容易对幼儿的身心健康构成伤害，由此造成的安全责任，由当事家长承担。

（二）幼儿园安全工作管理制度

文案二　　幼儿园安全工作管理制度

一、幼儿园周边环境的安全管理制度

1. 按照市区教育局的有关规定，加强对幼儿园周边环境的安全管理，不因周围的施工、经商而影响幼儿的安全。

2. 定期排查，发现隐患及时向有关部门报告。

3. 主动与派出所、社区办联系，协调有效资源加强周边环境的治理，为幼儿营造健康安全的成长环境。

4. 加大宣传，争取更多的力量关注、关心幼儿园的安全。

二、大型玩具的检修和保养

1. 杜绝购置使用有毒、有害、不安全、不合格、不适合幼儿特点的玩教具。

2. 加强对大型玩具及体育器材的检修保养，设专人负责管理。

3. 每周检查一次，定期消毒、清理，发现问题及时解决。

4. 及时解决各班上报的安全隐患，确保玩具牢固、安全。

5. 做好检查和保养记录。

三、房屋、园舍及设施设备的巡查

1. 定期对幼儿园建筑物、设施设备进行安全检查、检验，发现危房立即报告，严禁使用危房。

2. 各部门每日上岗前，必须对范围内的设施设备的完好情况进行检查，并负责设施设备的日常维护和保养，发现异常及时向分管领导报告。

3. 发现存在安全隐患应当立即停止使用，及时报修，维修、更换前应当采取必要的防护措施或者设置警示标志。

4. 在园内上下坡、水池、楼梯过道、拐弯处等易发生危险的地方或设施前，设立明显的警示标志或防护设施，防止事故发生。

5. 园内如有基建工程，必须在工程区域设立醒目的安全事项和警示标志，并用网布或墙等将施工范围与幼儿活动区域隔离，施工的器具或相关物品都应放在工地内或指定的区域内。

6. 电脑、投影仪、电视机、照相机等贵重设备，维护管理落实到人，有详细的使用、保养细则，并做好使用维护记录。

7. 建立巡检、维修记录。

四、水、电、暖、煤气的检查维护

1. 每天检查水箱、水管、水龙头及下水管道的运行情况，做到无跑、冒、滴、漏和堵塞现象。

2. 用电线路的安装和电器使用，要有专业部门的许可，任何人不准随意私拉乱接电线、安装使用电器，杜绝超负荷用电。

3. 定期检查全园电线、开关、插座等用电安全，防止有连电、漏电现象，严禁使用不合格的保险装置。

4. 有散热作用的电器周围，严禁堆放易燃物、严禁使用明火、严禁吸烟。各种电器使用完毕要及时切断电源。空调、热水器等用后应及时关闭电源。

5. 每个采暖季前应配合相关部门做好试水、试压的调试工作，暖气片要有防护网，防止烫伤、碰伤幼儿。

6. 使用煤气要严格操作规程，随用随点，用后熄灭。煤气罐的放置要与操作间分离。

7. 每天下班前必须对水、电、煤气等设施进行检查，做到"人走水停、人走电断、人走气关"。

五、幼儿园门卫工作的安全管理

1. 按照《山东省中小学幼儿园安全管理暂行办法》要求，幼儿园必须配备一定数量的专职保安人员。

2. 幼儿园门口与公安机关联网，摄像头设置符合安保要求，重点部位有红外线探头、一键报警等设施设备。

3. 严格执行园里的作息规定，定时开关大门。

4. 严格值班记录和来客出入园登记制度，对来园办事的人员要经领导同意登记后方可进园，对拒不进行登记的外来人员或登记内容与事实不符的，门卫有权拒绝其进入幼儿园。

5. 幼儿入、离园时要站立门口，密切关注出入人员，防止幼儿擅自离园，外来人员禁止入内。在上课期间，幼儿确因特殊情况需要接走时，门卫要通知幼儿本班教师，由教师将幼儿送至家长手中。

6. 每天静园后，负责检查全园内的门窗及设施，如有问题及时汇报。

7. 加强夜间值班巡逻，做好幼儿园的安全保卫工作。

六、幼儿园家园安全信息通报制度

依据《中华人民共和国未成年人保护法》及《中小学幼儿园安全管理办法》等有关法律法规要求，特制定本制度：

1. 幼儿园向家长告知的内容：幼儿园规定的幼儿来园离园时间；幼儿园组

织的集体外出活动；幼儿园因节假日或特殊原因需要放假的时间安排；幼儿园某区域暂不能排除的安全隐患；幼儿在园期间出现的特殊情况反应，如发热、不舒服等。

2. 家长向幼儿园告知的内容：幼儿不来园的实情；幼儿的特异体质和特定疾病等，并附医院证明或其他相关证明，根据具体情况，家园共同做好相关处理并做好记录。

七、保健室医疗设备和卫生药品的管理制度

1. 保健室设专人负责管理，并具备上岗证书。

2. 严格执行卫生保健十项制度。

3. 医务室常备的各种药品要贴上标签，注明药品名称、有效期，存放于干燥通风处，防止霉变，过期药品要及时清理。

4. 各种消毒液、灭鼠药要妥善保存，使用后要及时收回，放置于安全处，不得存放于各班。

5. 幼儿所带药品要记录、交接清楚，服药前要仔细核对，按时、按量给幼儿服用。

6. 不擅自为幼儿服药、打针，在幼儿出现紧急情况时要立即送往医院治疗。

八、卫生消毒及隔离制度

（一）环境卫生要求

1. 建立健全室内外环境清扫制度，分片包干，定人、定点，每周全面检查一次并记录，幼儿玩具要保持清洁，定期消毒、清洗；保持室内空气流通、阳光充足，冬天也要定时开窗通风换气；厕所要清洁通风，定时打扫并消毒。为幼儿提供整洁、安全、舒适的环境。

2. 室内有防蚊、蝇、鼠、虫等设备。

3. 采取湿性清扫方式清洁地面。厕所做到清洁通风、无异味，每日定时打扫并消毒，保持地面干燥，便器每次用后及时清洗干净。

4. 卫生洁具各班专用专放并有标记。抹布用后及时清洗干净，晾晒，干燥后存放；拖布清洗后应晾晒或拧干后存放。

5. 枕席、凉席每日用温水擦拭，被褥每月暴晒 1～2 次；床上用品每月至少清洗一次；保持玩具、图书表面的清洁卫生，每周进行一次玩具清洗和图书翻晒。发生传染病时执行《托儿所幼儿园卫生保健工作规范》第 6 条“传染病预防与控制”中的相关规定。

（二）个人卫生要求

1. 幼儿

（1）每人一巾一杯，日常生活用品专人专用，每天必须消毒一次，消毒方法执行《托幼机构环境和物品预防性消毒方法》(见《托儿所幼儿园卫生保健工作规范》附件3)。

(2)饭前便后要用流动水洗手,经常保持清洁。饭后漱口,定期洗头、洗澡,勤剪指甲,每周剪指甲一次,每两周剪趾甲一次。养成早晚刷牙习惯。

(3)养成天天带手绢(或餐巾纸)的习惯,保持仪表整洁。

(4)保护幼儿视力,每月换座位一次,室内注意采光,看电视时间不宜过长(20分钟),距离不要离得太近(2米),看书、写字、画画姿势正确。

(5)幼儿洗手流程:(五步洗手法)湿→搓→冲→捧→擦

a. 湿:在水龙头下用水淋湿手,擦上肥皂或洗手液;

b. 搓:手心、手背、指缝相对搓揉20秒;

c. 冲:用清水把手冲洗干净;

d. 捧:用清水将水龙头冲洗干净在关闭水龙头;

e. 擦:用干净的毛巾擦干(或用烘干机烘干)。

2. 教职工

(1)卫生清扫后,及时用肥皂、流动水洗手。

(2)饭前便后和给幼儿开饭前用肥皂洗手。

(三)消毒隔离制度

1. 幼儿园要根据本单位条件建立隔离室或观察床。隔离室用品要专用。常用消毒物品齐全,幼儿的水杯和毛巾坚持天天消毒,被褥每周暴晒,床单每周换洗,餐具餐餐消毒;发现传染病人应及时上报卫生防疫部门,并应立即隔离治疗。患儿所在班级、教职工所在工作环境应彻底消毒。患者隔离治疗痊愈后,需携带医院证明,方可回园。

2. 幼儿及工作人员患传染病,要立即隔离治疗(在家隔离),所在班级彻底消毒,患者待隔离期满痊愈后经医生证明方可回园。

3. 对患传染病幼儿所在的班级和与传染病患者接触过的幼儿进行隔离、检疫、观察、不混班、不串班。检疫期满后,无新发病例方可解除隔离,患病幼儿痊愈后需要在家继续隔离2～3周(待病毒潜伏期满),带痊愈诊断证明方可入园。

4. 传染病流行期间幼儿外出离开本地的,回来后在家隔离一周无异常方可入园。

5. 物品消毒执行《托幼机构环境和物品预防性消毒方法》(见《托儿所幼儿园卫生保健工作规范》附件3)。

6. 卫生保健人员定期接受有关消毒隔离技术知识的培训,负责对幼儿园消毒隔离工作检查指导。

九、幼儿食堂的安全管理制度

(一)食品卫生安全管理制度

1. 严格执行落实《食品安全法》的相关规定。

2. 严把食品采购关,执行索证制度,不购买腐烂、变质的食品。

3. 除调料外,所有食品全部由食堂加工制作,不购买现成的食品。

4. 原材料的储存要分类、分架、离墙、离地,设专人负责。

5. 饭菜实行 48 小时留样,并做好详细记录。

6. 非食堂人员严禁进入食堂,食堂人员禁止一人单独在食堂。

(二)食品、食品相关产品采购索证索票、进货查验和台账记录制度

1. 采购员要认真学习、熟悉并掌握食品原料采购索证制度、管理办法及要求,依法索证,并注意检查核对。

2. 采购食品(包括原料及食品添加剂、食品容器、食品用工具和设备),要按照国家有关规定向供方索取卫生许可证、营业执照、生产许可证、检验报告、肉类检验(检疫)合格证明及购货发票等资料。有的食品要有 QS 标志(质量安全认证)。合格证明中记载的产品名称、生产日期、批号等必须与产品相符,不得涂改、伪造。

3. 采购肉类、海产品、米、面、食油、调料等主要食品原料必须坚持定点采购,到正规的、合法的经营销售单位采购。菜、蛋、豆制品等常用原料供货方要相对稳定,确保食品新鲜、安全。

4. 采购农贸市场的食品及原料应当新鲜,价格合理,并按食谱所定数量合理采购,严禁购买劣质蔬菜。

5. 保管保存所索取证件,并能及时查验更换。

6. 食品购进后,要有二人以上验收,并做好记录。坚持"一看二闻三手感"的验收原则。验收内容如下:①定性包装食物的验收:一验包装上内容是否与检验报告内容相符;二验生产日期、保质期;三验包装是否有厂名、厂址;四验食物外观,有无破损、污损、变形、杂物、霉变等;五嗅气味,是否有异味;六手感是否有异样;②非定性包装食物的验收:一看是否有腐烂、霉变的食物;二闻是否有异味;三手感有无异样;四查蔬菜是否新鲜。

7. 凡无人验收或无验收记录的,均视为不合格食品,不得入库、加工和使用。

(三)食品试尝留样管理制度

1.坚持每餐饭菜留样,并在留样容器盒上标明菜名、日期、时间等。

2.留样的采集和保管必须有专人负责,配备经消毒的专用取样工具和样品存放的专用冷藏箱。

3. 饭菜留样应留足数量(不少于100克),温度保持在2～8 ℃,留存时间为48小时。不得冷冻保存。

4. 每天坚持饭菜试吃,由食品安全管理员、食堂班长(负责人)试吃,并逐项登记。

5. 一旦发生食物中毒或疑似食物中毒事故,应及时提供留样样品,配合卫生监督机构进行调查处理工作,不得有留样样品而不提供或提供不真实的留样样品,影响或干扰事故的调查工作。

6. 每次使用的留样盒必须彻底清洁消毒。

(四)库房管理制度

1. 主食、副食分库存放,食品与非食品不能混放,食品仓库内不得存放有毒有害物品、私人用品和杂物。

2. 库房内要定期清扫,保持库房、货架及设备清洁卫生,无霉斑、鼠迹、苍蝇、蟑螂,经常开窗或用机械通风设备通风,保持干燥。

3. 做好食品数量、质量入出库登记,做到先进先出,易坏先用。

4. 食品原料按类别、品种分架、隔墙15厘米以上、离地30厘米以上,整齐摆放,散装食品及原料储存容器加盖密封,合理控制库存量,杜绝霉变。

5. 肉类、水产品、禽蛋等易腐食品分别冷藏储存。用于保存食品的冷藏设备,必须贴有明显标识并有温度显示装置。生食品、熟食品、半成品分柜存放,杜绝生熟混放。

6. 冷冻设备定期化霜,保持霜薄(不得超过1cm)、气足。

7. 每月底清库盘点,日清月结,及时分析盈亏原因,并向园长写出报告。

8. 做好防鼠、防蝇、防蟑螂工作。

9. 除仓库保管员及卸货时间外,其他人员不能进入仓库。

(五)食品加工操作管理制度

1. 分设肉类、水产类、蔬菜、原料加工洗涤池,并要有明显标志。食品原料的加工和存放要在相应场所进行,不得混放和交叉使用。

2. 加工肉类、水产类、蔬菜的操作台、用具和容器,要分开使用,并要有明显标志。盛装肉、水产品的容器要专用。

3. 清洗加工食品原料必须先检查质量,发现腐烂变质、有毒有害或形状异常的,不得加工。肉类清洗后无血、毛、污;鱼类清洗后无鳞、鳃、内脏;蛋要先清洗干净外壳。肉类、排骨等要切细切小。加工后的半成品要及时加盖,不能裸放。芸豆、土豆、豆芽、蘑菇必须加工煮熟才能食用,严防发生群体性食物中毒。

4. 蔬菜原料加工按照一择、二洗、三泡、四切的顺序操作,土豆、冬瓜等蔬菜要去皮,浸泡清洗干净后再按照要求切配。不得加工使用隔餐隔夜的熟制品。

5.油炸食品要防止外焦里生，加工后直接入口的熟食品要盛放在已经消过毒的容器内并盖好，不得使用未经消毒的容器。

6.做到刀不锈、板不霉、整齐有序，保持室内清洁卫生。加工结束及时拖净地面，水池、加工台、工具用具、容器清洗干净，定位存放；切菜机、绞肉机等机械设备用后拆开清洗干净。

7.根据不同季节，掌握好饭菜的出锅时间，饭菜盛桶后要及时盖好，以保证饭菜温度适宜。

8.各种用具和容器有生熟标记，生熟严格分开，消毒后分类专用。

9.加工的食品要烧熟煮透，其中心温度不低于 70℃。

10.存放时间超过 2 小时的熟食品，需再次利用的应充分加热。加热前应确认食品未变质。加热时食品中心温度应高于 70℃，未经充分加热的食品不得食用。

11.在烹饪后至食用前需要较长时间（超过 2 小时）存放的食品应当在高于 60℃或低于 10℃的条件下存放，需要冷藏的熟制品应放凉后再冷藏。

12.剩余食品及原料按照生食、半成品、熟食的卫生要求存放，不可交叉叠放。

13.定期清洗抽油烟机罩。

（六）餐具、用具清洗消毒制度

1. 有独立的餐饮具洗刷消毒间，消毒间内消毒、洗刷、保洁设备齐全。

2. 负责洗刷的消毒员必须熟练掌握洗刷消毒程序和消毒方法。严格按照“除残渣→碱水（或餐洗净）→清水冲→热力消→保洁”顺序操作。药物消毒增加一道清水冲的程序。

3. 每餐收回餐饮具、用具，立即清洗消毒，不隔餐隔夜。

4. 清洗餐饮具、用具的餐洗净、消毒剂必须符合国家有关卫生标准和要求。

5. 消毒后餐饮具表面光洁、无油渍、无水渍、无异味、无泡沫、无不溶性附着物，并及时将其放入保洁柜密闭保存、备用。

6. 盛放消毒餐饮具的保洁柜要有明显标记，要经常擦洗消毒，已消毒和未消毒的餐饮具要分开存放。

7. 洗刷消毒结束，要清理地面、水池卫生，及时清理泔水桶，做到地面、水池清洁卫生，无油渍残渣，泔水桶内外清洁。

（七）煤气灶操作规程

1. 煤气灶操作人员上岗前必须进行安全技术培训，合格后才能上岗。

2. 使用前必须检查煤气导管及阀门是否完好，不向外泄漏煤气。

3. 点烧煤气时，必须先点火，后送气，严禁送气后点火。如送气后不着火或者火煽灭，应立刻关掉阀门。

4. 不经上级主管部门批准不得随便改动煤气管道或增减新的使用点。

5. 所有煤气设备要有专人负责管理。

十、活动室、寝室及盥洗室卫生间的安全管理

1. 三室的物品摆放要确保紧急疏散通道的畅通。保持室内干燥、通风、空气新鲜。

2. 各种消毒液、洗涤清洁用品，必须妥善保管，放在指定的橱柜里；教学用的剪刀、裁纸刀、大头针、别针等危险用品应放在幼儿够不着的地方，用后及时收起来；较烫的食物（如汤、粥、菜、开水）应放在幼儿不能触及处；自然角不放带刺、有毒的植物，角色游戏区不用玻璃制品。

3. 保持地面干净无水，防止幼儿滑倒。

4. 保温桶要上锁，水温适合幼儿饮用。

5. 每天幼儿离开后，要用紫外线进行消毒。

十一、消防安全制度

1. 按照消防有关条例，在各楼道口、食堂、餐厅、计算机房、多功能厅等防火重点场所配齐配足消防器材，并定期请专业人员进行检查、更新，并做好记录。

2. 定期请消防人员进行消防及防火知识的学习、宣传和培训，定期开展防火演习，人人熟知自防自救常识和安全逃生技能。

3. 全体教职员工都要学会正确使用消防器材，了解消防知识，遇到问题能够采取应急措施。

4. 保持安全疏散通道的畅通，在教学楼、餐厅等安全出口处设有安全疏散指示标识，有完好的照明设施和停电应急照明设施。

5. 各班教师负责做好幼儿的消防安全宣传教育工作，严禁幼儿玩火、玩电以及其他易燃、易爆物品，严禁幼儿将危险物品带到幼儿园。

（三）幼儿园安全工作检查制度

文案三　　　　幼儿园安全工作检查制度

1. 幼儿园成立各级安全工作检查小组。

2. 按照各环节工作标准、内容，采取以自查为主、抽查为辅，明查为主、暗查为辅的方法，定期展开检查。

3. 检查中发现的问题及时以书面的形式报给主管部门，并及时采取解决措施，排除安全隐患。

4. 建立健全安全工作检查档案（见表 6-1 至表 6-7），能及时查阅检查、维

修、整改的情况，不断总结和改进安全检查工作。

表 6-1　　幼儿园园长安全检查记录表　　年　　月

项目	分类	检查内容	检查结果			
			第一周	第二周	第三周	第四周
1	消防设施器材	消防设施、器材处于戒备状态，完好有效				
		消防器材及箱体内外整洁				
2	安全通道	无障碍物，确保疏散通道和安全出口畅通				
		紧急疏散指示标记悬挂完好				
3	楼房设施	楼房顶无漏雨、墙体无裂缝、院墙、栏杆牢固				
		门窗玻璃完好、窗台台面光滑、门窗插销、锁正常				
		楼梯扶手平滑、台阶无损坏、地面平整				
4	伙房	电源开关完好，机械设备运转正常，灶具与灶炉无损坏、无漏气				
		操作场所环境整洁，设施设备及工具无油浸				
		原料、半成品、成品的容器、工具标识明确				
		熟食容器按时消毒，保洁柜洁净				
		食品原料、半成品、成品存放区域分开不混用，未发生交叉污染				
		安全自查记录、食品质量检查检验记录、食品留样记录、消毒记录、食品出入库记录等无漏项				
5	水电暖	水管无裂缝，水龙头无滴漏，开关无松动				
		电插座、电灯开关、电闸、各种灯具完好				
		电风扇、空调、录音机、电视机、微机等电器操作规范				
		暖气管、片无漏水，暖气护罩无损坏，供暖正常				
6	室外大型玩具及场地	大型玩具安置坚固、安全，场地无障碍物				
		玩具接口处的螺丝无松动，表面平滑、无损伤				
		室外活动场地无障碍物				

续表

项目	分类	检查内容	检查结果			
			第一周	第二周	第三周	第四周
7	幼儿活动用房	室内用具摆放安全,墙上悬挂物体牢固				
		幼儿桌椅无损坏,表面无铁钉、光滑				
		幼儿床铺表面无损伤,床板无断裂				
		纽扣、小玩具、针线、尖刀等危险品放置安全				
		洗涤、消毒用品保存安全,消毒记录、安全自查记录按时、无漏项				
8	保健室	培训记录,药品保管台账,医疗器械消毒记录,幼儿传染疫情报告单,晨检及全日观察记录本等				
9	后勤组	设施设备维修登记,来访人员记录,设备设施台账等				
		抽查《后勤园长安全检查记录》的有关检查项目				
		抽查《食堂管理员安全检查记录》中的有关检查项目				
		门卫管理				
10	教研组	抽查《业务园长安全检查记录》中的有关项目				
一周巡查主要问题汇总、处结说明						
检查人			督检人			

备注:1. 合格记录画"√"、不合格画"△"并用文字表述说明。

2. 检查周期:每周一必查。

3. 不定时抽查:记录在下班组检查表中。

4. 检查人为园长。督检人为中心办公室、监控人员或其他相关成员。

表 6-2 **幼儿园业务园长安全检查表**

检查内容	检查时间及结果	第一周	第二周	第三周	第四周
各类计划	学期计划有无安全教育主题及其适宜性				
	周计划有无安全教育重点及其适宜性				
	每周一下午有无安全教育活动计划				
	逐日计划是否符合幼儿特点、考虑幼儿安全				
	组织各类开放活动,在策划中是否有安全保障措施				
教育教学活动	各类活动是否按计划执行				
	给幼儿提供的玩教具的安全性,活动中是否及时关注全体幼儿				
	幼儿一日生活学习常规				
	班级教师组织户外活动时是否进行幼儿安全教育				
	各类开放、游园等活动中,班级保障措施是否执行到位				
	班级教师午间巡视是否按规定执行				
班级环境	班级教师是否保障主题环境、区域材料的安全、卫生				
	班级教师对待幼儿是否和蔼,无体罚与变相体罚				
	教师每天的交接是否清晰,记录是否详尽,幼儿入园、离园时是否严格执行接送卡制度				
电教设备	班级用电教设备的安全				
	专用教室的电教设备的安全				
家长工作	请家长配合,培养幼儿的安全意识及初步的自我保护方法				
备注					

部门: 检查人签字: 督检人签字: 年 月 日

备注:1. 合格记录画“√”、不合格画“△”并用文字表述说明。
2. 检查周期:每周一必查。
3. 不定时抽查。
4. 检查人为园长。督检人为中心办公室、监控人员或其他相关成员。

表 6-3　　　　幼儿园后勤园长安全检查记录表

检查环节	检查标准	检查记录及检查时间			
		第一周	第二周	第三周	第四周
消防设施	消防设施、器材保持卫生清洁，完好有效				
安全通道	疏散通道和安全出口畅通，无障碍物，园内安全标识齐全				
楼房设施	楼房顶无漏雨，墙体无裂缝，院墙、栏杆牢固				
	门窗玻璃完好，窗台台面光滑，门窗插销、锁正常				
	楼梯扶手平滑，台阶无损坏，地面平整				
水电暖设施	水管无裂缝，水龙头无滴漏，开关无松动				
	电闸、电插座、电灯开关、电器设备运转正常，各种灯具完好				
	暖气管、片无漏水，暖气护罩无损坏，供暖正常				
	电风扇、空调、录音机、电视机、微机等电器操作规范				
室外大型玩具及场地	大型玩具安置坚固、安全，场地无障碍物				
	玩具接口处的螺丝无松动，表面平滑、无损伤				
	室外活动场地无障碍物				
幼儿活动用房	查看安全自查记录，幼儿桌椅无损坏，表面无铁钉、光滑				
	室内用具摆放安全，墙上悬挂物体牢固				
伙房	电源开关完好，机械设备运转正常，操作场所环境整洁，设施设备及工具无油浸				
	灶具置放安全，操作规范，无损坏，炉灶无漏气				
	安全自查记录、食品质量检查检验记录、食品留样记录、消毒记录、食品出入库记录等无漏项				
保健室	培训记录，药品保管台账，医疗器械消毒记录，幼儿传染疫情报告单，晨检及全日观察记录本等				
说　明					

部门：　　　　　　检查人签字：　　　　　　督检人签字：　　　　　　年　月　日

备注：1. 合格记录画"√"、不合格画"△"并用文字表述说明。

2. 检查周期：每周一必查。

3. 不定时抽查。

4. 检查人为园长。督检人为中心办公室、监控人员或其他相关成员。

表 6-4 **幼儿园教师工作日检表**

时间	组织策略	检查标准	时间/评分标准（√或×）	问题与措施
7:30～8:00 入园	1. 利用“心情卡”“小红花”等多种方式安抚并疏导个别幼儿的不良情绪，使幼儿对教师、同伴产生亲近感 2. 在衣帽间张贴图示或标志，如叠衣服的流程图，引导幼儿正确整理衣物	1. 准时到岗，开窗通风，打扫室内外卫生，兼顾幼儿来园		
		2. 教师站立门口笑脸相迎，接待幼儿，与幼儿互相问好		
		3. 观察幼儿情绪，做好二次晨检，严防幼儿携带危险物品入园		
		4. 清点人数，做好晨检记录		
		5. 组织安全、安静的晨间活动		
		6. 检查桌椅无损坏、表面无铁钉，用具摆放安全、墙上悬挂物体牢固，纽扣、针线、剪刀等危险品放置安全		
		7. 检查水电暖设施是否正常、各种电器设备完好		
8:30～9:10 早操冬季做课间操	1. 做操时与幼儿微笑对视，语言鼓励 2. 请小朋友轮流和教师一起带操，激发幼儿参加早操活动的积极性	1. 做好早操前一切准备工作，包括场地、器械、师生衣着等		
		2. 组织幼儿有序站队，拿放好器械，关注幼儿上下楼梯的安全		
		3. 教师精神饱满、带操动作正确、规范，口令清晰准确，节奏鲜明		
		4. 认真观察，确保所有幼儿在视线内		

续表

时间	组织策略	检查标准	时间/评分标准(√或×)																							问题与措施
教学活动 小班 9:20～10:00 中班 9:10～10:10 大班 9:00～10:20	1. 通过直接感知、实际操作和亲身体验获取经验 2. 轮流作小值日生,整理玩教具,养成规则意识	1. 认真执行周计划,确保教学活动有序安全																								
		2. 指导幼儿养成正确的坐姿,安全地使用剪刀、铅笔等物品,注意用眼卫生																								
		3. 语言规范,关注每个幼儿,引导幼儿主动学习,积极探索,培养学习习惯																								
		4. 及时组织幼儿整理,将学具等物归原处																								
户外活动 上午 10:00～10:40 下午 3:20～4:20	1. 通过安全小故事,帮助幼儿形成安全意识,不做危险动作 2. 在放置运动器材的地方,设置明显的标识,便于幼儿分类放置整理	1. 活动前后,做好三清(清人数、清场地、清器械),及时进行安全教育																								
		2. 集体游戏,按计划组织、指导;分散游戏,提供充足的游戏材料,活动量适度																								
		3. 保证户外活动时间,每天 2 小时不闲谈,认真观察,确保所有幼儿在视线内																								
		4. 检查大型玩具是否坚固、表面平滑、螺丝无松动;检查幼儿服饰等,消除不安全因素																								

续表

<table>
<tr><th colspan="2" rowspan="2">时间</th><th rowspan="2">组织策略</th><th rowspan="2">检查标准</th><th colspan="23">时间/评分标准(√或×)</th><th rowspan="2">问题与措施</th></tr>
<tr><th></th><th></th><th></th><th></th><th></th><th></th><th></th><th></th><th></th><th></th><th></th><th></th><th></th><th></th><th></th><th></th><th></th><th></th><th></th><th></th><th></th><th></th><th></th></tr>
<tr><td rowspan="11">生活活动穿插于一日生活之中</td><td rowspan="2">喝水</td><td rowspan="6">1.运用情景设置、模仿练习的策略引导幼儿多喝水,正确使用口杯
2.利用故事、谈话等,让幼儿懂得有便意时要告诉教师并及时解决
3.和幼儿一起边说儿歌边用六步洗手法洗手,增强幼儿洗手活动的趣味性</td><td>1、组织幼儿有秩序地喝水,保证幼儿饮水量,幼儿口渴时随时喝水</td><td></td><td></td><td></td><td></td><td></td><td></td><td></td><td></td><td></td><td></td><td></td><td></td><td></td><td></td><td></td><td></td><td></td><td></td><td></td><td></td><td></td><td></td><td></td><td rowspan="6"></td></tr>
<tr><td>2.教育幼儿不洒水,进行常规、安全教育</td><td></td><td></td><td></td><td></td><td></td><td></td><td></td><td></td><td></td><td></td><td></td><td></td><td></td><td></td><td></td><td></td><td></td><td></td><td></td><td></td><td></td><td></td><td></td></tr>
<tr><td rowspan="2">如厕</td><td>1.组织幼儿有秩序如厕,培养如厕常规;提醒幼儿及时大小便,便后洗手,指导幼儿养成良好卫生习惯</td><td></td><td></td><td></td><td></td><td></td><td></td><td></td><td></td><td></td><td></td><td></td><td></td><td></td><td></td><td></td><td></td><td></td><td></td><td></td><td></td><td></td><td></td><td></td></tr>
<tr><td>2.允许幼儿随时如厕;提示幼儿小心滑倒</td><td></td><td></td><td></td><td></td><td></td><td></td><td></td><td></td><td></td><td></td><td></td><td></td><td></td><td></td><td></td><td></td><td></td><td></td><td></td><td></td><td></td><td></td><td></td></tr>
<tr><td rowspan="2">盥洗</td><td>1.组织幼儿有序盥洗,培养盥洗常规</td><td></td><td></td><td></td><td></td><td></td><td></td><td></td><td></td><td></td><td></td><td></td><td></td><td></td><td></td><td></td><td></td><td></td><td></td><td></td><td></td><td></td><td></td><td></td></tr>
<tr><td>2.教育幼儿按正确方法洗手、擦手,节约用水</td><td></td><td></td><td></td><td></td><td></td><td></td><td></td><td></td><td></td><td></td><td></td><td></td><td></td><td></td><td></td><td></td><td></td><td></td><td></td><td></td><td></td><td></td><td></td></tr>
<tr><td rowspan="5">进餐</td><td rowspan="5">1.创编生动有趣的儿歌,帮助幼儿掌握正确使用餐巾、用水杯漱口的方法
2.通过有趣的故事、形象的图片以及进餐时的不断提示,帮助幼儿形成健康的饮食习惯</td><td>1.创设安静、愉快的进餐环境,及时进行餐前教育,保证幼儿进餐时间</td><td></td><td></td><td></td><td></td><td></td><td></td><td></td><td></td><td></td><td></td><td></td><td></td><td></td><td></td><td></td><td></td><td></td><td></td><td></td><td></td><td></td><td></td><td></td><td rowspan="5"></td></tr>
<tr><td>2.协助保育员分餐,及时根据幼儿需要补充食物</td><td></td><td></td><td></td><td></td><td></td><td></td><td></td><td></td><td></td><td></td><td></td><td></td><td></td><td></td><td></td><td></td><td></td><td></td><td></td><td></td><td></td><td></td><td></td></tr>
<tr><td>3.介绍饭菜,引起食欲,观察进餐情况,指导幼儿吃饱、吃好,培养良好的进餐习惯</td><td></td><td></td><td></td><td></td><td></td><td></td><td></td><td></td><td></td><td></td><td></td><td></td><td></td><td></td><td></td><td></td><td></td><td></td><td></td><td></td><td></td><td></td><td></td></tr>
<tr><td>4.餐后指导幼儿进行卫生清洁:放好餐具、洗手、漱口、擦嘴等</td><td></td><td></td><td></td><td></td><td></td><td></td><td></td><td></td><td></td><td></td><td></td><td></td><td></td><td></td><td></td><td></td><td></td><td></td><td></td><td></td><td></td><td></td><td></td></tr>
<tr><td>5.餐前不组织幼儿做剧烈活动,餐后组织幼儿散步</td><td></td><td></td><td></td><td></td><td></td><td></td><td></td><td></td><td></td><td></td><td></td><td></td><td></td><td></td><td></td><td></td><td></td><td></td><td></td><td></td><td></td><td></td><td></td></tr>
</table>

续表

时间		组织策略	检查标准	时间/评分标准（√或×）	问题与措施
生活活动穿插于一日生活之中	午睡	1. 将皮筋、发卡等集中放在一起，避免睡中玩耍，发生意外 2. 开展“我的小床在哪里?”“枕头宝宝”等活动，帮助幼儿熟悉午睡环境 3. 在“娃娃家”“生活区”投放布娃娃、小衣服等，引导幼儿掌握正确的穿脱衣服、鞋子的方法	1. 组织幼儿如厕后有序进入寝室，查点人数		
			2. 提醒幼儿不将物品带入寝室，检查口腔中有无存留食物		
			3. 指导幼儿脱衣并叠放好，盖好被子，按正确睡姿睡眠		
			4. 针对幼儿个别情况，及时提醒大小便		
			5. 15 分钟左右（及时）巡回检查幼儿午睡情况，做好值班记录		
			6. 午睡前后，测试有发烧抽风史幼儿体温，发现异常及时处理上报		
	起床	1. 播放音乐，做起床操。进行“甜蜜午睡”分享活动 2. 开展“整理衣服小妙招”等活动	1. 组织幼儿按时起床，分组如厕，指导幼儿穿衣、整理仪表		
			2. 做好详细、清楚的交接班记录		

续表

时间	组织策略	检查标准	时间/评分标准(√或×)	问题与措施
区域活动 上午集体 教学后下午 14:30～15:20	区域是动态、可变的,应根据幼儿的发展水平不断进行调整	1.投放适宜、充足的活动材料,做好活动准备,确保活动材料安全、卫生		
		2.主动参与并正确指导游戏,激发幼儿兴趣,关注个别差异		
		3.及时进行遵守规则和安全自护教育,保证游戏时间		
		4.活动结束,指导幼儿整理好材料,培养良好的常规		
17:00 夏季为 17:30 离园	1.奖励小红花,评选今日好宝宝等方式,保持幼儿身心愉悦放松 2.开展"把玩具送回家"、"衣服整理歌"等,使自我服务的过程成为有趣的游戏过程	1.稳定幼儿情绪,组织幼儿整理带回家的物品,清点人数		
		2.鼓励幼儿自己穿好衣服,教师帮助整理仪表,小班幼儿在教师帮助下穿好衣服,各班组织游戏活动		
		3.组织幼儿有序站队,自主离园,将幼儿安全地交给家长		
		4.所有幼儿都离园后,整理室内卫生,做好消毒工作		
		5.配合保育员检查水、电等安全隐患		

表 6-5 幼儿园保育员日检表

时间	组织策略	检查标准	时间/评分标准(√或×)	问题与措施
7:30～8:00 入园晨检	1. 执行《保育员一日工作要求》 2. 防止饭菜或粥烫伤幼儿及自身 3. 餐桌消毒	1. 准时到岗,及时通风,做好室内、外清洁工作		
		2. 配合教师做好早晨接待工作,观察幼儿情绪、检查幼儿衣着、所带物品等,帮助、指导幼儿将自带衣物整齐地叠放在固定的地方		
		3. 检查水电暖设施是否正常、各种电器设备完好		
		4. 检查桌椅无损坏、表面无铁钉,用具摆放安全、墙上悬挂物体牢固,纽扣、针线、剪刀等危险品放置安全		
		5. 配合教师组织安全、安静的晨间活动		
		6. 做好餐前卫生消毒,按时领取餐具、食物		
8:30～9:10 早操户外活动冬季做课间操	1. 早操前后认真做好"三清",不敷衍 2. 教师站在排头,保育员在队尾,随时关注所有幼儿的情况	1. 早操前后,分别做到三清(清人数、清场地、清器械),排除不安全因素		
		2. 检查大型玩具是否坚固、表面平滑、螺丝无松动		
		3. 做好幼儿活动前必要的准备(如厕、增减衣服、整理衣服、系好鞋带等)及活动后的整理工作;关注幼儿上下楼梯安全		
		4. 协助教师组织幼儿早操活动,站在队尾,精神饱满地与幼儿共同锻炼		

续表

时间		组织策略	检查标准	时间/评分标准(√或×)																							问题与措施
9:20～10:00 14:00～15:20 16.10～16:15 卫生保洁消毒		1. 保洁工作过程中注意自身安全 2. 洗涤、消毒用品使用后放置在幼儿触及不到的位置	1. 毛巾 、水杯(8:30 洗消)、抹布、被褥罩等洗消																								
			2. 班级及环境卫生区保洁																								
			3. 床铺整理:(1)幼儿起床后，窗子、被子完全打开通风，等幼儿穿好衣服后再叠被子。(2)指导中、大班幼儿学习叠被子。(3)检查被里、被头是否开线，是否有尿床。(4)床单铺得平整，被子叠放整齐，摆放有序																								
教学活动		时刻关注幼儿安全，确保幼儿在教师视线内活动	积极配合教师开展教学活动，帮助幼儿正确使用教具学具																								
生活活动穿插于一日生活之中	喝水	注意水温适宜，防止烫伤	关注幼儿饮水情况，不限制幼儿饮水，保证足够的饮水量																								
	如厕	及时清理厕所、盥洗室，确保地面不湿滑	1. 提醒幼儿及时大小便，便后用肥皂洗手等，培养良好的生活卫生习惯																								
			2. 允许幼儿随时如厕，及时跟随，关注幼儿安全，确认无如厕幼儿后方可离开																								

续表

时间		组织策略	检查标准	时间/评分标准(√或×)																						问题与措施
			3. 及时为幼儿提供帮助,耐心为遗尿、遗屎的幼儿更换衣裤																							
			4. 观察幼儿大小便情况,发现异常及时处理																							
	盥洗	保持地面不湿滑,水果洗消程序执行《托儿所幼儿园卫生保健工作规范》	1. 指导幼儿有序盥洗,按正确方法洗手、擦手、节约用水等																							
			2. 按时为幼儿准备午点,关注幼儿进食情况																							
	进餐	1. 注意饭菜温度,分饭时小心烫伤 2. 严格遵守餐具使用规定	1. 做好开饭前的准备,如清洁消毒、有序分发餐具等																							
			2. 检查食物无霉无味、温度适中,注意食品、餐具卫生,并按规定使用																							
			3. 关注个别幼儿,少盛多添,让幼儿吃饱、吃好																							
			4. 配合教师指导幼儿漱口,正确使用餐巾,进行卫生清洁,培养良好的进餐习惯																							
			5. 做好饭后的清洁、整理工作																							
			6. 创造愉快进餐的气氛,餐前、餐中不批评指责幼儿																							

续表

时间		组织策略	检查标准	时间/评分标准（√或×）	问题与措施
	午睡	检查幼儿口袋有无小玩具等危险品，检查口腔中有无存留食物	1.保持寝室空气新鲜，注意通风、温度、湿度适宜		
			2.清点人数，做好交接，注意培养良好的午睡习惯，如：睡前如厕、不将物品带入寝室，脱下外衣叠放整齐，盖好被子等		
			3.如幼儿午睡时保育员值班，其工作规程参照教师值班要求		
	起床	整理床铺时，观察床下、门后有无遗漏幼儿	1.配合教师组织幼儿按时起床、指导幼儿有序如厕，指导幼儿穿衣，帮助幼儿整理仪表		
			2.整理床铺，检查有无尿床、尿裤现象，清理寝室卫生		
17:00 夏季为 17:30 离园		仔细查看活动室、寝室、盥洗室等，看是否有遗漏幼儿	1.帮助幼儿整理衣着及带回家的物品		
			2.稳定幼儿情绪，配合教师做好幼儿自主离园工作		
			3.与教师配合做好交接工作，确保幼儿安全		
			4.整理好用具、玩具，做好消毒工作，清查寝室、活动室，整理卫生，检查水电等安全隐患，关好门窗		

表 6-6

一日伙食质量检查表

年　月　日——　月　日

日期	三餐	数量			质量(符合幼儿饮食要求)								幼儿进餐情况(幼儿是否喜欢吃)			巡班人员姓名	服务态度			备注
					色、香、味			丝、片丁、块		咸　淡										
		适量	少	多	好	一般	差	大	适中	咸	适中	淡	喜欢	一般	不喜欢		好	一般	不好	
星期一	早																			
	午																			
	晚																			
星期二	早																			
	午																			
	晚																			
星期三	早																			
	午																			
	晚																			
星期四	早																			
	午																			
	晚																			
星期五	早																			
	午																			
	晚																			

注:每天在相应表格中划"√",如有特殊情况请在备注户说明。　　　　伙食班长签字:

表 6-7 保安工作日检表

检查环节	检查标准	评分标准(√或×)							
		第一周	问题与措施	第二周	问题与措施	第三周	问题与措施	第四周	问题与措施
入园	1.准时上岗,巡视全园,按规定着装、持械,严格按照接送时间开闭园门								
	2.将器械(钢叉等)放置在显著位置								
	3.热情接待幼儿入园,维持入园秩序,检查相关证、卡,同时关注周边可疑情况,确保入园安全								
幼儿在园生活时间	1.认真做好安保工作,持器械巡视活动场地,发现问题及时处理和汇报								
	2.热情接待来访客人,态度文明礼貌								
	3.认真执行外来人员登记制度,必须按规定联系被访者、收交相关证件、填写登记表后,方可准许出入								
	4.大型物件应开包查验,确保无安全隐患								
	5.个别家长送幼儿物品时,及时做好登记,检查后送到班内								
	6.密切监视监控画面,尤其注意幼儿园周边可疑情况								
	7.遇有突发情况,挺身而出保护幼儿生命安全								

续表

检查环节	检查标准	评分标准(√或×)							
		第一周	问题与措施	第二周	问题与措施	第三周	问题与措施	第四周	问题与措施
	8.交接好工作方可用餐,中午用餐后值中午班,工作要求同上午								
	9.下午具体工作要求同上午								
离园	1.按规定着装、持械,准时上岗,严格按照离园时间开闭园门								
	2.将器械(钢叉等)放置在显著位置								
	3.维持离园秩序,检查相关证、卡,确保离园安全								
	4.静园巡视,清查幼儿安全离园,无遗漏,检查环境、设施等消除安全隐患								
	5.发现问题及时处理并做好值班记录								
夜间岗	1.按时上岗,做好交接,接班后认真清园一次								
	2.不允许任何外来人员在清园后入园								
	3.每三小时巡视全园一次,做好交接班记录								
	4.密切监视监控画面,及时果断处置突发情况,保护幼儿园财产安全								

(四)幼儿园安全工作奖惩(追究)制度

文案四　　　　幼儿园安全工作奖惩(追究)制度

为了切实加强幼儿园的安全工作,保障师幼生命健康安全和幼儿园财产安全,增强幼儿园领导安全责任意识,明确幼儿园安全工作责任,特制定本制度。

1. 责任的划分:第一级为幼儿园园长、书记;第二级为分管安全的副园长;第三级为部门负责人(保健大夫、级部组长);第四级为班组长;第五级为当事人。

2. 责任的签署:园长与上级主管部门签署、幼儿园各部门分别与园长、副园长层层签署。

3. 责任书的内容:依据各岗位职责和安全要求,结合幼儿园实际由幼儿园统一起草。

4. 责任追究的顺序:事故当事人—班组长—部门负责人—分管园长—园长。

5. 责任追究的程序

(1)事故发生后,由园长负责召开班组长以上的会议,并请事故当事人参加。

(2)事故当事人申诉事故经过,进行无过错举证。

(3)全体成员根据事故的起因、性质、后果进行分析,对当事人的无过错举证进行论证。

(4)当事人的无过错举证事实清楚的,继续追究上一级负责人的责任。

(5)上一级负责人同样需要进行无过错举证,全体成员继续进行论证。如还不能确定责任的,将继续向上一级负责人进行追究,直至确定最终责任人。

6. 责任追究的处理:责任追究方式分为警告、记过、记大过、降级、撤职、开除等六种,构成犯罪的,应移送司法机关处理,幼儿园无权追究刑事责任。

(五)幼儿园安全工作流程、组织要点与作业指导

幼儿园安全工作流程、组织要点与作业指导如表 6-8 所示。

表 6-8　幼儿园安全工作流程、组织要点与作业指导书

	流程与组织要点	指导要点
入园环节	1. 提前到岗，做好幼儿入园前的准备 2. 热情接待家长和幼儿，主动问好并鼓励幼儿与教师、同伴打招呼，与家人道别，认真记录晨检情况及家长的嘱托，做好交接，及时关注幼儿的表现。对幼儿进行安全健康晨检，严防幼儿携带危险物品入园 3. 指导幼儿自主插放晨检卡，明确身体状况 4. 引导幼儿按照图示或标志叠放衣服、洗手等，培养其独立意识和自我服务能力 5. 指导值日生做好区域材料整理、气象记录、照顾动植物及班级卫生清理工作等 6. 鼓励幼儿自主选择区域，开展区域活动 7. 以鼓励的口吻评价幼儿的细微变化，可拥抱幼儿，让幼儿感受到教师的亲切和对自己的喜爱；利用“心情卡”“小粘贴”等多种方式，引导幼儿表达情感，排解不良情绪	1. 巡视关 常规巡视，是消除幼儿园安全隐患的重要手段，在幼儿入园前，我们要为幼儿创设安全、舒适的生活环境，行政值班领导、保健大夫、保安等要提前到岗，根据职责分工快速巡查。检查的同时要及时记录，如有问题，上报领导，在未得到修理前，需要采取措施确保幼儿在园的安全 2. 清洁关 教师要做好开窗通风、配班人员认真做好室内、外的卫生清洁工作，备好温度适宜的饮用水，如用保温桶，要及时上盖、上锁，确保饮用水安全 3. 晨检关 (1)各岗位人员站好自己的位置，迎接幼儿入园。保健大夫在园内固定位置，准备好晨检物品，如服药登记本、分药盒、手电筒、晨检卡等，做好晨检准备。(2)保安站立在幼儿园大门外侧，手持器械，精神饱满，环顾幼儿园周边环境与来往人群。行政值班领导站立幼儿园门口，班级的主班教师站立班级门口，准备迎接幼儿的到来。(3)安保人员要认真核实幼儿“接送卡”，身份确认后幼儿进入幼儿园。保健大夫一摸、二看、三问、四查，做好入园晨检工作。(4)因幼儿园不具备院前急救资质，所以幼儿在园期间禁用抗生素及补品类药物、自制汤药。如有其他情况，必须有医嘱证明并且是原包装方可服用，服用时家长按要求认真填写《幼儿服药记录表》，将药品交予保健大夫；同时要自备一份药品留样交给保健大夫留存；为幼儿送药的家长必须是幼儿父母本人，否则幼儿园不予接待。根据检查结果的不同，保健大夫发给幼儿们不同颜色的晨检卡：绿色卡表示幼儿很健康；黄色卡表示幼儿需要特别关注；红色卡表示幼儿需要服药，警示班级教师要密切关注。(5)教师用问候、微笑、轻抚，给幼儿以亲切感和安全感，令幼儿舒心，让家长放心。同时，主班教师做好二次晨检，严防幼儿携带危险物品入园。教师与家长简单沟通，记录家长的嘱托。对未来园幼儿做好《缺勤幼儿追踪记录》。(6)幼儿的情绪变化会影响幼儿在园一天的生活和学习，入园接待时教师要密切关注幼儿的情绪，当遇到幼儿情绪反常时，教师应及时想办法疏导幼儿的消极情绪，引导幼儿之间互相关心、安慰，帮助幼儿建立良好的同伴关系，让幼儿体验教师和同伴的关爱，培养幼儿的积极情绪。教师还应及时与家长沟通交流，了解幼儿情绪变化的原因，给予家长科学的教育建议 4. 活动关 (1)配班人员要配合带班教师做好晨间接待工作，观察幼儿情绪、检查幼儿衣着和所带物品等，帮助、指导幼儿叠放好衣物。带班教师组织幼儿开展安全、安静的晨间活动，指导值日生进行简单的清洁、整理工作。(2)教师可根据幼儿的实际情况设置值日生，开展值日活动。培养幼儿的责任感和为集体、为他人服务的意识。如：做好区域材料整理、气象记录、照顾动植物及班级卫生清理工作。在指导幼儿的值日活动时，教师和配班人员要密切配合，仔细观察和发现问题，因人而异实施有效指导，帮助幼儿建立信心，体验成就感。(3)入园时的区域指导，教师应尊重幼儿的选择、重视规则的建立，当区域规则与幼儿意愿发生冲突时，教师需要适时介入，采用恰当的指导策略，鼓励幼儿的信心，让幼儿积极愉快地投入区域活动

续表

	流程与组织要点	指导要点
集体教学	1. 做好活动准备：三备（备幼儿，备教材，备教法）；目标设置（难易适宜、有所侧重、具体可行）；内容组织（以幼儿兴趣、需要为出发点，合理选择和安排教学内容） 2. 做好活动组织：环节展开（教学环节合理，层次清晰，教学方法恰当，教态亲切、自然，语言规范，面向全体，正面引导）；配合（主班教师和配班人员要积极配合、沟通，实现教育一致性，推动教学活动顺利、有效开展）能因时、因地制宜，充分实现预设课程和生成课程的有机结合 3. 各环节无痕衔接、层层递进，每个环节都体现目标的有效渗透，既符合大多数幼儿的需要，又兼顾幼儿的个别差异。能合理使用多媒体教学手段 4. 做好活动反思：从教学目标、准备、内容、过程等方面进行反思	1. 做好活动准备 （1）认真做好“三备”：备幼儿——了解幼儿的已有经验和认知水平；备教材——确定教学目标、分析重难点；备教法——围绕目标选择适宜的教学方法。（2）教师要了解幼儿的已有经验，以幼儿兴趣、需要为出发点，根据幼儿的已有经验，精心预设教学目标、内容。设置时，目标难易适宜、有所侧重、具体可行 2. 做好活动组织 （1）教师在活动中，教态亲切、自然，语言规范，面向全体。教学环节合理，层次清晰，教学方法恰当，还要实时关注幼儿在活动中的反应，与幼儿进行有效的对话，积极的互动，适宜地进行提升引领。教师要因时、因地制宜，充分实现预设课程和生成课程的有机结合，关注幼儿在活动中的表现和反应，根据需要灵活调整活动进程和指导策略。（2）及时关注幼儿的兴趣，顺势引导，实现预设和生成课程的有机结合，不仅满足了幼儿的需要，同时也让活动走向了深入。（3）教学中，教师要注意遵循幼儿的发展规律和学习特点，领域之间、目标之间的相互渗透和整合，充分保护其好奇心和学习兴趣。（4）认真执行教学计划，主班教师、配班人员要积极沟通、配合，实现教育的一致性，推动教学活动顺利、有效地开展。（5）各环节要求明确、清晰、连贯，环节无痕衔接、层层递进，每个环节都体现目标的有效渗透，能合理使用多媒体教学手段。（6）教师要关注幼儿，既符合大多数幼儿的需要，又兼顾幼儿的个别差异，做到个性化的教育和评价 3. 做好活动反思 活动后及时从教学目标、内容、准备、过程等方面进行反思

续表

	流程与组织要点	指导要点
区域活动	1. 区域设置数量适宜、划分合理,巧妙利用空间 2. 根据幼儿年龄特点、兴趣和需要投放安全无毒的材料 3. 支持幼儿根据自己的意愿自主选择区域活动,针对性地进行活动评价,引领活动有效开展 4. 创设特色区域,有条件的幼儿园可设立专项活动室开展区域,投放的材料要具有层次性、动态性 5. 选择观察重点,适时记录,注重资料积累 6. 善于发现问题,提出改进建议,提升区域活动水平 7. 确保所有幼儿在教师视线内,认真观察、细心聆听、适时介入	1. 有效规划区域 (1)巧妙、合理、安全是进行有效区域布局的关键,要善于利用、整合现有空间,让每一个空间都会说话,发挥其独特的教育价值。比如,楼梯间、阳台拐弯处、寝室等都可进行区域活动。区域数量可视幼儿人数而定,以满足幼儿自主自选为标准,一般4~6个为宜。(2)区域活动的内容不是按教师的意愿来设置的,是教师依据当前正在开展的主题教学、幼儿的兴趣和需要及本园、本地区的特色展开的,支持并鼓励幼儿自主选择、自由合作 2. 有效投放材料 (1)有效投放材料,首先考虑材料的环保、安全,还要注意材料的多样性、层次性及可变性。多样性,是指材料要满足不同功能定位的区域使用;层次性,是指要根据主题开展的情况、幼儿发展的水平、班级实际的需求等,有计划地递进式投放材料。可变性,是指有效利用自然材料或半成品材料,引导幼儿参与操作,积极动手、动脑,支持幼儿与活动环境的有效互动。(2)有条件的幼儿园可设立专项活动室开展区域。教师能根据幼儿每次区域活动的水平,不断调整材料的投放,既能满足正在活动的幼儿需要,又能激发再次活动时幼儿的兴趣,引发新的探索点 3. 有效进行指导 (1)根据区域开展实际情况,教师有目的地关注个别区域或个别幼儿,有针对性地指导及调整活动,不断提升活动水平。教师要根据教育需要设计制定区域活动记录,真实呈现幼儿的活动信息。(2)活动中,确保所有幼儿在教师视线内,有效地进行区域指导,重在教师的观察、倾听,切忌干预式指导。教师要适时介入,可用直接指导和间接指导的方法帮助幼儿提高活动水平。比如:当幼儿活动遇到困难时,教师以角色的身份参与其中,保障活动顺利进行。评价时教师多让幼儿回忆讲述活动的过程,激发下次活动的兴趣和愿望。(3)评价时教师要善于提炼关键点,如幼儿的进步点、创新点、困难点、问题点、困惑点供其他幼儿参与讨论,引导幼儿在自评的基础上进行互评,推进再次游戏的开展

续表

	流程与组织要点	指导要点
户外活动	1. 对活动的基本流程和空间范围，有充分的规划与预想，做好突发事件发生的预防与处理准备 2. 活动前及活动后，做好幼儿、场地、器械及材料的准备和整理 3. 随时关注幼儿活动的过程与现场，既要关注活动整体状况，又要针对个体差异，给予适宜的指导和帮助。根据幼儿活动的实际以及环境条件、天气变化等，灵活机动地调整幼儿活动的进程和运动负荷 4. 确保所有幼儿在视线内，及时对幼儿进行安全教育，增强幼儿自我保护的意识和能力。引导幼儿充分交往与合作，同伴间相互关心与帮助 5. 给予幼儿自主探索的空间，在各项安全措施确保的前提下，引导幼儿大胆自主地探索与挑战 6. 保证幼儿户外活动时间，每天不少于2小时	1. 活动前及时准备 (1)户外活动前，教师应对活动过程中的安全隐患、活动范围、活动流程充分预想，做好突发事件的处理，让户外活动更积极、健康、安全。(2)户外活动前，带班人员要做好三清工作：清人数、清场地、清器械，配班人员积极配合，做好活动前的各项准备，消除一切不安全因素。(3)活动前幼儿规则和安全意识的强化非常重要。根据活动内容，教师要及时对幼儿进行有针对性的安全教育。(4)加强对幼儿的自护教育，活动前，教师要提醒幼儿有序如厕，检查服饰、鞋子是否穿戴整齐 2. 活动中及时关注 (1)户外活动的内容和时间要结合幼儿园实际情况及季节温度变化等，灵活安排，遇到雾霾、雨雪等特殊天气时暂停户外活动。户外活动不仅从身体上让幼儿得到锻炼，还要注重从心理上培养幼儿不怕困难、坚持到底的坚强意志和品格。应给予幼儿自主探索的空间，引导幼儿大胆自主地探索与挑战。(2)集体户外活动时，教师要根据内容做好相应的活动准备，在幼儿活动的同时，教师及配班人员要及时跟进、保护。(3)户外活动中，幼儿的一些不当举动往往会成为安全隐患，教师要密切观察，及时制止并帮助幼儿明确正确的做法。(4)相同活动时间内幼儿的活动密度和运动量会有所不同，教师和配班人员要注意观察，根据幼儿的情况适当调整；关注个体差异，针对能力弱的幼儿及时给予指导帮助，达到发展动作、锻炼体质的目的；教师和配班人员需要密切配合，掌握所有幼儿的情况，以便发现问题，及时作出反应，还要根据气候及幼儿体质，照顾好体弱幼儿。(5)除了有意识地组织一些游戏活动外，教师还应给幼儿一些自由活动的时间和空间。教师及配班人员要站在能看到全体幼儿活动的位置，认真观察，确保所有幼儿都在视线内。保证幼儿户外活动时间，每天不少于2小时。(6)值班领导应巡视带班人员是否处于积极、认真的工作状态，观察幼儿活动情绪是否饱满。保健大夫要随时监测幼儿的活动量以及体弱儿活动情况并做好记录，特别关注当天服药的幼儿身体有无不舒服的情况，发现问题，及时处置 3. 活动后及时整理 (1)活动结束后，教师应带领幼儿进行适当放松，及时对活动情况进行评价，重点是幼儿的进步、出现的问题、规则的强调、自我保护等方面，让幼儿明白下次活动该怎样做，给幼儿一个正确的导向。(2)活动结束后，再次及时做好“三清”：教师清点幼儿人数，配班人员清理场地、清理器械，做好整理工作。引导幼儿充分交往与合作，同伴间相互关心与帮助

续表

	流程与组织要点	指导要点
生活活动	1. 关注幼儿饮水情况，保证足够饮水量 2. 允许幼儿随时如厕，提醒幼儿及时大小便 3. 按照正确的方法洗手，指导幼儿有序盥洗 4. 少盛多添，指导幼儿吃饱、吃好 5. 午睡时及时巡视，纠正幼儿不良睡姿，注意环境的动态变化 6. 各环节转换时及时清点人数，做好值班记录和交接班记录 7. 主班教师与配班人员相互配合，及时对幼儿进行安全教育，培养良好的卫生习惯 8. 关注幼儿的情绪，及时反应，正确处理 9. 根据幼儿的年龄特点和发展需要创设富有童趣的生活环境，发挥环境的教育作用	1. 喝水 (1)为培养幼儿良好的生活卫生习惯，教师可以营造富有童趣的生活环境，如在班级中创设“小小加油站”“漱口吧”等墙饰或区角，发挥环境的教育作用。还可以运用生动的富有感染力的、游戏化的语言，鼓励幼儿按时喝水、饭后漱口等。保证幼儿有足够的饮水量。(2)特殊情况时，比如身体不适、运动后出汗过多、天气炎热等，要给予个别照料，适当增加饮水量 2. 如厕 (1)教师应把握如厕教育的适宜性，让幼儿安全有序地如厕，促其身心健康发展。注意提醒幼儿及时大小便，便后洗手，养成良好的卫生习惯。(2)配班人员注意观察幼儿大小便情况，发现异常要及时处理。(3)允许幼儿随时如厕，配班人员及时跟随如厕幼儿，时刻关注幼儿的安全，确认无如厕的幼儿后方可离开。(4)配班人员要及时为幼儿提供帮助，耐心地为遗尿、遗便的幼儿更换衣裤 3. 盥洗 (1)带班教师应组织幼儿有秩序地盥洗，配班人员要指导幼儿按正确方法洗手、擦手，及时提醒幼儿节约用水，养成和习得良好的盥洗习惯。(2)配班人员要及时清理厕所、盥洗室，确保地面不湿滑 4. 进餐 (1)加强进餐环节的组织和指导。首先，配班人员要认真做好开饭前的各项准备，如清洁消毒、有序地分发餐具等。(2)餐前，带班教师应为幼儿创设安静、愉快的进餐环境，保证幼儿正常的进餐时间，不组织幼儿做剧烈活动。(3)配班人员要进一步检查食物，注意食品分发、餐具使用时的安全、卫生。(4)进餐前，带班教师向幼儿介绍饭菜，对幼儿进行餐前教育，激发幼儿食欲。带班教师协助配班教师分餐，教育幼儿正确地使用餐具，培养幼儿良好的进餐习惯。(5)幼儿来到幼儿园，我们不仅是教师，伙伴，很多时候，更是他们的信赖依靠。因而，一日生活中，我们更要关注幼儿的情绪及身体变化，理解、尊重他们，坚持把幼儿的生命成长放在首要位置。(6)进餐过程中，带班教师不说、不做与幼儿进餐无关的事；配班人员要关注个别幼儿的进餐情况，少盛多添，不催饭，让幼儿吃饱、吃好。(7)伙房管理人员应进班观察幼儿用餐情况，听取伙食情况反馈，保证幼儿正常用餐要求。(8)餐后，带班教师要指导幼儿放好餐具、洗手、漱口、擦嘴等，组织幼儿散步，配班人员积极配合，培养幼儿良好的卫生习惯。(9)配班人员认真做好餐后的整理、清洁、消毒工作 5. 午睡 (1)配班人员要注意寝室通风，保持空气新鲜、温度适宜。(2)带班教师组织幼儿有序地如厕、进入寝室，及时查点人数，提醒幼儿主动将小物件交给带班教师，集中放在一起。(3)带班教师要指导幼儿脱下外衣，叠放好，盖好被子，提醒幼儿按正确姿势午睡；清点人数，与上午带班教师做好交接，配班人员积极配合。(4)带班教师要及时巡回检查幼儿的午睡情况，关注幼儿的个别差异，纠正不良睡眠习惯，注意环境的动态变化，及时反应，正确处理，认真做好值班记录。(5)值班领导应在幼儿午休时间巡视幼儿生活常规养成情况，检查带班人员午休记录情况 6. 起床 (1)带班教师要按时组织幼儿起床，指导幼儿穿衣、整理仪表、分组如厕，保育员积极配合。(2)配班人员要仔细整理床铺，检查有无尿床、尿裤现象，有无遗漏幼儿，清理寝室卫生。(3)带班教师要做好详细、清楚的交接班记录。(4)幼儿起床后，保健大夫到班内巡视，认真观察幼儿情绪及精神面貌；了解幼儿出勤情况，做好追踪记录及“晨检及全日观察记录”

续表

	流程与组织要点	指导要点
离园环节	1. 组织安全、安静的离园活动，稳定幼儿情绪 2. 组织并帮助幼儿整理衣物，清点人数 3. 支持幼儿根据自己的意愿选择离园前活动，引导幼儿离园前将玩具、材料等物归原处，摆放整齐 4. 启发幼儿用不同的方式记录和表达一天愉快的生活，鼓励幼儿的点滴进步 5. 引导幼儿自主整理衣物，有针对性地做好家园沟通，时刻关注未离园的幼儿，做好值班记录 6. 教育幼儿主动与教师、同伴道别 7. 做好各岗位的离园前检查并做好记录	1. 关注准备 不同年龄段的幼儿发展需求和表现不同，教师要根据实际情况，适时组织安全、安静的离园活动，使幼儿离园状态愉悦又放松。带班教师注意稳定幼儿情绪，配班人员积极配合带班教师帮助幼儿整理衣着、服饰及带回家的物品，清点幼儿人数 2. 关注交接 (1)教师要善于抓住离园环节中有价值的教育契机，实施有效的指导和帮助，支持幼儿根据自己的意愿选择离园前活动，引导幼儿离园前将玩具、材料等物归原处，摆放整齐。(2)教师可以启发幼儿用不同的方式记录和表达一天愉快的生活，肯定幼儿的点滴进步。(3)引导幼儿自主整理衣物，重点关注小班幼儿的情绪和安全、中班幼儿的独立和自主、大班幼儿的合作和自我服务。(4)值班领导做好幼儿离园安排，站在幼儿园门口，及时处理突发事件；安保人员负责维持幼儿园出入秩序，家长持卡入园或在门口接幼儿，如家长未带接送卡，要做好登记。(5)教师有针对性地做好家园沟通，与家长交流幼儿的进步点或存在问题，并提出指导性的建议，达成有效互动，实现家园共育。(6)班级人员要时刻关注未离园幼儿的安全，安抚晚离园幼儿的情绪，组织晚离园幼儿进行安静的活动，直到最后一名幼儿离园，并做好详细值班记录 3. 关注检查 (1)班级人员清查寝室、活动室，整理用具、玩具，做好消毒、卫生工作；检查水、电情况，关好门窗，确保离园后的安全；食堂人员检查水、电、煤气等设施设备，关闭门窗，切断电源。(2)值班领导、安保人员做好离园巡视，如活动场地、活动室、厨房、大型户外体育设施等部位，检查消防器械、安全监护器材、水电等，发现问题及时处理，并做好记录。(3)夜班保安确认所有人员、幼儿离园后，封闭园门，进入执勤状态

(六)幼儿园安全管理中应注意的问题

1. 幼儿接送

(1)家长要把幼儿送至幼儿园大门以内,幼儿自主入园,晨检的保健员、值勤的家长密切关注幼儿,督促幼儿到自己的班级,当班教师要按时站立门口进行晨检接待。

(2)主岗教师要观察幼儿情绪及所带物品、饰物是否安全,管理好幼儿衣物。

(3)早饭后清点幼儿人数,对未来园的幼儿由配班教师进行电话寻访,了解情况。

(4)幼儿离园时,须由家长亲自来接,不允许外人代接,特殊情况必须由家长事先说明,并提供凭证签字确认,教师保存好凭证,保证每一位幼儿安全离园。

(5)对家长不能按时来接的幼儿,当班教师要安抚幼儿情绪,耐心等待家长来接,亲自把幼儿交与家长手中,不得将幼儿交与他人看护。

2. 交接班

(1)交接时,交班人要将幼儿人数、服药及其他情况记录清楚,接班人要提前5分钟接班,双方当面清点人数并在交接本上签字,交接清楚并确认无误后方可离岗。

(2)当接班人因故未能按时接班时,交班人必须坚守岗位,直到交接班后方可离岗,不得空岗。

(3)幼儿在园内所发生的任何异常情况,无论大小,无论后果如何,值班人员都必须如实告知接班人。

(4)如幼儿在园出现特殊情况,离园时必须向家长交代幼儿在园情况和家长须注意事项。

(5)时刻关注未离园幼儿的安全,安抚幼儿情绪,班级教师之间做好交接,保证每一位幼儿安全离园。

3. 幼儿晨检与午睡安全

(1)晨检:看、摸、问、查

① 看精神、皮肤和五官(外表):情绪、精神是否正常,幼儿皮肤有无湿疹,是否流涕、咳嗽,喉咙有无红肿,口腔有无红点,面部、身体有无外伤和异常。

②摸是否发烧，额头是否发烫，手心是否发热。

③问饮食、睡眠、大小便和患病情况，双休日节假日有无外出。

④查是否携带不安全物品，口袋有无不安全物，是否带手帕和零食，指甲是否经常剪，发现问题及时处理。严禁幼儿私自带药入园，严禁患传染病的幼儿入园。

⑤对晨检时发现情绪异常或在家有情绪低落、身体不适、发烧、腹泻、呕吐等情况的幼儿，劝其回家观察；对近日患病的幼儿，重点做好观察记录，予以特别关注。

（2）午睡

①幼儿上床后，值班人员要全面巡视，巡视内容包括幼儿来园人数、幼儿被服、幼儿情绪状态及交接中的相关事项。

②逐一检查幼儿是否携带危险物件或装饰物，如发现要收放好。

③幼儿熟睡后，要巡视幼儿呼吸的频率，对咳嗽的幼儿应让其侧睡，对蒙头睡的幼儿应加以纠正，以免发生意外。

④如遇特殊情况要及时与行政值班人员或家长联系，采取措施及时处理。

4. 幼儿户外活动的安全管理

（1）活动前，教师要对活动场地及运动器械进行全面检查，对幼儿服饰进行检查，保证幼儿运动的安全。

（2）向幼儿进行活动前的安全教育，告诉他们不乱跑，不做危险事情。教育幼儿发现危险品及不安全事项应及时向教师汇报，以便及时排除隐患，保证幼儿安全。

（3）结合实际，随机向幼儿进行安全自救、安全保护等方面的教育，提高幼儿的自我保护能力。

（4）将幼儿放置于视线之内，注意观察其活动密度，运动量要适宜，动静交替、科学锻炼。

（5）活动前、活动中、活动结束后都要及时清点幼儿人数。

5. 外出大型社会活动的安全管理

（1）未经上级主管部门批准，幼儿园不得组织幼儿参加大型社会活动。

（2）得到上级主管部门批准，必须参加的活动，事前幼儿园园长应充分考虑师生的安全，做好安全保障工作。

（3）根据教育教学需要组织开展的扫墓、游览、参观、远足等活动，活动前要向主管部门请示，同意后方可组织。

(4)开展活动前要有策划方案，有针对性地对幼儿进行安全教育，活动中精心组织，活动量适宜，周密安排好人员和相关事宜。

(5)园领导亲自带队，活动结束后及时向主管部门汇报活动情况。

(6)园长、教师时时关注幼儿活动时的安全，及时排除不安全因素，每时每刻清点好幼儿人数，确保外出活动的安全。

二、幼儿园安全教育

2012年6月19日，山东省教育厅召开全省中小学暑期安全电视会议，针对莱芜7名学生在当地汇河游泳时不幸溺亡的事故，时任厅长齐涛严肃地说："安全教育不到位是学生溺水身亡的重要原因。"安全教育问题刻不容缓！

幼儿园安全教育是保证幼儿园各项安全工作顺利进行的重要措施，是确保"幼儿园安全防范网络体系"顺利、有效建设的内部动力。通过安全教育，有助于进一步增强人员安全意识，掌握安全常识，提高安全自救能力，及时排除安全隐患，应对各类安全问题，防止安全事故发生，确保人员人身安全及幼儿园公共财产不受损害。幼儿园安全教育主要面向三大主体——幼儿、幼儿园教职工、幼儿家长。

(一)对幼儿园教职工的安全教育

"保教结合"是我国幼儿教育的一大特色，也是幼儿园一贯坚持的重要原则。随着人类对自身研究的不断深入，特别是对幼儿身心发展研究的日益加深，遵循保教结合原则显得更为重要。保中有教，教中有保，其统一性决定了幼儿园教职工安全工作素质与能力的至关重要性。对幼儿园教职工的安全教育主要包括安全意识教育、教师职业道德教育、安全规章制度教育、习惯教育和应对幼儿园日常安全事故的教育等四方面。

1. 安全意识教育

幼儿园安全事故往往出现在"没想到"的地方，其本质是"教职工干惯了、领导看惯了、大家习惯了"的麻痹思想与侥幸心理。因此，教职工安全意识的教育切忌一劳永逸，常抓不懈才是关键。

幼儿园各岗各位各部门应定期进行幼儿园安全事故案例分析与归因的研讨，尤其是班级教师要经常利用"班组安全例会"的契机对一些新近幼儿园安全事故案例及时讨论与反思，并有针对性地进行相关危险源和预防措施的分析、排查，做到警钟长鸣，有效预防。

2. 教师职业道德教育

教师职业道德，是教师和一切教育工作者在从事教育活动中必须遵守的道德规范和行为准则以及与之相适应的道德观念、情操和品质。“爱国守法，爱岗敬业，关爱学生，教书育人，为人师表，终身学习”是《中小学教师职业道德规范》中“师德”的明确规定，是教师职业道德的具体化、人格化，对教师工作具有一定动力、调节和评价作用，对社会文明的示范和教师修养具有积极的引导作用。组织幼儿园教职工定期学习职业道德知识，做到温故知新，有利于职业道德思想、职业道德情感、职业道德意志、职业道德信念和职业道德行为习惯的建立与养成。

幼儿园教师职业道德根源于“爱”，根植于教师对幼儿、对幼教事业发自内心的爱。因为有爱，才会主动想到安全；因为有爱，才会倍感责任重大。

同时，幼儿园的教师职业道德教育应注意方式方法，切忌生搬硬套，鼓励灵活多元，如组织“妈妈教师”评选活动、“师爱无限”演讲活动、“付出我的爱”研讨活动等，巧妙搭建幼儿园教职工活动平台，让教职工在活动中体验，在体验中感悟，在感悟中内化“爱”的真谛。增强安全工作的责任感，提高处理突发事件的应急能力，以教师的崇高大爱保护好幼儿，履行教师的责任。

3. 安全规章制度教育

我们借助“幼儿园安全防范网络体系”，建立起健康、持续发展的管理机制和先进、科学的管理模式，完善了幼儿园各项规章制度和作业指导书，形成了制度管权、管财、管事、管人的工作氛围，实现了由经验管理到科学管理的根本性转轨。在这个过程中，教职工实现了安全规章制度的学习与内化，此所谓“没有规则难成方圆”。然而，这些层层叠叠的“规则”，会不会把幼儿园教职工“束缚”了？——没有堤岸无以成江河；有了堤岸，江河才能自由地奔腾。这个“堤岸”就是规则。因此，安全规章制度教育任重道远。

在幼儿园日常工作中，教职工易出现侥幸心理，认为工作中的条条款款太麻烦，常出现“跳着跑”的现象。如果从思想上放松了警惕，工作中就会出现疏漏，久而久之难免会出现安全问题。这就是典型的缺乏工作自律意识。因此，建立规则，实施“他律”，跟进相关教育，让教职工从事每一项工作时，都能够时刻把“安全”牢记于心，能够自觉遵守规章制度，自觉落实安全措施。

基于这样的理念，定期、定点、定时、定人员的规则教育与学习有利于每一名教职工明确自己该做什么、如何做、做到什么标准、如何自我评估和自我控制，如何对自己的工作、言行负责，自己的工作谁来检查、谁来评估，每个人的工作质量直接与哪些切身因素挂钩等。实现教职工“自律”与“他律”的相互统一，相互作用。

4. 习惯教育

著名心理学巨匠威廉·詹姆士说过：“播下一个行动，收获一种习惯；播下一种习惯，收获一种性格；播下一种性格，收获一种命运。”

所谓观念变，行动就变；行动变，习惯就变；习惯变，性格就变；性格变，命运就变；命运变，人的一生就改变。可见，行为习惯像指南针，指引着每一个人的行动；习惯犹如一把雕刻刀，人的许多品性都是它的作品。习惯不是一时的心血来潮，也不是几天几月的短期行为，它一旦形成就有了旺盛的生命力和持久性，常常会与人相随一生。具体到幼儿园教职工，整洁、有序的工作习惯和良好的读书习惯尤为突出。

(1)整洁、有序的日常习惯

整洁通常和有序连在一起，整洁的幼儿园才能培养出有秩序的教师。

①还原意识的培养。各种物品的取放都要注意还原，如抹布、拖把用完是否放回原处。

②环境保持干净清洁。教师的衣着、鞋子、桌面等是否干净清洁。

③工作要有条理性。即使是一张纸、一支笔也要看到有管理。

④拿到公共场所去的东西要完美。如贴出去的文字性的东西，不能有错别字，页面要整洁。

(2)良好的读书习惯

“人读百家书，故能养其气。”读书让教师“平凡”的形象变得“不平凡”，变得“俊美”起来。这种“俊美”就是读书养成的气质，是一种灵性和光彩。书读多了，自然而然就会受到书本内容的影响，一言一行依书而行，形成读书人所特有的言行举止，也就是书卷气。这种书卷气给人以温文尔雅的感觉，读书有利于养成沉稳的性格，避免偏激性格的养成，对自律精神的培养有着促进作用。

我们一直积极地引导教职工追求一种平和的心态，因此，我们鼓励教职工不管在工作中还是生活中要多读书，如《细节决定成败》《好绘本如何好》《好教师是自己找的》《从新手到专家》《教师心理素质培养》《给教师的100条新建议》等都是推荐给教师的好书。

(3)工作执行习惯

一位诺贝尔奖获得者曾讲过这样一句话：“我的成功归功于幼儿园，因为幼儿园让我养成了良好的习惯。”幼儿园教育作为人生之初的启蒙教育，习惯培养是核心。幼儿如此，幼儿园教职工亦如此。

首先，良好的工作执行习惯建立在良好的工作“规则”教育之下。每位教职工应认真解读并切实贯彻执行幼儿园各项“规则”，每日力行工作职责、标准、流程、要求，做到有计划、有实施、有记录、有检查、有改进。其次，良好的工作执行习惯有赖于园领导班子科学的工作教育、督促与检查，帮助教职工在一定时期中有效内化“规则”，能动转化为稳定的工作状态。相关研究表明，幼儿养成一个好习惯约需 22 天，对成人来说养成一个好习惯虽因人而异，但常规情况下坚持 22 天也可以养成好习惯。所谓“习惯成自然”就是这个道理。

良好习惯的培养是健康人生的基础，良好的工作习惯是教职工成长和发展的基石。睿智的幼儿园园长，在教职工良好工作习惯的培养中促进团队又好又快地发展；聪明的教职工，在良好工作习惯的养成中体验成功与快乐。

5. 应对幼儿园日常安全事故的教育

(1)及时救助受伤幼儿

首先，依据受伤幼儿的伤势及时处理。作为教师，应马上判断幼儿受伤的大致情况。伤势程度轻的，如擦破了一点表皮，可自行处理；程度中等的，如擦伤出血等情况，要马上送幼儿园医务室找保健医生；程度严重幼儿园不能解决的，如骨折、伤口缝合等，应先让幼儿受伤的肢体保持不动，然后马上送往医院做处理，同时通知家长，不得延误治疗时机。在此过程中，教师应注意安抚幼儿的情绪，及时帮助幼儿消除恐惧，给予更多的爱抚与鼓励。事后，教师要善于抓住安全教育契机对幼儿进行安全教育；同时还要鼓励全班幼儿关心受伤的幼儿。

有的事故，是一个幼儿对另一个幼儿的伤害。面对这种类型的问题，教师千万不要过分指责幼儿，教育应注意适可而止，以免让这个伤害同伴的幼儿背上沉重的心理负担。

(2)做好后期处理工作

当幼儿园发生事故后，幼儿园领导要立即到达现场，如果情况严重，要紧急电话向上级领导报告。一旦发生安全事故，带班教师通常心理负担会加重，进而产生紧张、焦虑、恐慌、沮丧等情绪。这时，幼儿园领导要及时做好教师心理引导，给予正面暗示，宽容和理解教师，帮助教师释放精神压力，切忌单一地指责、批评教师。

(3)及时与家长沟通

及时家访。发生事故的当天,幼儿园领导、教师应该进行一次及时的家访,进一步了解、关心幼儿的伤情,表示慰问,并客观、详细地说明事情发生的过程。需要注意的是,幼儿园态度要积极、主动,方式要合情合理,叙述要客观公正,并通过交流沟通,增进家园之间的理解,为进一步处理好后续工作打下基础。

做好家长的安抚工作。在事故发生的当时或当天,幼儿园领导、教师要以诚恳的态度与家长进行及时的沟通,在说明事情发生的全过程中,既不能强词夺理,又不能隐瞒事实,努力争取家长的理解。如果遇到家长或幼儿亲属不冷静、有过激行为或难以沟通时,应多换位思考,体谅家长的心理感受,及时调整、反思与家长的沟通策略。

与家长做好后续处理工作。轻的安全事故,一般 2～3 天内可处理完毕;遇到重大安全事故,幼儿园要与家长共同配合好有关部门进行客观公正地处理,提供事实陈述等。

(4)分析、反思事故

无论事故大小,我们都要善于从中获取经验和教训,从而加强安全管理,预防此类事件的再次发生。全园职工、当事人班级都要对事故进行分析,从中找出导致事故发生的主要原因和处理经验和方法,认真查找漏洞,改进工作。在这个过程中,教师们学会反思自己的工作,增长经验,最大限度地减少工作失误,从而减少可避免的安全事故的发生。要坚持事故处理"三不放过":即事故原因分析不清不放过;没有整改措施不放过;事故责任人和教职工没受到教育不放过。

(5)运用法律武器维权

幼儿园在应对幼儿安全事故时,为了更好地维护幼儿园的正当权益,幼儿园可以聘请法律顾问帮助解决法律纠纷。除努力做好后期处理工作外,还应懂得分清事故责任,熟悉必要的法律知识,明确教师职责、监护措施、户外活动组织安全制度等。假如幼儿园违反了相关法律法规的规定,那么幼儿园有过错;反之,则认为幼儿园没有过错。幼儿园应尽量避免以私了的方式解决纠纷,其结果不利于双方法律责任的划分,而且往往使幼儿园的合法权益受损。总之,幼儿园应该承担的责任,绝不推诿,而对不应该承担的责任,幼儿园应该懂得拿起法律的武器维护自己的正当权益。

我们不希望幼儿园出现安全事故,但当防不胜防的事故出现的时候,我们要能够冷静应对,努力将损失减到最小。要学习法律知识,准备好承担自己应该承担的责任,并运用法律武器维权。

(二)对幼儿家长的安全教育

一切为了幼儿的安全、健康与发展是家园共育的重要职责。为了协助家长朋友做好幼儿的园外安全教育,幼儿园有责任有义务征得家长在“想法上的支持”和“做法上的配合”。幼儿园可利用宣传栏、家长会、家长开放日、家园联系册、家园联系园地等形式,向家长宣传有关安全知识,请家长配合幼儿园的教育内容,随时对幼儿进行安全教育,帮助幼儿了解掌握必备的自我保护知识,提高幼儿的安全防范意识;在交接幼儿时,家长能主动向教师通报幼儿的身体健康情况、服药情况,便于教师进行护理;当幼儿患重病时,应留家观察治疗,不再继续来园;自觉遵守“幼儿园公约”,积极主动配合幼儿园完成教育、保育幼儿的重任。

1. 幼儿居家安全教育

幼儿在家中的日常活动范围有客厅、卧室、厨房、洗手间、楼梯等,主要的活动有玩耍、睡眠、饮食、洗漱等。幼儿居家安全应涉及安全、温馨的家庭活动环境,并对幼儿进行相应的安全教育。家长朋友对幼儿的居家安全教育可以从以下几个方面入手。

(1)用电安全

人们的生活离不开电,但“用电法安全猛于虎”,这就需要我们对幼儿进行安全用电的正面教育,让幼儿了解简单的常识,会正确使用常用的家用电器,知道不做危险用电的事情。

案例 6-5

某市一个5岁的幼儿阳阳放暑假在家,看电视正起劲时,突然没有了信号,他想起爸爸曾经拿螺丝刀修理过电视,就想学着爸爸的样子也来修一修。他找出螺丝刀,东戳戳,西插插,后来就拿起电源插座,小手握着螺丝刀的金属部位,伸进了插座的插孔里,立刻全身抽搐,被电击倒在地。爸爸在隔壁房间听到响声,冲过来一看,发现阳阳躺在地上昏迷不醒,小手已发黑,意识到是触电了,赶紧把幼儿送到了附近的医院抢救,但是,为时已晚。

原因分析

①成人安全用电意识薄弱,未使用安全插座。

②家长对幼儿监护不当。

③幼儿缺乏必要的用电常识与安全意识。

预防建议

①幼儿在家时,家长应增强安全意识,让幼儿远离有安全隐患的物品,如正在运

转的电风扇、洗衣机等电器,同时加强对幼儿的看护,以避免安全疏漏造成悲剧。

②应向家长及幼儿深入宣传安全用电的知识,使他们懂得电的性能,掌握日常电器安全使用的方法,了解触电的危险。教育幼儿不能用湿手和湿抹布擦电器。

③家中最好使用安全插座,插座、插销要有防护。

④电器使用完毕后应拔掉电源插头;插拔电源插头时不要用力拉拽电线,以防止电线的绝缘层受损造成触电;电线的绝缘皮剥落,要及时更换新线或者用绝缘胶布包好。

(2)日常用品安全

幼儿在家经常与日常用品打交道,哪些东西可以碰、哪些不可以碰,应该怎样安全使用日常用品,需要家长朋友们在生活中对幼儿进行安全常识教育。如果幼儿缺乏相关安全常识,在家就容易出现意外安全事故。

案例 6-6

童童 3 岁了,3 月 20 日下午,他在家中找到一瓶水,打开后喝下去,随即出现呕吐、抽搐等症状。家长赶到时发现,童童喝的竟然是杀虫剂!后立刻送往医院抢救。抵达医院时,童童呼吸急促、面色发紫,医护人员立刻对其采取了洗胃、解毒、输氧等措施。经过连夜抢救,童童的生命体征才逐渐恢复正常。

原因分析

①家长安全意识差,把农药放在了幼儿能拿到的地方。

②家长对童童缺乏监护,也未进行这方面的教育,导致幼儿误饮了农药。

预防建议

①药品、有毒或有危险性的物品,如暖水瓶、易破碎物品等,要事先给幼儿讲清楚它的危险性,最好全部放置在幼儿拿不到的地方。

②家长不可以用饮料瓶装化学用品,如酒精、汽油、清洁剂、农药等,以免给幼儿造成假象,引起误食。

③家中饮料的存放位置要固定,并且要让幼儿养成征得家长同意后才能喝饮料的好习惯。

另外,还需要让幼儿知道把冰棍、棒棒糖等尖锐的物品含在嘴里到处跑很危险;不随便拿刀、剪或其他尖锐器物当玩具;知道在成人的陪同下,选择安全的距离观看烟花、爆竹等。

(3)居家活动安全

案例 6-7

刘某像往常一样给 3 岁的儿子豆豆洗好了脚,端着脚盆去倒水。豆豆被要求坐在床上,等妈妈回来。豆豆的床靠着窗放着,平时窗都关着,可那天天气好，刘某答应豆豆抱他到窗口看星星，因而开着窗。豆豆在床上等不住了，喊道："妈妈快点，我要看星星。"刘某应道："马上就来。"这时客厅的电话响了，刚准备进屋的刘某又去接电话了。刘某接完电话回到卧室，一看儿子不见了，连忙寻找，最后发现儿子从四楼的窗口摔出去了。跑到楼下，发现幼儿已经身亡。

原因分析

这是一起由于卧室内床的位置摆放不当及监护人粗心大意造成的意外跌落事故。

预防建议

①窗台边要保证没有可攀爬的凳子和桌子等。窗边不放置摇篮和其他家具。

②家中所有有棱角的家具(餐桌、茶几等)都应该装上安全防撞护角，可以在幼儿跌倒时防止撞伤。

③不要将幼儿单独留在家里，即使幼儿睡着了也不可以。

④要让幼儿懂得：在家里玩耍时，知道躲避家具、墙壁的尖角处，不藏在门后或橱柜内。知道从高处往下跳、在楼梯口跑跳、爬窗、玩门等行为很危险。睡觉时保持正确睡姿，不趴着睡，知道用棉被蒙头、抱着毛绒玩具睡觉很危险，而且不卫生等安全常识。

案例 6-8

南方某市郊一位叫毛毛的小朋友因为父母上班而独自在家，下午 4 点左右，听到有人敲门，还隔着门问爸爸在不在家，毛毛说不在。闻听此言，这个人又谎称自己是毛毛的哥哥，让毛毛开门。毛毛刚打开一道门缝想看看到底是哪位时，盗匪夺门而入，发现只有毛毛一人在家，直接到厨房拿起菜刀，威逼毛毛将家里存放的现金拿出来。毛毛说不知道钱放在何处，盗匪便在屋内进行翻找，毛毛趁那人不注意，打开门，跑到了外面。然而，此时的毛毛没有想到及时喊叫向邻居求救，却是给爸爸打电话"报警"，当爸爸带着民警赶回家时，盗匪已不知去向。

民警经过侦查发现，盗匪在进入毛毛家作案之前，曾连续敲了 7 家房门，当时都因家中有大人在家，盗匪才未敢实施作案。附近居民因大多在家避暑，并没有发现可疑人员进出。民警提示广大群众，把幼儿独自留在家中，存在安全隐患，警方希望各位家长要做好防范工作。

原因分析

①现在很多家庭由于父母工作繁忙，又无老人帮忙照看，因此，偶尔会把幼儿一个人留在家中。

②不法分子入室盗窃、拐卖儿童的案件时有发生，存在着很多危险因素。

③幼儿年龄小，缺乏辨别能力，遇到有人来敲门，不能机智地应对。

预防建议

①父母要以身作则，平时有陌生人敲门时，父母不要随意就打开门，要先通过“猫眼”观察敲门者的身份。

②家长应注重对幼儿的安全教育，让幼儿会开门锁，不把自己反锁在家中，同时懂得不能随便给陌生人开门，如果陌生人迟迟不离开，幼儿可以打电话告知父母，也可到阳台上大声呼救，从而把陌生人吓跑。

③记住父母的电话号码及特殊电话（“110”“119”“120”），有危险时会拨打电话求助；在接到陌生人电话时，对自己家庭信息要保密。

(4)厨房安全

在家中，厨房往往是家长明令禁止幼儿随便出入的地方，也正因如此，幼儿对“神秘”的厨房充满了极大的好奇心和冒险欲。

案例 6-9

东东的爸爸、妈妈出差了，只有 5 岁的东东和腿脚不方便的奶奶在家。星期天的早晨，奶奶刚煮好粥，电话响了，奶奶急着去接电话。就在这时候，东东跑进厨房，想自己盛粥，没料到满锅热腾腾的粥浇在东东的脸部和前胸上，导致大面积烫伤，脸部需要做植皮手术，如果恢复不好，东东将有毁容的可能。

原因分析

①父母忙于自己的工作，而将幼儿交给老人来照顾，老人动作反应较慢，听到电话铃声时又容易慌乱，忽视了厨房里的危险，导致事故的发生。

②家长缺少对幼儿进行厨房安全的教育。

预防建议

①不要让幼儿独自逗留厨房内。

②加强对幼儿的安全教育，注意热锅、刀具等易发生危险物品的摆放，防止幼儿触及。

③知道不小心烫伤、烧伤后要迅速求助成人。

④知道厨房里有危险，认识厨房里的危险物品，注意防火、防烫、防煤气中毒。

(5)饮食安全

幼儿在家吃东西时，经常会因为边吃东西边说笑而被呛着，在吃鱼和排骨等食物时，也会发生被硬物卡着的现象，这些安全问题都与幼儿咀嚼能力欠缺，没养成良好的进餐习惯息息相关。

案例 6-10

有一天，幼儿波波玩完刚回到家，外婆就把一碗香喷喷的鸡肉粥端到波波的面前，波波看到粥里还有香香的肉丁顿时胃口大开，抢过勺子就大口大口地吃起来。不一会儿，外婆就听到波波痛苦的“嗷嗷”声，回头瞧见波波正捂着喉咙难受地干咳着。说不出话来，外婆急忙让幼儿张开嘴，可是她却看不到什么东西。于是外婆又盛来一大团米饭，让波波吞下去，结果幼儿更痛苦地哭起来，外婆赶紧送幼儿前往医院。经过仔细检查，医生发现一根鸡骨牢牢地卡在幼儿的喉咙里，周围的软组织都红肿了起来。经过医生的努力骨头终于被取出。医生说骨头卡住喉咙时，让幼儿强吞饭团是非常错误的，结果只会让骨头深陷进肉里。外婆听了后悔不已。

原因分析

①家长做粥时不够仔细，误将鸡骨熬进粥中。

②幼儿对自己喜欢吃的东西就会狼吞虎咽，因吃得过快，致使鸡骨卡进喉咙里。

③鸡骨头卡进喉咙后，吃米饭团会使鸡骨卡进喉咙深处。

预防建议

①教育幼儿吃东西要细嚼慢咽，吃饭时不能玩耍、说话、开玩笑，以免噎到或被异物卡住。

②万一被骨头卡住，应带幼儿到医院取出。

③3 岁以下的幼儿吃圆形、坚硬的小颗粒食物，如硬糖、坚果、爆米花等要谨慎；表面光滑的食品，如葡萄、果冻等也要谨慎食用；食用鱼、排骨等食品要小心。

(6)浴室安全

喜欢玩水是幼儿的天性，边洗澡边玩水就成了幼儿们的一大乐事，可是浴室里却存在着大量导致幼儿受伤的隐患。相关数据表明，幼儿在家中最常受伤的地方中，浴室就占了 28%。幼儿的浴室安全教育应注意以下几点：

①洗澡时浴室地面很滑，走路要小心。平时地面要保持干燥、不滑，在洗手间，洗手盆前和楼梯上要放上防滑垫。

②大多数幼儿会对抽水马桶感兴趣，1 岁左右的幼儿喜欢玩马桶里的水，这样很容易失去平衡跌入马桶发生危险；两三岁的幼儿喜欢把各种东西扔进马桶，然后抽水观察其变化，导致马桶堵塞无法使用，并有可能将贵重物品扔进马桶导致家庭财产损失。所以，家中所有的马桶都要盖上顶盖，或者把卫生间的门锁起来，以防止幼儿在家长不知道的情况下跑到马桶边玩。

③耳朵进水、洗发水进眼睛不慌张，知道要告诉家长。

④浴缸不用时，不要积存水，防止幼儿溺水，教育幼儿不独自进浴室玩水，

不在浴室里推、拉、打、跳。

⑤要告诉幼儿不随便开启热水龙头、不动热水器等。

⑥电吹风、烘干机、电熨斗等电器的使用频率较高，用完后要及时切断电源，防止幼儿触摸而被电击。

家是最温馨、最安全的港湾，而对缺乏自我保护能力的幼儿来说，一个不起眼的小东西、小角落可能就是家中的潜在危险源。在日常生活中，家长不会特别注意，而一旦发生意外才悔不当初。因此，做家长的要警觉到位、措施到位，对幼儿的安全教育到位，才能真正为幼儿的安全保驾护航！

2. 幼儿公共安全教育

节假日里，家长朋友们喜欢带着幼儿在小区散散步，去公园玩一玩，到超市商场买点东西，需要注意的安全问题也随之而来。

(1)小区安全教育

幼儿喜欢在小区里玩各种各样的娱乐器械。由于家长看护不当或器械暗藏隐患，容易导致幼儿意外伤害事故。建议家长在幼儿玩之前，检查一下所在小区的游乐设施，如设施是否坚固，有无铁钩、石头等杂物，水池是否装护栏，地面是否平整、是否适合幼儿奔跑、附近有无暴露的电线、是否有建筑工地，该建筑工地是否是封闭式施工，看附近井盖是否都完好等，然后才能让幼儿去玩耍。

案例 6-11

某市一名2岁的男孩，喜欢和狗亲密接触，让狗舔他的嘴唇，不久幼儿狂犬病发作。送到医院时，医生已无力回天。当时幼儿的家长还很不理解，幼儿没有被狗咬伤，怎么会患上狂犬病。后经医生介绍才知道，让狗舔到嘴唇，幼儿的嘴唇黏膜组织有破损，而那狗正好又是病毒携带狗，就这样，幼儿失去了生命。

原因分析

家长只知道被狗咬伤要及时接种疫苗，却不知与宠物狗、猫亲密接触也有患狂犬病的风险，根本没意识到其中蕴藏致命的威胁。

预防建议

①家长要教育幼儿不与宠物有过于亲密的接触。一旦发现幼儿被猫、狗等宠物舔到嘴唇、眼角膜、肛门、人体的私处等带有黏膜组织的部位，要及时清洗，同时送医院接种抗狂犬病疫苗。

②教育幼儿不随便逗猫、狗等动物。观赏动物时保持安全距离，不激怒动物，不随意喂食。

案例 6-12

北方某市小区内，几个老人带着幼儿在停车场边上玩，老人们聊着天，幼儿跑到停车场里互相追逐。5 岁幼儿小亮跑到一辆车的车尾时，正遇上该车启动左转倒车，小亮猝不及防倒在车轮下。送医院后，终因抢救无效死亡。

原因分析

①老人对幼儿监护不力，不应让幼儿在小区停车场内玩耍。

②司机倒车时，没有事先观察周边情况。

③幼儿缺乏必要的安全常识。

预防建议

①家长带幼儿在小区玩耍时，要注意路边刚刚启动的车辆，不要带幼儿在停车场、停车位逗留。

②教育幼儿不在停车场、停车位玩耍。

（2）防溺水教育

暑期是溺水高发期，有关幼儿意外溺水事件层出不穷，溺水俨然成为威胁幼儿人身安全的第一“杀手”。曾报道某地三姐妹回家路上，路过一池塘，因为天气热，就提议下水游泳洗澡，最终导致两人意外身亡。幼儿经常被家长、教师叮嘱“不要玩水”，可谓耳朵磨出了茧，但仍不知“水”有多凶险。我们要用事故案例告诫幼儿，不要在没有家长的陪伴下独自外出游泳，更不要到不摸底或容易发生溺水伤亡事故的地方去游泳；必须要有组织并在教师带领下去游泳，以便互相照顾；要做好下水前的准备，如水温太低应先在浅水处，用水淋洗身体，待适应水温后再下水游泳；下水后不能逞能，不要贸然跳水和潜泳，更不能互相打闹，以免呛水和溺水；在游泳中，如果突然觉得身体不舒服，如眩晕、恶心、心慌、气短等，要立即上岸休息或呼救；一旦不慎落水，不要慌张，可边呼救，边采取仰卧位，使鼻部露出水面，切记不要手臂乱动，这样反而更容易下沉。

（3）防走失教育

暑假期间，幼儿走失的案件也不断上升，呼吁家长多关注假期中的幼儿，保护好幼儿。若带幼儿出门，可在其身上放上家庭联系卡，一旦走失，便于及时找回。

案例 6-13

暑假的一天，小乐妈妈有事要提前到单位去，所以一早就把小乐送去了姥姥家。到姥姥家院门口时，她见姥姥正忙着修整花园，说了声“让幼儿在门口玩会儿”，就赶着去上班了。谁知等她离开后，调皮的小乐却离开姥姥家门口，越走越远。当小乐走到一处交叉路口时，被路人发现后报警。民警又向邻居打听，最终将小乐送回了姥姥家。

原因分析

①家长没有将幼儿交到长辈的手中，长辈也忙于事情疏忽了幼儿。

②家庭缺少相应的接送常识。

③幼儿对走失的危险不了解，并且不知道走失后如何寻求帮助。

预防建议

①在幼儿刚学会说话时，就要告诉他家庭地址、爸爸妈妈的姓名、自己的姓名，再大一点，最好要让幼儿知道爸爸妈妈的电话和单位。

②外出游玩时紧随成人，不乱跑，在外走失不着急，知道大声呼叫或在原地等待，迷路或走失会寻求帮助。

③如果请他人看护幼儿，要为他（她）配手机，使他（她）能第一时间与家长取得联系，并确保他（她）知道急救中心电话号码、离家最近的医院电话号码和去医院的路线。

④托人照看幼儿，要预先交代幼儿的特殊事项，如过敏反应（被蜜蜂蜇了过敏、食物过敏等），如何使用药物、剂量等。

（4）交通安全教育

案例 6-14

某日下午 3 时 30 分许，廖女士带着 13 岁的儿子和 5 岁的侄子到家附近的防洪大堤上去玩。回家的路上，两个幼儿边跑边打闹，弟弟跑在前面，哥哥在后面追。在桥下交叉路口处，弟弟跑到了快车道上。“慢点、慢点，莫跑啦……”还没等姑姑把话说完，弟弟已经被飞驰而来的送货车撞倒在地，头部血流不止。弟弟被送到医院时已经死亡。

原因分析

①幼儿缺少交通安全的知识和经验，尤其不应在马路上追逐打闹。

②家长对幼儿监管不力，对可能发生的危险缺少预见。

预防建议

①家长和教师要教育幼儿不在马路两边和交通要道上玩耍。

②家长发现幼儿的不安全行为应及时制止，在过路口时要让幼儿在自己的身边或安全的范围内。

③在日常生活中，父母应该身体力行，用自己良好的实际行动教育幼儿，做到过马路时要走斑马线、走人行天桥、地下通道，乘车时身体坐稳，不把手、头伸出窗外等，严格遵守交通规则。

案例 6-15

某小区对面就是菜市场，但中间隔着一条马路，需要绕行一段护栏才能到菜市场。居住在小区内的一位父亲为了省事，经常带着 6 岁的幼儿翻越护栏。有一次被交警抓到，这位父亲还振振有词地说："我前行 50 米到红绿灯处，再转回来，每买一次菜就要多走 100 米。再说，这里又不是只有我自己在翻越护栏！"这位交警看看他身边的幼儿说："你天天翻越护栏，幼儿也会跟着学。你看不到他的时候，他也许就会自己爬过护栏到马路对面去，你能保证幼儿每次都能安全地躲过车辆，穿越到马路对面吗？100 米的路和幼儿的安全，哪个更重要？"父亲顿时愕然，不再辩解，转而向交警说："同志，谢谢你！我保证从今以后再也不翻越护栏了！"

原因分析

①家长为图省事少走路而带幼儿翻越护栏，没有考虑到自己行为所带来的不良影响：不仅漠视自身安全，同时也让幼儿学着不遵守交通规则，出现问题，后果会不堪设想。

②幼儿缺乏"翻越护栏有危险"的安全常识。

预防建议

①父母、教师一定要以身作则，遵守交通规则，为幼儿做好示范，坚决不翻越护栏。如果成人翻越护栏，幼儿就会复制这种危险行为。

②教育幼儿千万不可以身试险，遇到护栏时知道绕行，不钻爬，不翻越。同时，把他人翻越护栏引发交通事故的事例说给幼儿听，提高幼儿的警惕性。

私家车走进平民百姓家，改变了人们的生活观念和生活方式。幼儿也越来越多地与私家车打交道，在便捷与惬意之外，幼儿被机动车伤害的概率也越来越大，这一点还是要提醒家长高度警惕。曾有媒体报道，一位父亲开车载着幼儿出去游玩，幼儿坐在副驾驶位置。一路上，幼儿就一直玩车门上的把手与开关，一个不小心就打开了车门，幼儿被行驶中的车子甩出，摔到公路上。幸亏后面的车紧急刹车，才没有造成更大的伤亡事故。

因此，应注意以下几点的安全教育：

①乘坐私家车千万要系好安全带，使用安全带时要脱掉幼儿宽大的外衣，尽可能使安全带紧贴身体。

②司机后方的座位是最安全的位置，应尽可能让幼儿坐在司机后面的座位上。

③教育幼儿不要随意按动车内按钮，开关车门时注意安全。

④在行车过程中，要锁车门及车窗的中控锁。

⑤绝对不要将幼儿单独留在车上，哪怕幼儿已经睡着，也要抱出来。

(三)对幼儿的安全教育

"授人以鱼,不如授之以渔。授人以鱼只救一时之急,授人以渔则可解一生之需。"如果对幼儿园教职工的安全教育和幼儿家长的安全教育是"一时之急"的话,对幼儿的安全教育则是"可解一生之需"的重要举措。以"危险源辨识—危险源的分析研究—危险源的有效控制"为教育思路,帮助幼儿了解在幼儿园、居家生活和公共场所中的基本安全知识,知道在紧急情况下如何逃生、自救、自护的简单常识,掌握简单的避险、自救方法,会用常用的报警、救助电话,认识日常安全标记,具备初步的分辨安全与危险的能力。

针对幼儿园安全教育形式单一,教师的"高控"现象,结合幼儿年龄特点,开展了丰富多样的安全教育活动,教师创编安全小故事,并将小故事改编成剧本,幼儿、教师、家长扮演角色共同表演。直观形象的教育形式和幼儿的亲自参与与体验,使幼儿掌握了安全知识,增强了幼儿的自我保护意识。教师还自制安全教育的绘本,一系列的教育内容,形成不同的教育活动,实现了安全教育的课程化。

1. 小班安全教育

(1)幼儿能够自觉排队洗手、喝水、小便等。

(2)幼儿能够上下楼时做到不推拉、不跳台阶,一阶一阶慢慢下(上),不推不挤小朋友。

(3)幼儿知道不跟陌生人走,不吃陌生人给的食物。知道不能随便离开家长或集体。

(4)幼儿不将手放在门缝间、桌子间、椅子间,以免挤伤。

(5)户外活动玩大型玩具时,幼儿能够做到不推不挤,有秩序地玩。

(6)幼儿知道不能碰电源插座,不动煤气灶,不玩小刀等尖锐物件。

(7)幼儿知道不把纸团、扣子、拉链等塞到耳、鼻、嘴里。

(8)幼儿知道紧急呼叫电话的号码("110""120""119")和用途,遇到紧急情况,能呼叫求救。

(9)幼儿能够记住家里及父母的电话号码。

表 6-9 所示为小班幼儿在园安全教育目标和关键经验要点。

表 6-9　幼儿在园安全教育目标和关键经验要点(小班)

小班(上)

领域教育目标	关键经验				
	入园安全	室内活动安全	户外活动安全	生活活动安全	离园安全
1. 有初步的危险意识,能够按照教师的要求学习、运动、游戏、生活 2. 初步学习器官及身体保护等方面的安全保健知识 3. 具有简单的自我保护意识 4. 初步学习简单的逃生技能	1. 能够平静接受上幼儿园,暂时与家长分开的现实 2. 知道自己的姓名、所在的幼儿园、班级 3. 乐意接受晨、午检;知道身体不舒服时告诉教师	1. 不带自己的玩具,不和同伴打闹,不抓、咬、打同伴 2. 知道把手、腿、脚放在门缝、窗缝、桌、椅等缝隙间的危害 3. 逃生训练(防火):知道听信号跟随教师行动,不害怕、不哭闹	1. 上下楼梯不推挤,靠右边一个跟着一个走 2. 户外活动时能够按照教师的要求有序活动,不远离集体	1. 不把异物塞到嘴巴、鼻子、耳朵里等 2. 有序地洗漱、如厕、喝水	离园时跟着家长走,不乱跑

小班(下)

领域教育目标	关键经验				
	入园安全	室内活动安全	户外活动安全	生活活动安全	离园安全
1. 有初步的危险意识,能够按照教师的要求学习、运动、游戏、生活 2. 初步学习器官及身体保护等方面的安全保健知识 3. 具有简单的自我保护意识 4. 知道听信号跟随教师进行安全演练	1. 知道在园要穿简洁安全的衣服、鞋子。(不穿有帽子、带子、金属装饰的衣着) 2. 不配戴各种饰物,不携带不安全、危险的玩具、小食品等物品来园	1. 能正确使用剪刀等工具及操作材料(小纸团、雪花片、橡皮泥等) 2. 常规逃生演练(防震、防暴力侵害等):知道听信号跟随教师行动,不害怕、不哭闹	1. 自己不舒服、有困难或受到伤害时要及时告诉教师或家长 2. 走、跑、跳时知道躲闪,鞋子掉了知道离队整理 3. 会安全地玩户外玩具及玩沙、玩水	1. 正确使用餐具、安静进餐 2. 不将异物(玩具、食品、头饰、皮筋等)带入寝室,不玩被角、线头、棉花等	跟随家长离园,不独自离开

2. 中班安全教育

(1)幼儿知道在家或在其他地方都不能爬阳台。

(2)知道交通规则,能按交通标志和规则行走。不在马路上玩耍、骑自行车。

(3)知道不与陌生人交往,不吃陌生人的东西。

(4)知道不随便乱吃药品,口袋不放尖角物品。

(5)户外活动时,能够互相谦让,不拥挤。知道摔伤、烫伤的应急处理。

(6)知道独自在家不碰电源插座,不玩电器、不给陌生人开门。

(7)不到施工工地、医院、池塘、高压线附近玩耍,离开大人时知道打招呼。

(8)熟记家庭地址、电话号码、父母姓名等,认识特殊的电话号码("110""119""120")。

(9)幼儿遇到危险时能够冷静处理,勇敢地克服各种困难。

表6-10所示为中班幼儿在园安全教育目标和关键经验要点。

3. 大班安全教育

(1)认识并了解一些基本的交通规则以及信号灯,自觉遵守交通规则,不在马路上乱跑、打闹,坐车时不把头手伸出窗外,做个文明乘客。

(2)了解常见的安全标识,不乱动、乱碰有危险的物品。

(3)不玩火,不燃放烟花爆竹,知道发生火灾时安全自救的小常识。

(4)知道不乱动电器设备,打雷时不在电线和大树下玩,以防触电。

(5)了解常见的防震常识。

(6)不轻信陌生人,不随便吃陌生人的东西,不跟陌生人走,若一人在家,不随意开门。

(7)会识别特殊号码的用途(如"110""119""120"),紧急情况时知道拨打特殊号码,但不随意拨打这些号码。

表6-11所示为大班幼儿在园安全教育目标和关键经验要点。

表 6-10　　幼儿在园安全教育目标和关键经验要点(中班)

中班(上)

领域教育目标	关键经验				
	入园安全	室内活动安全	户外活动安全	生活活动安全	离园安全
1. 学习、游戏、运动、生活中能够遵守安全规则 2. 会对自己进行适当的保护,学会几种简单的自救方法 3. 进一步学习、掌握逃生的知识和技能	1. 不随身携带玩具、小刀、牙签等锐利的器具来园 2. 知道父母的姓名、电话、工作单位及家庭住址	1. 知道在室内不能追逐、打闹 2. 知道幼儿园的安全通道,认识常见的安全标志(安全出口、禁止触摸、禁止通行等),知道发生危险时听从教师的指挥 3. 逃生训练(防火、防震、防暴力侵害等):听信号迅速行动,有秩序、不拥挤、不慌张	1. 上下楼梯不滑扶手、不跳楼梯 2. 在运动、游戏时遵守规则,不互相追打、乱跑碰撞,不猛跑、猛停 3. 自己不舒服、有困难或受到伤害时会准确地告诉教师伤害的部位及感受	1. 知道正确地搬放桌、椅,收拾玩具 2. 会正确使用操作工具及材料	家长来接时,知道与教师打招呼,不自己跑出幼儿园,不远离家长,不独自离园

中班(下)

领域教育目标	关键经验				
	入园安全	室内活动安全	户外活动安全	生活活动安全	离园安全
1. 学习、游戏、运动、生活中能够遵守安全规则 2. 会对自己进行适当的保护,学会几种简单的自救方法 3. 能够掌握逃生的知识和技能	知道患感冒、咳嗽、发烧等要告诉教师,需要隔离、多喝水、休息、治疗	1. 知道危险角落不能去(消毒间、伙房、电梯通道、开水房、壁橱、门后、床底等) 2. 常规的逃生演练(防火、防震、防暴力侵害等)	1. 会整理衣着(提好裤子、系好衣扣、鞋带) 2. 会安全地玩综合性大型玩具及活动器械 3. 发现同伴的不安全行为及现象,知道及时提醒或告诉教师	掌握简单的自救方法(流鼻血、异物入鼻、入眼、撞包、擦伤、脱臼等),积极配合成人的处理和治疗	不独自离开教师和同伴,耐心等待家长来接

表 6-11　　幼儿在园安全教育目标和关键经验要点(大班)

大班(上)

领域教育目标	关键经验				
	入园安全	室内活动安全	户外活动安全	生活活动安全	离园安全
1. 自觉遵守游戏、活动的安全规则 2. 会对自己和同伴进行适当的保护,避免伤害;初步掌握生活中的安全常识,具有简单的自救能力 3. 知道一些传染性疾病的危害及预防措施 4. 会选择相应的方法正确逃生	入园途中不玩耍、不打闹,直接入园、入班	1. 正确使用操作工具(铅笔、卷笔刀、小锤子、镊子、玻璃杯子等) 2. 逃生训练(防火、防震、防暴力侵害等):听信号迅速行动,会选择相应的自护方法正确逃生;有序到达安全地点并会报数	能够有序地进行运动、游戏,并会自我保护,避免伤害	1. 正确使用餐具(筷子、叉子等) 2. 会对自己和同伴进行适当的保护,避免伤害,初步掌握生活中的安全常识	不在幼儿园走廊、门厅乱跑、打闹,按秩序离园

大班(下)

领域教育目标	关键经验				
	入园安全	室内活动安全	户外活动安全	生活活动安全	离园安全
1. 自觉遵守游戏、活动的安全规则 2. 会对自己和同伴进行适当的保护,避免伤害,具有简单的自救能力 3. 知道一些传染性疾病的危害及预防措施 4. 会选择相应的方法正确逃生	知道患手足口、红眼病、腮腺炎等疾病会传染同伴,要告诉教师并主动在家隔离治疗	常规逃生演练(防火、防震、防暴力侵害等):听信号迅速行动,会选择相应的自护方法正确逃生;有序到达安全地点并会报数	自己或同伴受到伤害时会及时告诉教师,并能够简单描述事情的经过	掌握简单自救常识(如割破手指、脱臼、崴脚、踩到钉子等),不慌张,不害怕,积极配合成人的处理和治疗	不跟陌生人走,不在幼儿园门口与同伴追逐、游戏

三、幼儿园意外伤害事故的应对方法及赔偿责任分析

(一)应对方法

为有效地预防,及时控制幼儿园安全突发事件的发生,消除危害,保证全体师生人身和幼儿园财产的安全,根据《中华人民共和国消防法》《食品安全法(修订草案)》《传染病防治法》等,幼儿园应建立防火、防盗、防病、防灾、防投毒、防突发事件等应急预案。充分做好各部门宣传培训工作和思想准备,以确保出现事故时指挥畅通,报告及时,反应快速,处置有效,救援及时。

1. 设立应急救援领导小组

为了确保在事故发生时能够快速有效地进行指挥和处理,最大限度地降低事故造成的损失率,保证救援工作及时、有序、高效,幼儿园应成立以园长为首的"幼儿园事故应急救援指挥领导小组",做好小组内的人员分工,在园长领导下有序开展工作。领导小组主要职责如下:

(1)全面负责幼儿园事故应急处理指挥、救援、组织和协调等工作。

(2)及时传达并认真执行上级有关部门的文件和要求,结合幼儿园的实际,提出具体明确的贯彻落实意见,并制订切实可行的工作方案和应急预案。

(3)应急小组成员始终保持高度的警惕性,不断增强应急事故的预测能力,提高幼儿园处理紧急事故的整体作战能力。成员的手机保持 24 小时通信畅通。

(4)加强对幼儿、教师事故预防和自救知识的宣传教育与培训,增强教职工事故自救、互救意识,组织全园师生进行各种应急事故的实战演习。

(5)事故发生时,按处理事故的要求和程序,采取一切必要的手段,配合有关部门对事故进行有效处理,将损失降到最低。

(6)借鉴事故处理的经验和做法,不断提高防范工作水平,协调家长、社区以及有关部门,共同做好幼儿园事故预防工作。

2. 各种意外事故的应急处理措施

(1)发生火灾的处理措施

①火情发生后,立即报告园长,事故应急领导小组必须在第一时间赶赴火灾现场。

②组长负责向有关部门报警,副组长负责迅速关闭、切断幼儿园的电源、燃

气等危险设施，其他成员立即安排后勤人员和保安人员，采取一切有效措施，控制火情；按本园应急疏散路线分别指挥全园各班教师，带领幼儿迅速疏散，不能组织幼儿灭火。

③幼儿疏散完毕，事故应急小组成员应立即返回火情地点，同时，副组长负责组织有关人员，抢救设施设备和受伤人员，小组成员尽全力协助消防部门在最短的时间内消灭火情，力争把各项损失降到最低。

④火情解除后，副组长负责与小组人员一起保护好火灾现场，清查损失程度，并做好详细记录，负责搜集各种材料，形成书面报告报有关部门。

⑤配合消防部门查明火灾原因，做好伤者家属的安抚及事故处理的善后工作。

⑥采取必要措施，尽快恢复幼儿园的正常工作。

(2)发生暴力事件的处理措施

①暴力事件出现时，领导小组成员应立即赶到事发现场，迅速摸清事态情况，占领有利地形、位置，并迅速商议对策。

②组长负责向当地公安局(派出所)报警，副组长带领保安人员采取一切必要和有效的措施，控制施暴人员，其他成员视情况配合行动，必要时按本园应急疏散路线分别指挥全园各班教师，带领幼儿迅速疏散。(可按火灾疏散路线迅速疏散)

③组长、副组长协助公安部门抓获犯罪分子或提供有价值的破案线索。小组成员配合卫生部门抢救伤员，并做好伤者家属的安抚及事故的善后处理工作。

④组长带领小组成员，分析、查明事故原因，分清事故责任，弥补工作漏洞，杜绝此类事故的再次发生，并安排人员写出事件过程报告。

(3)发生食物中毒的应急救援措施

①在幼儿园进餐过程中，如发现 3 名以上幼儿出现同样不良症状，带班教师应立即组织幼儿停止进餐，并将情况迅速报告园长。

②事故应急救援领导小组成员第一时间赶到事发现场，配合本园保健医生和保教主任，迅速将有不良反应的幼儿送往卫生室或送指定医院进行急救。

③经初步排查原因，组长视情况迅速向有关卫生、防疫部门报告情况，副组长组织有关人员保护现场，派应急小组成员立即到食堂，妥善保留幼儿伙食制作的各种用料，食品留样，以备有关部门取样检查。其间，严禁无关人员进入食堂。

④领导小组成员在组长的统一调度指挥下，做好家长及事故的善后处理工作，确保幼儿园工作的稳定。

⑤副组长负责搜集有关材料，形成书面报告，经组长审阅报有关部门。

(4)发生盗窃的处理措施

①发现盗窃情况，立即上报园长，事故应急领导小组成员第一时间赶到现场。

②组长负责向有关部门报警，副组长负责保护好现场，待相关人员查询后，小组其他成员负责统计清点丢失物品的名称和数量，并做好记录。

③组长带领小组成员积极搜集线索，查明事故原因，协助有关部门尽快破案。

④幼儿园根据有关规定作出相应处理，并总结事故教训，形成书面报告，杜绝此类事故的再次发生。

(5)防洪防汛的处理措施

①汛情期间，领导小组成员要随时注意汛情及水位变化，备足防汛物资，作出准确判断。

②汛情发生后，领导小组成员立即到达现场，视水位情况，必要时组织幼儿紧急疏散到高处或指定位置等待救援。疏散时各班教师、保育员要维持好秩序，以防幼儿拥挤、踩踏。

③负责医疗救援、消毒成员，及时排查受伤师生，了解伤情或病情动态，随时向组长汇报，及时送往医院，必要时配合防疫部门进行现场消毒、取样分析等工作。

④副组长组织财物抢救组成员，视情况将贵重可移物品转移到高处。

⑤负责信息资料成员，负责汛灾事件全过程的各种文字、图像信息资料采集，撰写书面报告，整理取证材料，做好相关数据的分类统计。

⑥组长及时向主管部门报告汛灾情况。

(6)发生传染病的处理措施

当教师和幼儿中出现“非典”“流感”“伤寒”“手足口病”等疑似症状时，各班教师要立即向园长报告，并及时与家长联系，一经确认为疑似传染病人时，应采取下列应急措施：

①立即如实向主管部门、市区教育局、市疾控中心报告。

②对该生所在班级进行布控，对全园公共场所，尤其是布控区域进行严格的消毒。

③坚决杜绝染病幼儿带病来园，必须在医院出具诊断证明已康复并不再存在传染危害后方准来园上课。

④对可能受到危害的该班教师和幼儿，遵照市区教育局及市疾控中心指示，采取必要的控制措施，并根据上级指示，随时采取进一步措施。

⑤幼儿园还应根据实际制定发烧、烫伤等处理流程。

(7)交通事故的处理措施

①发生交通事故后，应急小组成员要立即到达出事现场，迅速将伤者送到医院进行抢救。

②迅速报告主管领导、市区教育局和交警部门。

③组织保护好现场，看住肇事车辆及肇事人，交交警部门进行事故处理。

④迅速查清乘车幼儿的人数、姓名、家庭地址、家长姓名，及时通知受伤者家属。

⑤积极配合交警做好事故处理。

(8)地震发生时的应急措施

①如发生轻度地震，幼儿在教室里时，当班教师要教育幼儿不能慌张、哭闹或随意乱跑，听从教师的指挥，组织幼儿有序疏散；如发生地震时是在室外，立即组织全部幼儿蹲下，并注意避开电线、楼房、大树等危险物品。

②如发生震动较大的破坏性地震，如果幼儿在室内，不要试图让其跑出楼外，最安全、最有效的方法是立即组织幼儿躲到两个承重墙之间最小的房间里，如洗手间、厕所等，也可以躲在桌子、柜子等下面以及教室内侧的墙角，并且注意保护好头部，趴下时，头靠墙，使鼻子上方双眼之间凹部枕在横着的双臂上面，闭上眼和嘴，用鼻子呼吸，待地震减轻时，立即按疏散路线将全部幼儿疏散到操场中间。地震时如果幼儿正在睡觉，要立即叫醒幼儿。在震动激烈时，有序组织幼儿趴在午睡室通道上、躲在桌子下或墙脚下，待震动减轻时立即组织幼儿疏散到操场。如果正在室外活动，教师马上将幼儿集中到操场中间空旷场地蹲下，注意避开高大物体或建筑物。

③如果地震发生后因不能迅速撤离而困于室内，或被建筑物挤压等千万不要惊慌，要就近检查幼儿身体状况。并尽量为幼儿找到饮食，同时不能盲目采取措施，要懂得发出报险信号，等待救援。

④时刻与幼儿在一起消除幼儿的恐惧心理。

地震发生后，各班及时清点人数，班主任负责做好与家长的联系和幼儿交接工作，门卫把好人员进出关，防止幼儿因惊吓恐慌而走失，或私自出园甚至被他人(不法分子)冒充家长错接等事故的发生。

⑤待事态稳定后，园长及时向上级部门报告灾情。

(9)事故责任追究

①责任追究的程序：一是事故发生后，由园长负责召开班组长以上的会议，并请事故当事人参加。二是事故当事人申诉事故经过，进行无过错举证。三是全体成员根据事故的起因、性质、后果进行分析，对当事人的无过错举证进行论证。四是当事人的无过错举证事实清楚的，继续追究上一级负责人的责任。五

是上一级负责人同样需要进行无过错举证，全体成员继续进行论证。六是如还不能确定责任的，将继续向上一级负责人进行追究，直至确定最终责任人。

②责任追究的处理：责任追究方式分为警告、记过、记大过、降级、撤职、开除等六种，构成犯罪的，依法追究刑事责任。

(二)意外伤害事故的赔偿责任分析

积极采取各种措施防止事故发生，切实保障在园幼儿的安全，应是每所幼儿园常抓不懈的工作。但是，天有不测风云，一旦发生了难以避免的事故，幼儿园园长要学会用法律维护幼儿园的合法权益。

在幼儿园事故处理中，要遵循谁有过错谁承担赔偿责任的法律原则。在幼儿园事故中涉及的赔偿主体主要有三个：一是幼儿园，二是监护人，三是保险公司。

1.幼儿园的赔偿责任

它既包括因幼儿园过错引起的伤害赔偿，也包括因教职员工过错引起的伤害赔偿。后者赔偿是先由幼儿园代替教职员工赔偿，然后幼儿园再对教职员进行行政处分或追偿。根据幼儿园事故发生的原因、情节及过错情况，幼儿园赔偿可分为完全责任、部分责任和免除责任。

(1)完全责任，即过错全在幼儿园。如保育员将一锅滚烫的开水放在幼儿经过的路上，导致幼儿烫伤。

(2)部分责任，即幼儿园事故的发生，其过错一部分是由幼儿园或教职员工引起的，一部分是由幼儿或其他原因引起的。如幼儿在自由活动时间打闹，教师在旁看见，虽制止但并不得力酿成事故，那么教师应负一定的责任。

(3)免除责任，即指幼儿园事故的发生纯由幼儿自身原因引起，或属意外，幼儿园不可预料。如某幼儿患有某种疾病，家长并未告知幼儿园或教师，教师在不知情的情况下，实施正常教育教学活动，造成幼儿受到伤害，则幼儿园并无责任。

2.监护人的赔偿责任

指幼儿给他人造成伤害时，应由其监护人代为承担赔偿责任。监护人及监护人的范围责任如下：

(1)法定监护。根据《民法通则》规定，幼儿有三类监护人：一是近亲属，主要指父母；无父母或父母丧失监护能力的，由祖父母、外祖父母或兄、姐承担。二是近亲属以外的其他关系密切的亲属或朋友，但必须经“未成年人的父母所在单位或者未成年人住所地的居民委员会、村民委员会同意”。三是在没有上面两类监护人的情况下，未成年人的父母所在单位、居民委员会、村民委员会以及民政部门才可作为法定监护人。从现有法律规定的监护人来看，幼儿园并不是幼儿的法定监护人。

(2)指定监护。即对担任监护人有争议的，由未成年人的父母所在单位或者未成年人住所地的居民委员会、村民委员会在近亲属中指定。因此，幼儿园也并非指定监护人。

(3)委托监护。最高人民法院 1989 年 4 月 2 日《关于贯彻执行〈中华人民共和国民法通则〉若干问题的意见(试行)》第 22 条规定："监护人可以将监护职责部分或者全部委托给他人。因被监护人的侵权行为需承担民事责任的，应当由监护人承担，但另有约定的除外；被委托人确有过错的，负连带责任。"根据这一意见，幼儿入园时，其家长并未将监护职责委托给幼儿园或教师。即使有委托，需要承担民事责任时，如果幼儿园无过错，则应当由幼儿的监护人承担，而不是由幼儿园或教师承担。寄宿制幼儿园的幼儿管理事宜，应由家长和幼儿园签订委托合同为宜。

3. 保险公司的赔偿责任

幼儿在幼儿园内发生人身伤亡，保险公司依据投保人与保险公司所签合同的险种、险别条款，承担相应的赔偿责任。

应该指出的是，在赔偿责任的分担中，并不是三种赔偿主体在任何一个幼儿园事故中都负有赔偿义务；也并非是平均分配，而要根据幼儿园事故的原因、情节、过错等因素，具体问题具体分析。而对于任何一方都无过错而造成的伤害事故，根据《民法通则》第 132 条规定："当事人对造成损害都没有过错的，可以根据实际情况，由当事人分担民事责任"。

在幼儿教育事业逐渐走向法制化的今天，幼儿园要学会依据法律来分析幼儿园出现的事故，承担幼儿园应该承担的责任。对不该承担的责任，也要依据法律向当事人讲明原因。幼儿园应对安全事故、处理安全事故应体现专业化，会用法律武器保护自己。附案例两则：

案例 6-16　　家长的索赔要求是否合理

3 月的一天，大一班的教师正在带幼儿玩游戏，突然一个女孩摔倒了，教师立刻把她送到了医务室，经医生诊断，认为可能是骨头损伤。于是，教师赶紧将幼儿送到了医院，并立刻与幼儿的家长取得联系，经医院医生诊断后确诊为轻微骨折。当教师见到家长时，及时向家长道歉，表示自己没有照顾好幼儿。家长当时也没有说什么。

第二天，教师买了些营养品到家中探望幼儿，家长对教师也没有埋怨，反而表示对教师工作的理解。在幼儿病休期间，教师经常看望，保健医生按时带幼儿到医院换药、检查。过了半个月后，幼儿的伤情有了明显好转。此时，幼儿园、家长之间并没有发生矛盾。

然而事隔一个月后，这个家长一反常态，找到幼儿园索要误工费、陪护费、营养费等。当时我即作出了明确的解释：此次幼儿受伤是教师履行职责中的意外事故，不是教师玩忽职守造成的。据医院证明，医药费园里已承担，其他费用不能给予赔偿。鉴于发生此事我们幼儿园也有责任，而且从职业道德出发，幼儿园也应该关心受伤幼儿，所以要求教师多次看望幼儿，并表示了歉意，也尽心尽力了，您的索赔要求是不合理的。该家长听后觉得不满意，我又向他解释了有关的法律知识：幼儿园对幼儿的教养职责与法定监护人的职责是不同的。依据法律，幼儿园不具有委托监护权，所以在幼儿园发生伤害事故，应按“过错原则”赔偿，即有过错才给予赔偿。之后，这个家长才心悦诚服，此事总算有了了结。

（资料来源：张燕、邢利娅主编：《幼儿园管理案例及评析》，北京师范大学出版社 2002 年版，第 254 页）

案例 6-17　　赔偿责任应由谁来承担

1989 年我园发生了一起因幼儿嬉闹而导致的伤害事故，这起损害赔偿诉讼持续了两年。我作为幼儿园的法定代表人，自始至终参加了这起诉讼活动。实践使我深深感到，要维护幼儿园的合法权益，园长要知法、懂法。现就这起民事案件的事实，试用法律知识略陈一孔之见，希望能给同仁处理此类案件以借鉴和启迪。

1989 年 4 月 30 日下午 3 时许，我园的大班幼儿由教师王某在队前带领到户外活动。幼儿落某站在李某的背后，两人均在队尾。趁队伍行走拉开距离的一瞬间，二人嬉闹，李某背落某时摔倒，致使自己左股骨骨折。事故发生后，幼儿园的工作人员及时送李某到医院进行了治疗。李某住院三个月后伤口愈合，幼儿园为李某支付了医药费，并就其他赔偿问题进行了多次协商，始终未达成协议。李某家长向法院提起诉讼。经过长达两年的诉讼，此案终于有了一审判决：“幼儿园工作人员对幼儿活动管理不周，应对损害后果承担一定的赔偿责任。李某、落某未听从管理，违反校园纪律是引起这次伤害的主要原因，应由其法定代理人对其行为后果承担主要责任。”尽管我园在此次事故中无明显过错，但我园本着减少讼争、加强团结的原则，愿意服从法院的判决，承担部分赔偿责任。

（资料来源：张燕、邢利娅主编：《幼儿园管理案例及评析》，北京师范大学出版社 2002 年版，第 256 页）

第七章　幼儿园安全事故法律风险防范

一、幼儿园安全事故法律风险防范的缘由

(一)幼儿在园需要活动

幼儿在园要不要活动？答案是肯定的——需要。活动是幼儿的天性，是幼儿健康成长的重要组成部分。教育部《3～6岁儿童学习与发展指南》说明部分的第2条明确指出："幼儿园活动是指按照幼儿生长发育的特点与基本规律，以促进其正常的生长发育、增强体质、提高健康水平为目的所进行的一系列的教育活动，是以为幼儿后续学习和终身发展奠定良好素质基础为目标。"幼儿后续学习指的是幼儿园教育以后的学习，包括小学的学习、中学的学习、大学的学习乃至大学毕业之后的终身学习等。幼儿园活动目的是为其进入学校学习做准备，也就是我们通常所说的"入学准备"。幼儿园开展活动对幼儿的大脑发育、良好个性品质形成等有重要影响，能够为幼儿后继学习和终身发展奠定良好素质基础。

1. 幼儿园的活动能够有效地促进幼儿大脑的发育

"纳什(Nash)根据贝洛医学院的研究报告指出：'游戏不充分的或很少被抚触的幼儿，他们的大脑比同龄正常的大脑要小20%～30%。'在生命的童年，正是游戏性的活动(而不是直接教学、隔离、剥夺或虐待)，对于大脑发展和后续人类活动能力影响重大。"①一项由罗森茨韦格及其同事完成的经典小白鼠的研究证明，小白鼠在信息单一环境下和信息丰富环境下的发育是不同的。同样，幼儿的成长也需要阳光、空气、绿树、小草、沙石等环境条件才能满足其发展，通过

① 参见刘焱：《游戏——幼儿发展的一面镜子》，《标准生活》2016年第6期。

视、听、感、触、嗅的刺激能让幼儿的大脑细胞链接更加紧密。

2. 幼儿园的活动能够帮助幼儿形成良好的个性品质

幼儿正处于人生的启蒙发展阶段，在园的活动中会面临各种机遇，而且还要与他人交往，这些都为幼儿社会性的发展创造了机会，为幼儿后继学习和终身发展奠定了良好的素质基础。幼儿的发展存在着关键期，幼儿教育发展的上线就是在关键期把相应的教育内容传递给幼儿，让幼儿在发展的关键期得到发展。

3～6岁阶段的幼儿的思维处于感知运动阶段，还没到理性学习的阶段，幼儿的学习方式和学习特点是靠感官和双手来探索世界的。这个时期是幼儿的成长敏感期，成人应该支持和引导幼儿有意义、有价值地学习，抓住关键期，一旦错过了这个敏感期，感官没有得到刺激和发展，对事物的感受缺乏敏锐度。随着时间的推移，幼儿慢慢长大之后，对很多事情就不敏感了。心灵不敏感，眼睛不敏锐，对很多东西视而不见，或者见而无动于衷，反应迟钝。目前，社会上一些幼儿园出现小学化的倾向，这是幼儿教育的下策。实践研究表明，幼儿园小学化的教育对幼儿适应小学阶段的学习并无帮助。虽然短期来看，在幼儿园提前接受小学教育内容的幼儿在小学三年级以前学习成绩确实比其他幼儿好，但是小学三年级以后学习成绩却明显下降。如果在幼儿园阶段学习小学阶段的内容，就占用了幼儿现阶段发展的时间，错过了幼儿不容忽视的发展上升空间。幼儿园小学化倾向是错误的，也是我们极力反对的。

一种教育是好还是不好，要看它对幼儿继续生长有没有帮助。像植物的生长一样，幼儿阶段的教育是养根的教育，养根靠的是肥沃的土壤，好的教育就是幼儿成长所需要的肥沃的土壤。教育一方面要为幼儿未来生活做准备，另一方面要满足幼儿幸福快乐的需要。那么，该如何协调好两者关系，找到两者间的平衡点呢？其实，在玩中学、在做中学就能实现两者的平衡。在“遍及全球”项目中，许多发展中国家制定出儿童学习标准，其中都列出了“学习品质”领域的相关内容。在“学习品质”中，尤其强调的是好奇、主动、坚持、注意、反思、解释、想象、创造等内容。会玩的幼儿一定有更好的未来！幼儿的童年一定是活动的，重视幼儿自主、自发的自由活动，把童年还给幼儿，幼儿才能得到身心的和谐发展。

（二）幼儿在园活动潜藏安全风险

幼儿一旦活动就潜藏着安全的风险，幼儿成长的过程总与各种伤害的风险相伴随。我们在下篇“幼儿园危险源辨识”中，曾经涉及危险源的可容与不可容，幼儿园中有些危险源是可容的，而有些危险源是不可容的，而幼儿活动中的危险则是可容的。以幼儿自由自主游戏活动为主的安吉幼儿园,也不避免地存在着幼儿安全事故。

幼儿园作为为 3～6 岁幼儿提供保育和教育的机构,面对的是具有生命的幼儿,即使保教人员在履行职责过程中恪尽职守、小心谨慎,幼儿也难免还会出现一些意外事故。幼儿在幼儿园发生意外伤害是家长、幼儿园、教师都不愿意看到的,即便幼儿在家中被照顾时也会发生一些意外事故,何况在幼儿聚集的幼儿园中。可以说,只要是在集体环境中,就不可避免地会发生这样或那样的幼儿伤害事故,需要社会各界给予理解。现实中,迫于安全压力,为了不出任何安全事故,幼儿园的园长和教师会让幼儿少活动甚至不活动,即使有活动也是在教师有形或无形的控制下活动,幼儿的各方面能力就得不到发展,势必会影响幼儿的健康成长。

(三)幼儿园缺乏处理安全事故的法律常识

幼儿人身伤害事故是指幼儿在园期间或在与幼儿园有关的保育教育活动中发生的人身伤害事故。当发生幼儿在园伤害事故时,幼儿园应承担什么样的法律责任、承担什么样的法律责任类型和方式等问题成为幼教工作者和家长关注的焦点。然而,到目前为止,有关这方面的研究仍处于起步阶段,理论研究的滞后导致了实践操作中存在一些困难,主要表现为幼儿伤害事故不能得到正确、及时、有效和公正的处理与解决。这不仅妨碍了家长与幼儿园之间的沟通与协调,也不利于当事人各方依法正确行使权利和履行义务。

当前社会对幼儿园安全事故,不同的人群有不同的看法。从目前情况看,有相当一部分学者从我国民法关于监护的理论及幼儿园与受教育者的事实关系出发,认为幼儿园是幼儿在园期间的监护人、临时监护人或委托监护人,应对其承担相应的监护职责。现在的幼儿家长普遍有了维权意识,懂得用法律来保护自己及幼儿的权益。然而,由于他们中的绝大多数对相关的法律知识不甚了解,对幼儿园保教工作的特点没有清晰的认识,因此,在幼儿发生意外伤害事故时,往往不经意间扩大了自己权益范围,不切实际地或超限度地向幼儿园提出索赔要求。幼儿家长或其他监护人一般都认为,把幼儿送到幼儿园就等于把监护权从家庭转移到了幼儿园,这时幼儿脱离了父母的监护,幼儿园应对其履行监护职责,幼儿园就应当承担监护责任,幼儿受到伤害是在幼儿园而不是在家,所以不管什么原因,只要幼儿发生伤害事故,就应当由幼儿园承担赔偿责任,这为家园双方处理幼儿意外伤害事故增加了难度。从律师的角度来看,一般情况下,他们常常把发生在幼儿园的幼儿意外伤害事故说成是责任事故,以追究幼儿园的过错责任,进行高额索赔。而幼儿园则由于内疚心理,不敢直言"我们没有过错”，无奈接受判决，承担法律责任。

幼儿园也因缺乏应有的法律常识而深感困惑。一方面，幼儿园认为，幼儿在家被家长“二对一”或“四对一”照顾时仍会发生意外事故，而幼儿园中“三对多”的看护，要保证一点不出事是难以办到的。一旦幼儿在园出现安全事故，责任则全由幼儿园承担，这是不公平的。所以，很多园长对事故发生后要求幼儿园承担赔偿等法律责任感到困惑、不公。另一方面，相当一部分幼儿园，在发生幼儿伤害事故后，只要幼儿园能够承受负担，则往往以“私了”的方式解决纠纷。幼儿园认为，打官司是一件影响幼儿园的声誉和生源的麻烦事，所以他们宁愿接受家长提出的高额索赔，也不愿意作为被告而对簿公堂。这样不仅使家长在对待幼儿园保教工作的认识上造成误区——只要幼儿出事故就是教师没尽到责任，尽了责任就不应该出任何事故，还给保教人员造成极大的精神压力和心理负担，甚至有些教师因此而不敢组织幼儿自由活动。这种息事宁人的方式会给幼儿园今后的工作带来极大的负面影响，留下无穷的后患，不仅不利于双方法律责任的划分，而且往往损害了幼儿园的合法权益。因此，了解相关的法律法规，分清各方主体在幼儿伤害事故中的法律责任，运用法律的武器来保护家园双方的权益尤为重要。

二、我国幼儿园安全事故处理的相关法律列举与解读

(一)我国幼儿园安全事故处理的相关法律列举

目前，我国尚未颁布专门处理幼儿伤害事故责任的法律，有关幼儿伤害事故责任的处理相关法律规定，散见于各单行法律、法规、规章及司法解释中，如《最高人民法院关于贯彻执行〈中华人民共和国民法通则〉若干问题的意见(试行)》《最高人民法院关于审理人身损害赔偿案件适用法律若干问题的解释》《中华人民共和国侵权责任法》《中华人民共和国刑法》等法律条文。

《最高人民法院关于贯彻执行〈中华人民共和国民法通则〉若干问题的意见(试行)》第106条规定，公民、法人违反合同或者不履行其他义务的，应当承担民事责任；公民、法人由于过错侵害国家的、集体的财产，侵害他人财产、人身的，应当承担民事责任。

《最高人民法院关于审理人身损害赔偿案件适用法律若干问题的解释》第7条规定，对未成年人依法负有教育、管理、保护义务的学校、幼儿园或者其他教育机构，未尽职责范围内的相关义务致使未成年人遭受人身损害，或者未成年人致他人人身损害的，应当承担与其过错相应的赔偿责任。第三人侵权致未成

年人遭受人身损害的，应当承担赔偿责任。学校、幼儿园等教育机构有过错的，应当承担相应的补充赔偿责任。

《中华人民共和国侵权责任法》第 32 条规定，无民事行为能力人、限制民事行为能力人造成他人损害的，由监护人承担侵权责任。监护人尽到监护责任的，可以减轻其侵权责任。第 38 条规定，无民事行为能力人在幼儿园、学校或者其他教育机构学习、生活期间受到人身损害的，幼儿园、学校或者其他教育机构应当承担责任，但能够证明尽到教育、管理职责的，不承担责任。第 39 条规定，限制民事行为能力人在学校或者其他教育机构学习、生活期间受到人身损害，学校或者其他教育机构未尽到教育、管理职责的，应当承担责任。第 40 条规定，无民事行为能力人或者限制民事行为能力人在幼儿园、学校或者其他教育机构学习、生活期间，受到幼儿园、学校或者其他教育机构以外的人员人身损害的，由侵权人承担侵权责任；幼儿园、学校或者其他教育机构未尽到管理职责的，承担相应的补充责任。

《中华人民共和国刑法》第 138 条规定，明知校舍或者教育教学设施有危险，而不采取措施或者不及时报告，致使发生重大伤亡事故的，对直接责任人员，处三年以下有期徒刑或者拘役；后果特别严重的，处三年以上七年以下有期徒刑。第 397 条规定，国家机关工作人员滥用职权或者玩忽职守，致使公共财产、国家和人民利益遭受重大损失的，处三年以下有期徒刑或者拘役；情节特别严重的，处三年以上七年以下有期徒刑。本法另有规定的，依照规定。

《学生伤害事故处理办法》(以下简称《办法》)第 38 条规定："幼儿园发生的幼儿伤害事故，应当根据幼儿为完全无行为能力人的特点，参照本办法处理。"这对幼儿园所发生的人身伤害事故的预防与处理提供了重要依据。《办法》是我国目前唯一专门处理学生伤害事故的全国性行政立法。它的颁布与实施，结束了我国学生(幼儿)伤害事故处理无法可依之状况，对一些长期以来困扰我国司法实践并引起教育法学界关注的焦点问题作出了法律上的明确回答。

(二)《学生伤害事故处理办法》的解读

《学生伤害事故处理办法》作为我国第一部处理学生(幼儿)伤害事故的法律规范，建构了处理幼儿伤害事故的基本框架，共分为六章共 40 条，规定了总则、事故与责任、事故处理程序、事故损害的赔偿、事故责任者的处理以及附则等。《办法》的颁布与施行，既避免了受害人或监护人的过高或无理的要求，又保证了幼儿园依法应承当的责任，是构建有关学校、幼儿园安全的法律、制度框架的重要组成部分，弥补了我国教育立法在处理学生(幼儿)伤害事故专项法规上的空白，推动了教育领域的法制建设。它涉及学生(幼儿)伤害事故的各个主要方面，为积极预防、妥善处理在校学生(幼儿)伤害事故，保护学校、幼儿园的合法权益提供了重要的法律依据。

三、幼儿园安全事故处理法治化

(一)安全事故处理的归责原则

当幼儿在幼儿园发生伤害事故时，很多家长认为幼儿在园出了事，说明幼儿园有管理过错，因此不管什么情况，幼儿园应承担全部责任。基于这种认识，一旦幼儿的伤害事故是发生在幼儿园里，受害人及其监护人都会要求幼儿园给予赔偿。幼儿园鉴于监护人的要求和社会舆论的压力，也会给予一定的经济补偿，这类事故处理方式因此形成了习惯或惯例。这种情形致使幼儿园领导、教师难以集中精力于保教工作，严重地妨碍了幼儿园的保教活动的正常进行。

《学生伤害事故处理办法》的第 8 条规定建立了以调解为核心内容的幼儿园和教育行政主管部门处理事故的程序，提出了以建立社会保险机制为特征的筹措赔偿经费的途径，规定了对事故责任者的处理办法，处于不同法律关系中的法律关系主体适用不同的处罚办法。该条法规否定了过去不管幼儿园是否有过错都要担责的做法，而采取幼儿伤害事故责任归责的原则，从而为幼儿园竖起了一道法律屏障，有力地维护了幼儿和幼儿园的合法权利。

到底什么是“归责原则”，很多幼教工作者对此有些疑惑。归责原则指的是“以何种根据确认和追究侵权行为人的民事责任。”在侵权民事责任的认定中，归责原则是决定侵权责任的构成要件、举证责任的负担、免责条件、损害赔偿的原则的基本依据。

在我国现行的民事立法和司法实践中，民事侵权行为的归责原则主要有四种:过错责任原则、过错推定原则、公平责任原则和无过错责任原则。

1. 过错责任原则

过错责任原则是指行为人仅在有过错的责任情况下才承担民事责任，没有过错，就不承担民事责任。它是我国民法确定民事责任的一般原则。我国《民法通则》第 106 条第 1、2 款规定:“公民、法人违反合同或者不履行其他义务的，应当承担民事责任。公民、法人由于过错侵害国家的、集体的财产，侵害他人财产、人身的，应当承担民事责任。”这一规定，确立了过错责任的法律地位。另外，1989 年 4 月 2 日最高人民法院《关于贯彻执行〈中华人民共和国民法通则〉若干问题的意见(试行)》(以下简称《意见》)第 160 条规定:“在幼儿园、学校生活、学习的无民事行为能力人或者在精神病院治疗的精神病人，受到伤害或者给他人造成损害，单位有过错的，可以责令这些单位适当给予赔偿。”这为过错行为导致的幼儿人身伤害事故的处理提供了明确具体的法律依据。

根据过错责任原则，我国《民法通则》对侵权行为规定需承担民事责任者，除法律规定的特殊情形外，必须具备四个条件：一是损害事实的存在。主要指财产上的损失，人身的损害也是指因人身伤害所造成的财产上的损失。这是构成损害赔偿民事责任的首要条件。二是损害行为的违法性。这里的违法是广义的违法，包括形式上的违法和实质上的违法。三是违法行为与损害事实之间的因果关系。行为人只对自己的行为后果负责，而对于自己行为以外的后果一般是不负责任的。因此，只有违法行为和损害之间有因果关系时，行为人才能对该损害承担责任。四是行为人主观上必须有过错。所谓过错，就是违法行为以外的后果的一种心理状态，它分为故意和过失两种形式。故意，是指行为人明知自己行为的不良后果，而希望或者放任其发生的心理。过失，是指行为人应当预见自己的行为可能会发生不良后果而没有预见或者已经预见而轻信不会发生的心理。需要说明的是，上述四个要件相互联系，只有同时具备时，才构成损害赔偿责任。

2. 过错推定原则

举证责任发生了倒置，法律规定行为人只有在证明自己没有过错的情况下，行为人才可以不承担责任。受害人无须就行为人的过错负举证责任(被告只有证明自己没有过错或者存在法律规定的抗辩事由才可以免责)，否则，法院就可以推定行为人有错。

3. 无过错责任原则

无过错即无责任，所以在幼儿伤害事故中，当事人的过失行为及其与损害后果之间的因果关系是判断当事人是否承担责任的依据，当事人只有在其有过错的情况下才需要承担事故责任。我国《民法通则》第 106 条第 3 款明确规定：“没有过错，但法律规定应当承担民事责任的，应当承担民事责任。”这是我国民法正式对无过错责任原则的承认。《民法通则》第 123 条、127 条、133 条的规定就是该原则的具体体现。如客运中司机对旅客人身伤害承担无过错责任，而对行李承担过错责任。

4. 公平责任原则

公平责任原则是指加害人和受害人对造成的损害事实均没有过错，而根据公平的观念，在考虑当事人的财产状况、支付能力等实际情况的基础上，责令加害人或者受益人对受害人所受损失给予补偿。这个原则实际包括三个要点：一是责任双方均无过错；二是考虑当事人的实际财产状况；三是通过法院的判决，责令加害人对受害人给予赔偿。按“公平合理负担”的原则判定，由双方分担损失的一种责任。在英美法系中，公平责任是基于所谓“良心公平的责任”原则产生的。我国《民法通则》第 132 条规定：“当事人对造成损害都没有过错的，可以根据实际情况，由当事人分担民事责任。”这一规定就明显体现了公平责任原则。

根据我国的民法通则，无民事行为能力人、限制民事行为人致人损害属特殊侵权行为，适用过错推定原则或公平责任原则，监护人对被监护人致人损害的行为要承担民事责任。《办法》明确规定学校对未成年幼儿不承担监护职责，这就从根本上推翻了幼儿伤害事故适用过错推定原则或公平责任原则的基本依据。既然幼儿园不是幼儿的监护人，幼儿园就只需要承担过错责任。

过错是归责最根本性的要件，过错责任是依照过错程度确定责任范围的。在混合过错的情况下，考虑双方的过错程度，并加以比较，根据过错相抵规则确定各方应承担的责任。因此，该条款中提到了“过错程度的比例”的问题，当事人承担主要责任还是次要责任，关键要看当事人的行为是损害后果发生的主要原因还是次要原因。

但是，《办法》第 26 条规定：“学校无责任的，如果有条件，可以根据实际情况，本着自愿或可能的原则，对受伤害幼儿给予适当的帮助。”这个规定和公平责任原则有一定区别。那么，幼儿人身伤害事故应主要适用什么原则呢？《办法》的第 8 条提出了幼儿伤害事故责任分析的总原则，即按民法的精神：“幼儿伤害事故的责任，应当根据相关当事人的行为与损害结果之间的因果关系依法确定”。因学校、幼儿或者其他相关当事人的过错造成的幼儿伤害事故，相关当事人应当根据其行为过错程度的比例及其与损害结果之间的因果关系承担相应的责任。由此可见，《办法》主要按照过错原则进行责任分析。如果当事人的行为是损害后果发生的主要原因，应当承担主要责任。当事人的行为是损害后果发生的非主要原因，承担相应的责任。举证责任由受害方举证。在幼儿伤害事故中，有可能有过错的法律关系主体主要有三个：幼儿园、幼儿、第三方。在《办法》中分别详细地明确了这三个法律关系主体承担过错责任的几种情况。

(二)安全事故处理的责任划分

根据国家相关法规及相关研究，整理形成三类责任承担主体：

1. 幼儿园在幼儿伤害事故中应当承担责任的情形

(1)幼儿园硬件设施问题

幼儿园的园舍、场地、其他公共设施,以及幼儿园提供给幼儿使用的学具、教育教学和生活设施,不符合国家规定的标准,或有明显不安全因素。

案例 7-1

午睡起来后,教师带领幼儿喝水。幼儿张某在搁放杯子时,走路不稳,摔到旁边的水池沿上。水池沿是由两块瓷砖直角镶嵌组成的,瓷砖有些微凸起,因此导致张某上颌部创伤。幼儿园积极送医院,并及时通知家长。幼儿缝了3针,家长要求赔偿损失。

案例 7-2

2007年11月21号上午10时许,璜山镇中心幼儿园某中班的幼儿李丽(化名)正在和其他小朋友一起玩大型玩具时,因绳子断裂突然从木制滑梯上跌落下来,面朝下摔在草坪上,致使其下巴、嘴唇和手肘处均被碰伤。幼儿园教师马上将其送入医院治疗,并垫付医药费57元。经医治,李丽的伤痛消除了,但下巴处明显留下了瘀青和疤痕。

上述两种情况都是由于幼儿园基本设施的不安全对幼儿造成的伤害,幼儿园需要承担全部责任。

需要提醒的是,如滑梯、攀登架、小城堡、海洋球、蹦蹦床、秋千、压压板等大型的玩具年久失修,则存在着安全隐患,一旦发生事故,幼儿园必须承担相应的责任。幼儿园如未及时更换已经陈旧老化的器械,形成事故隐患,而教师又未尽注意义务,发现存在的问题,监督幼儿的活动,就很容易发生安全事故。

类似的情况还有:建筑物塌陷、楼道过窄、地砖过于光滑、楼房栏杆过低、墙面砖或玻璃脱落、秋千或大型玩具装在水泥地上、未设安全警示标志或未采取防护措施的深水坑、专用活动室设备不齐全(通风、排污等)、电灯不亮等问题。幼儿园应对以上问题及时补救,防患于未然。

(2)幼儿园规范管理问题

幼儿园的安全保卫、消防、设施、设备管理等安全管理制度有明显疏漏,或者管理混乱,存在重大安全隐患,而未及时采取措施。

案例 7-3

入园第一天,丽水市区一家幼儿园一名5岁的幼儿竟然成功"逃园",最后在街上迷路,后被发现领回,所幸没有发生意外。

幼儿回忆说,第一天去幼儿园,很想妈妈。当时看到妈妈离开,他就不由自主跑出大门去找妈妈了。

幼儿园方面介绍：幼儿第一天入园，教师对幼儿还没熟悉，而且幼儿跑出去时正是入园高峰，新来的保安也经验不足，所以才出现这种事。

案例 7-4

某一幼儿园的活动室内一正在运转的吊扇突然掉下来，有 4 名幼儿还未明白怎么回事就已被下落的吊扇击中，其中有一幼儿后脑受伤。幼儿被紧急送往医院，缝合了 14 针，且长期有头痛、呕吐现象。其父母提出赔偿要求，幼儿园拿不出其在开学时对吊扇作了检查的证据，无法证明自己无过错，因此，幼儿园承担全部责任。

案例 7-5

妈妈为让 3 岁的小乐乐高高兴兴上幼儿园，给她戴了一串漂亮的小彩珠手链。午睡时值班教师没有发现，她玩来玩去，不知怎么就弄断了，把一粒粒的小彩珠塞到了耳朵里，自己拿不出来，大哭起来，教师发现后及时送医院取出，化险为夷。

以上案例给我们的教训是幼儿园一定要健全安全管理制度，有了制度，相应的培训、执行、检查落实要到位，才能防患于未然。

(3)幼儿园食品、药品、饮品问题

幼儿园向幼儿提供的药品、食品、饮用水等不符合国家或者行业的有关标准、要求。

案例 7-6

英德市某镇幼儿园发生 83 人中毒事件。经英德市卫生监督所对呕吐物进行化验，证明是有机磷农药中毒。经对该幼儿园饭堂检查，发现其卫生状况差，没有必备的洗、冲、消三级用池及洗菜、洗肉的专用池，不具备幼儿园食堂的条件。

案例 7-7

东北某地 11 所幼儿园的 2300 多名幼儿发生集体中毒事件，起因是某公司向幼儿园提供的豆奶中的志贺氏菌超标，因而造成恶心、呕吐、腹痛、发烧等症状。

这两起事件都是幼儿园责任，给我们的教训是：凡是幼儿园向幼儿提供的药品、食品、饮用水等不符合标准，造成幼儿伤害事故的，幼儿园都应依法承担相应的责任；食堂采购必须实施定点采购(索证制度)和食品留样制度；食堂必须具备开办的条件，达到规定的考核量化标准。

(4)幼儿园组织活动适宜性的问题

一是幼儿园组织幼儿参加教育教学活动或校外活动，未对幼儿进行相应的安全教育，并未在可预见的范围内采取必要的安全措施的。二是幼儿园违反有关规定，组织或安排幼儿从事不适宜未成年人参加的劳动、体育活动或其他活动的。

案例 7-8

某公司在广场举办活动，组织了某幼儿园幼儿每人手持一束小氢气球参加开幕式，上午 10：40，有一人用打火机去烧系在气球上的线，使 1000 只小气球遇明火突然爆炸，70 多人受伤。

案例 7-9

一所婴幼儿用品商场开业，举行非常隆重的庆典仪式，邀请小天使艺术幼儿园的幼儿在仪式上表演舞蹈节目。小丽也是这群幼儿中的一员。谁知正当她兴高采烈地在舞台上蹦蹦跳跳时，突然被台面上的话筒线绊了一下，重重地摔倒在舞台上，造成右臂脱臼骨折。后虽经治疗，但右臂再也无法完全伸直，经鉴定为十级伤残。小丽的父母向法院提起诉讼，要求赔偿各项损失。

其他不适宜活动包括救火。1994 年 4 月 28 日，国家教委、林业部联合发出紧急通知指出，严禁中小学参加扑救山林火灾。1988 年 1 月 16 日颁布的《森林防火条例》第 23 条规定："扑救森林火灾不得动员残疾人员、孕妇和儿童参加。"

(5)幼儿园员工健康查体问题

幼儿园知道教师或其他工作人员患有不适合担任教育教学工作的疾病，如传染性疾病和精神性疾病，未采取必要措施的。

案例 7-10

某幼儿园大三班有 3 名幼儿得了乙肝，这些幼儿以前都是肝功能正常的，经查该班教师是乙肝病毒携带者，教师在调入该园时园长没有要求其体检。

依据《教师资格条例》《托儿所幼儿园卫生保健管理办法》规定，传染性疾病、精神病史均属不适宜进行教育教学工作的疾病。《幼儿园卫生保健十项制度》规定：工作人员在参加工作前必须到指定医院（妇幼保健院）进行体格检查，包括胸部 X 光、肝功能、乙肝表面抗原、真菌、滴虫、淋病检查及一般体格检查（血压、心脏、肺部、腹部、皮肤、五官、四肢）等；经过健康检查合格并无严重生理缺陷者，需持有由健康检查单位签发的证明书方可上岗。食堂工作人员还要做便培养。

(6)幼儿园对体弱儿童的关注问题

幼儿有特异体质或特定疾病，不宜参加某种教育教学活动，幼儿园知道或应当知道，但未予以必要的注意。

幼儿园应及时了解幼儿健康状况，并及时通知班级教师，幼儿园应建立幼儿健康状况档案和定期体检制度。如剧烈活动，应允许患有心脏病、身体不适的幼儿不参加。家长有告知的义务，如果向幼儿园隐瞒幼儿病情，则幼儿园不承担责任。

(7)幼儿园意外伤害或突发疾病的及时救助问题

幼儿在园期间突发疾病或受到伤害,幼儿园发现,但未根据实际情况及时采取相应措施,导致不良后果加重。

案例 7-11

丁丁今年 3 岁,是某幼儿园小班的幼儿。一天中午吃饭的时候,丁丁告诉教师他不想吃东西,教师正在忙就没有多问,丁丁没吃午饭就午睡了。下午幼儿们正在上游戏课的时候,丁丁忽然晕倒,教师急忙将他送至园医处治疗。园医对丁丁进行了常规处理后,未见其病情好转,便建议立即将丁丁送往医院治疗。可值班的教师却认为,丁丁不过是因为中午没吃饭而晕倒的,没什么大问题。由于滞留园中时间过长,延误了抢救时间,致使丁丁没能得到及时的治疗,最后在送往医院的途中死亡。家长得知情况后,要求幼儿园赔偿 60 万元。

(8)幼儿园员工工作规范化问题

幼儿园教师或其他工作人员在履行职责过程中违反工作要求、操作规程、职业道德或其他有关规定的。

案例 7-12

幼儿辉辉因为好动、淘气被教师罚站在小椅子上,结果辉辉不慎从小椅子上跌下摔伤,家长为此和幼儿园发生争执。幼儿园认为是辉辉自己摔伤的,而家长认为,是由于教师对幼儿进行体罚造成幼儿受伤,幼儿园负有不可推卸的责任。

这种情况完全是幼儿园的责任,因为是因教师故意行为造成幼儿伤害的。法律有相应的责任规定。《未成年人保护法》明确规定:“幼儿园、托儿所的教职员对未成年幼儿和儿童实施体罚或者变相体罚,情节严重的,其所在单位或者上级行政机关给予行政处分。”《〈中华人民共和国义务教育法〉实施细则》第 42 条进一步指出:“对体罚幼儿情节严重,违反《中华人民共和国治安管理处罚条例》的,由公安机关给予行政处罚,构成犯罪的,依法追究刑事责任。”保教人员是幼儿园的工作人员,是幼儿园职责的具体执行者,保教人员的工作带有公务性质,所以保教人员在执行公务过程中的职务行为对幼儿的侵权,要由幼儿园承担责任。因此,幼儿园要加强安全管理和法制教育。

(9)幼儿园员工履行职责问题

幼儿园教师或其他工作人员在负有组织、管理未成年幼儿的职责期间,发现幼儿行为具有危险性,但未进行必要的管理、告诫或制止的。如幼儿在楼道内奔跑、打闹,教师发现,应予制止。

案例 7-13

幼儿柏某与其他幼儿在操场设置的游乐鸭船上玩耍，柏某双手吊在鸭船上面的横杠上，双脚站在鸭船的左舷，使鸭船左右摇晃。教师发现了这种情况，但没有及时制止。在鸭船晃动中，柏某从鸭船上跳到地面，被晃动的鸭船撞伤。经卫生院诊断：左胫骨螺旋骨折，住院治疗 9 天无好转，后转入中山医院住院治疗 16 天，好转出院，但左腿仍有内固定未取出。柏某监护人起诉要求幼儿园赔偿医疗费、交通费、护理费等合计 14754 元。

(10)幼儿走失问题

对幼儿擅自离园等与幼儿人身安全直接相关的信息，幼儿园发现或知道，但未及时告知未成年幼儿的监护人，导致未成年幼儿因脱离监护人的保护而发生伤害的。

案例 7-14

4 岁的天天刚从外地到北京，上幼儿园的第一天，天天和小朋友们跟着教师在幼儿园的小花园里“找春天”。其他幼儿听到教师集合的口令，都随教师返回了班里，而天天看幼儿园的大门是开着的，就趁教师没有注意，离开了幼儿园，自己回家了。幸运的是天天家离幼儿园很近，天天回家时家里还有人。

这种情况属于幼儿走失的事故，幸运的是没有造成严重的后果。幼儿走失属幼儿园严重事故，这是由于幼儿园管理的失误，是幼儿园未尽看管之职造成的。幼儿在幼儿园期间(指幼儿从踏入幼儿园门到离开幼儿园这段时间)，教师应该像家长一样看管幼儿。幼儿被他人接走、外来人员侵入、幼儿园组织的校外活动引发事故等情况都属于幼儿园的责任事故，幼儿园要负相应的责任。

根据幼儿园发生意外伤害事故时，幼儿园需要负法律责任的情况，预防幼儿园责任事故应注意以下问题：设施达标、制度健全、教育经常、管理到位、救护及时等。

2. 幼儿和监护人在幼儿伤害事故中应当承担责任的情形

(1)根据幼儿认知能力和年龄特点应当知道具有危险或者可能危及他人的行为仍故意实施的。

(2)幼儿行为具有危险性，幼儿园、教师已告诫、纠正，但幼儿不听劝阻，仍故意实施的。

案例 7-15

幼儿在离园前等家长接，其中两个幼儿争抢玩具，教师上前劝阻，带两名幼儿各自去玩其他玩具后，教师去接待来园的家长。但是其中一名幼儿心有不忿，趁大家不备，使劲推了另一名幼儿，造成另一幼儿额头摔破缝了 4 针。

(3)幼儿有特异体质,或患有特定疾病,监护人知情但未告知幼儿园的。

案例 7-16

有些家长担心幼儿园不收患病幼儿入园,故意向幼儿园隐瞒病情。如姚姚父母在幼儿入园时未告之幼儿园姚姚经常咳嗽,时有窒息现象的特异体质。某日姚姚在上课时病发,教师立即将其送往医院并及时通知了其父母,但姚姚终因间质性肺炎诱发窒息而死亡。本案中姚姚的死亡应由其父母承担全部责任。

(4)幼儿的身体状况、行为、情绪等有异常情况,监护人知道或已被学校告知,但未履行相应监护职责的。

案例 7-17

某幼儿园组织幼儿排队到操场上做早操,幼儿张默下楼时不慎摔倒受伤而且瘫痪。经医院鉴定,他患有先天性发育畸形。其瘫痪与外伤无直接因果关系,所以幼儿园不承担赔偿责任。

(5)幼儿或者幼儿监护人有其他过错的。

3. 第三方应当在幼儿伤害事故中承担责任的情形

幼儿园在组织幼儿参加活动时,因提供场地、设备、交通工具、食品及其他消费与服务的经营者,或者幼儿园以外的活动组织者的过错造成时,应由有过错的当事人依法承担相应的责任。

案例 7-18

某幼儿园组织幼儿至某展览馆参观,参观完毕,教师组织幼儿到展览馆的游乐设施区域内自由活动。其间,张某在荡秋千时,绳索突然断裂,致其摔倒在地。张某受伤后,马上被幼儿园送至医院救治。张某于事发后 1 个月出院,出院诊断为右肱骨髁上粉碎性骨折。后经鉴定,结论为七级伤残。

《学生伤害事故处理办法》规定以下六种情况幼儿园无法律责任:

一是地震、雷击、台风、洪水等不可抗的自然因素引起的。

二是来自幼儿园外部的突发性、偶发性侵害。

三是幼儿有特异体质、特定疾病或者异常心理状态,幼儿园不知道或者难以知道的。

四是在对抗性或者具有风险性的体育竞赛活动中发生意外伤害的。

五是幼儿园行为并无不当却发生了造成幼儿人身损害后果的事故。如在幼儿入园、离园途中发生的,或在离园后、节假日或假期等幼儿园工作时间以外,幼儿自行到幼儿园发生的事故。

六是由于幼儿园教师、工作人员与职责无关的个人行为或故意实施的违法犯罪行为,造成幼儿人身伤害的,应该由致害人依法承担相应的责任。

四、幼儿园伤害事故处理程序

(一)即时救助程序

幼儿园应当及时救助受伤害幼儿,一是运用掌握的安全知识进行自救;二是及时送到急救中心或拨打“120”急救电话。

(二)即时协调程序

一是实施紧急救助的同时,幼儿园应当将事故情况及时告知未成年幼儿的监护人;二是幼儿园要根据所发生的幼儿伤害事故的情形的轻重及时向上级领导报告。如果所发生的幼儿伤害事故情形严重,幼儿园应当及时向主管教育行政部门及有关部门报告,一般在事故发生后24小时内口头报告,并在7个工作日内提供有关事故的书面报告。如果所发生的幼儿伤害事故属于重大伤亡事故的,教育行政部门应当按照有关规定及时向同级人民政府和上一级教育行政部门报告。

(三)事故处理解决纠纷途径

发生幼儿伤害事故,幼儿园与受伤幼儿家长或者相关幼儿家长可以通过协商方式解决;本着自愿原则,可以书面请求主管教育行政部门进行调解。幼儿的监护人也可以依法直接提起诉讼。这个规定实际上提出了三种不同层次的解决纠纷的途径:

一是当事方自行协商解决。

二是双方或者三方自愿,可以书面请求由教育行政部门进行调解。

三是当事人直接提起诉讼,通过司法途径解决。

对民事纠纷而言,前两种途径较为普遍,但在实际情况中,大多数幼儿伤害事故的赔偿纠纷最后都要经过教育行政部门的调解才得以解决。

1.行政调解解决事故纠纷

行政调解是指由国家行政组织出面主持的,以国家法律和政策为依据,以自愿为原则,通过说服教育等方法,促使争议双方当事人友好协商,互让互谅,达成协议,从而解决争议的方法和活动。

行政调解应由国家行政组织主持,即调解人必须是行政组织。在我国的教育体制中,幼儿园的上级主管部门是教育行政部门。因此,如果幼儿伤害事故发生在幼儿园或者幼儿园组织的教育活动中，教育行政部门在必要的情况下理所当然承担调解的任务。行政调解必须以自愿为原则。行政调解与行政处理不同，不能由行政部门单方面作出决定，强制当事人通过调解解决纠纷。教育行政部门只有在幼儿园和幼儿的监护人都愿意接受调解的情况下才能进行调解，而且通过调解达成的协议必须是双方当事人都同意的，不能由教育行政部门自行决定，强加于被调解人。行政调解是诉讼外调解。这种调解不是诉讼必经的程序，不能因为行政调解而限制当事人行使诉讼权。当事人未经教育行政部门调解或在调解过程中都有权利依法直接提起诉讼，寻求司法途径来解决纠纷。

教育行政部门在双方当事人之间进行的调解对妥善处理事故起到了积极的作用。由于调解人是国家行政组织，具有较高的权威，当事人双方更容易接受其调解，这有利于避免矛盾激化，减少诉讼，消除双方的成见，及时有效地结束对事故的处理。教育行政部门收到调解请求，认为有必要的，可以指定专门人员进行调解，经教育行政部门调解，双方就事故处理达成一致意见的，应当在调解人员的见证下签订调解协议，在受理申请之日起 60 日内完成调解。在调解期限内，双方不能达成一致意见，或者调解过程中一方提起诉讼，人民法院已经受理的，应当终止调解。当调解结束或者终止后，教育行政部门应当书面通知当事人。

2. 司法途径解决事故纠纷

对经调解达成的协议，一方当事人不履行或者反悔的，双方可以依法提起诉讼。

(四)事故损害赔偿

主要包括幼儿伤害事故的赔偿范围，筹措赔偿经费的途径，建立幼儿伤害事故充分有效的救济渠道。主要涉及有关赔偿的三个重要问题，即“赔什么，谁来赔，怎样赔”的问题，其中“怎样赔”提出了筹措赔偿经费的途径，是解决赔偿问题的关键。“赔什么”即幼儿伤害事故赔偿的性质及其范围是什么。幼儿伤害事故从性质上属于侵权民事责任，根据《民法》，其承担民事责任的方式主要是经济赔偿。

1. 对发生幼儿伤害事故负有责任的组织或者个人，应当按照法律法规的有关规定，承担相应的损害赔偿责任。

2. 按照有关行政法规、地方性法规或最高人民法院司法解释中的有关规定来确定赔偿范围，如《上海市中小幼儿伤害事故处理条例》确定的赔偿范围包括医疗费、营养费、误工补助费、护理费、交通费。

一般情况下，造成幼儿伤害事故未造成残疾、死亡的属于一般伤害赔偿，赔偿费用包括医疗费、营养费、误工费、护理费、交通费和住宿费。因伤害事故而造成幼儿残疾的，除需要承担一般伤害赔偿的费用以外，还需要赔偿残疾用具费、残疾赔偿金等费用。严重的情况下，因伤害事故而造成幼儿死亡的，除需要赔付一般伤害赔偿外，还需要赔付死亡幼儿父母或其他监护人丧葬补助费、死亡赔偿金和精神损害抚慰金等费用。

3.幼儿园对幼儿伤害事故学校赔偿原则。如果幼儿园对幼儿伤害事故独有责任，根据责任大小，适当予以经济赔偿，同时，还要区分赔偿的具体范围。赔偿必须是与伤害事故本身直接相关的，而不涉及与之无直接关系的其他事项，不承担解决户口、住房、就业等与救助受伤害幼儿、赔偿相应经济损失无直接关系的其他事项。如果幼儿园对幼儿伤害事故无责任，如果有条件，可以根据实际情况，本着自愿和可能的原则，对受伤害幼儿给予适当的帮助。

4.如果因幼儿园教师或者其他工作人员在履行职务中的故意或者重大过失造成的幼儿伤害事故，幼儿园予以赔偿后，可以向有关责任人员追偿。

5.幼儿对幼儿伤害事故负有责任的，由其监护人依法承担相应的赔偿责任。如果幼儿的行为侵害幼儿园教师、其他工作人员以及其他组织、个人的合法权益而造成损失的，幼儿的监护人应当依法予以赔偿。

6.幼儿园有责任，承担赔偿责任的主体一般是幼儿园，有些幼儿园属于非营利性的事业单位，没有创收能力提供额外的经费用于赔偿，这种情况下幼儿园的主管部门或举办者有责任协助幼儿园筹措赔偿费，以保证最终有机构承担赔偿受害幼儿的责任。

7.除了幼儿园自己承担赔偿金以外，县级以上人民教育行政部门或者幼儿园举办者有条件的，可以通过设立幼儿伤害赔偿准备金、鼓励幼儿参加幼儿园责任保险、提倡幼儿自愿参加意外伤害保险等办法筹措伤害赔偿金，缓解幼儿园的赔偿压力。

五、发达国家教育机构及幼儿园安全防范与事故处理实践及启示

美国、日本、韩国关于幼儿意外伤害事故的法律处理实践较为成功且具有参考价值。

(一)美国幼儿园安全防范措施

美国校园全面实施现代化的安全防范措施,广泛依靠高科技手段建立了多功能的防盗、防火、交通安全、报警等校园安全防范体系,促进校园安全防范不断形成点面结合、纵横交错的严密网络。一是防火安全系统。美国幼儿园的建筑普遍安装了消防报警系统,配备自动喷淋装置,并有多种灭火器材,以及室内外消火栓,保证能够提供充足的灭火水源。二是多功能电子监控系统。各幼儿园都建立了电子监控中心,通过安装在幼儿园各个交通路口、停车场及其他重要部位的摄像头,对幼儿园情况进行 24 小时监控。三是防盗、防侵入系统。目前美国幼儿园已普遍安装了电子门禁系统。一些幼儿园的门禁系统掌握在建筑管理员手中,还有一些直接由监控中心控制,重要通道安装电子锁,凭电子钥匙开启,系统自动记载开启时间和使用者身份,确保万无一失。

(二)日本教育机构及幼儿园安全事故处理

1. 学生意外伤害事故处理的相关法律制度

日本向来以重视教育立法著称。从纵向来看,日本颁布的教育法律形式就有母法、子法、府令和省令、人事院和委员会等颁布的规则以及由各厅长官、文部大臣、各种委员会所发布的告示、训令、通达等六个层次;地方又有议会制定的条例、地方教育委员会制定的规则、地方行政长官制定的规则等三个层次,由此日本的教育法规形成了一种从上至下金字塔形的网络体系。从横向看,从基础教育法到一般教育法,从国立、公立学校法到私立学校方面的法规,从学校教育法到社会、家庭教育方面的法规,从教科书法到课程、课时标准、课外活动和修学旅行等方面的法规,可谓应有尽有,面面俱到。日本有关处理学生意外伤害事故的法律法规,形成了以《传染病预防法》《学校教育法》《国家赔偿法》《日本体育及学校保健中心法》等为主的一套完备的处理学生意外伤害事故的法律体系。另外,各个地区还制定出了地方性的法规,如东京地区制定了《报告处理伤害事故纲要》《学校防灾指南》等。日本的各个学校也制定出一套预防和处理学生意外伤害事故的规章制度。在这样一张纵横交错、完善而严谨的教育法规网络下,日本的教育事业做到了有法可依,从而形成了一种高效运作的规范化管理体系。

2. 关于学生意外伤害事故处理中相关主体的法律责任

对于不属于过失行为的,例如暴行、故意伤害等,除了追究相应的民事责任外，构成犯罪的还要追究刑事责任。

对于国立、公立学校校长和教职员工的违法行为，除追究民事责任外，也可追究行政责任。

3. 关于学生意外伤害事故的处理机构和程序

（1）处理机构

教育行政主管部门（文部省）。日本学生意外伤害事故首先由教育行政主管部门来处理，如各级各类国立学校、高等专门学校和公私立大学等。由文部省主管的，首先由文部省来处理其有关纠纷。

人事院或者人事委员会、公平委员会。如果对教育主管部门的处理不服，可上诉到所在地区的人事院或者人事委员会、公平委员会。

司法机关。如对于上述机关的裁定仍然不服，可上诉到司法机关。根据法律规定，除非是特殊情况，不经过人事院或者人事委员会、公平委员会的裁决，不得上诉到司法机关。

（2）处理程序

日本对学生意外伤害事故的处理，一般依照四个程序进行，即采取紧急措施，校长、教师采取对策，明确学校的责任范围，对新闻记者采取有关对策。一旦发生学生意外伤害事故，应采取如下措施：第一，进行必要的紧急处理；第二，掌握事故的一些重要情况；第三，及时与家长、教育委员会等有关人士和机构联络；第四，查明事故原因，采取必要措施防止事故的再次发生；第五，分析事故可能产生的影响，并采取相应的对策。

4. 关于学生意外伤害事故的赔偿方式

日本学生意外伤害事故可分为以下两种赔偿方式：一种是推行国家行政赔偿责任制。日本法律认为，国立、公立学校行使的是公权，由其在经营管理过程中侵犯了公民的合法权益而造成的损害，应适用国家赔偿法，由国家负责赔偿。日本处理学生意外伤害事故的主要法律是《国家赔偿法》《日本体育及学校健康中心法》等法律法规，如因学校设施、场地等原因引起的学生意外伤害事故，在依法认定学校责任范围的前提下，根据日本国家赔偿法相关规定，学校应承担相应的赔偿责任。另一种是建立和完善学校事故赔偿责任的社会化机制。学生伤害事故的损害赔偿一般只限于被害人对于加害人个人的关系。如加害人的经济能力不足，要实现赔偿是很困难的。为此，日本推行学校赔偿责任的社会化机制。根据日本学校安全会法的规定，这类赔偿通常采取“共济给付”的办法。日本的绝大多数学校机构都加入了学校健康会，一旦出现学校或教师在学生意外伤害事故中负有责任并赔偿损失的情况，即可要求学校健康会支付赔偿。此外，日本大部分学生都参加了日本体育及学校健康中心的保险活动，并成为该机构的会员，一旦遭遇伤害事故，其成员就可以从该中心获得赔偿。

(三)韩国教育机构及幼儿园安全事故处理

1. 韩国的学校安全协议会制度

由于学校安全事故的日益增多，根据民法的规定，1987 年 12 月韩国开始陆续在全国成立学校安全协议会，用以保护学校及学生和教员安全。协议会成立之前，若在校学生出现重伤或死亡等意外事故，学校缺乏解决问题的有效法律依据，解决的办法通常是由个人承担责任，对受害者进行经济赔偿。如果受害者对赔偿不满意的话，学生家长与学校之间就会发生矛盾，为了解决这类问题，学校安全协议会应运而生。该协议会创造性的活动既提高了学校安全事故处理的效率，又增强了家长对学校和教师的信任感。

学校安全协议会的主要目标是：采取有效措施预防学生意外伤害事故的发生，努力创建安全的教育环境以保护学生、学校及教员的最大利益；当发生学生意外伤害事故时，学校安全协议会将代替学校对受害人进行赔偿。

学校安全协议会采用会员制，全国每个学校都可以申请加入该市或道内的协议会。协会经费来源是学校每年预算内安排的，会员学校每年要向协议会交纳一定的会费。协议会的最高领导机构为理事会，负责整个协议会的日常工作，一般由 13 人组成，主要工作内容编制每年的财政预算以及年终的财政结算。理事会采取理事长负责制。在协议会内部常设人员 4～5 人来负责协议会的日常工作，调查事故发生的起因、经过及结果等，并向赔偿委员会提交事故报告，以方便赔偿委员会处理相关赔偿事宜。除了理事会和各个会员学校之外，协议会一般还下设咨询机构和赔偿委员会。前者由精通法律和管理的人组成，主要向理事长提出具体的工作建议，后者主要负责确定赔偿的具体数额等问题。

2. 学校安全协议会的赔偿过程和作用

学校安全协议会对学校安全事故进行界定：学校事故是指在学校的教育教学活动中发生的涉及学生人身利益的安全事故，不包括自然灾害所引发的事故，即由于非人为的外部原因偶然地、突然地发生而引起的伤害事故。

(1)赔偿委员会的构成和作用

赔偿委员会是学校安全协议会的组成部分。该委员会的成员由地方教育厅的行政官员、医生、会员学校校长、律师、学生家长的代表、协议会的成员组成。委员的任期为2年，其替补成员的任期为前任成员的剩余期限。赔偿委员会的主要作用是：

- 根据不同的情况采取不同的方法来决定是否赔偿及赔偿的数额。
- 执行法院判决的赔偿数额，最终给付受害者的赔款以法院的判决为标准。
- 在对事故作出最后处理之前，支付受害者一定的赔偿金。
- 审查二次申请事件。
- 其他与委员会运营的有关事宜。

(2)赔偿的对象

协议会的赔偿对象包括在学校的教育教学活动中发生了意外伤害事故的学生、教师员工。在协议会的监督下，当发生校园意外伤害事故时，赔偿委员会对学生及教师员工在身体上、经济上受到的伤害及损失进行赔偿。

(3)赔偿程序和支援方法

赔偿委员会进行赔偿的一般程序是：发生事故的学校以报告的形式就事故的起因和经过向学校安全协议会提出赔偿申请，由协议会理事会派员对事故进行调查，向赔偿委员会提交调查报告，由赔偿委员会对学校的申请进行审议。赔偿委员会依据事故调查报告决定是否赔偿，并告知学校审议结果。学校通知当事方赔偿结果，如果当事方对判决不服，可以提出上诉。

同时，申请赔偿时间是指事故发生以后的1年内，它的赔偿期限是事故发生以后的3年内。根据事故具体情况的不同而采取不同的赔偿方法。赔偿委员会的主要支援方法是在赔偿申请配额不超过500万韩元时，则可以一次支付。当其赔偿配额超过500万韩元时，根据事故发生的紧急状态，委员会可以支援其赔偿基准配额的50%左右。

(四)国外教育机构及幼儿园安全防范及安全事故处理实践对我国的启示

1. 不断完善幼儿园安全立法

目前，我国幼儿意外伤害事故处理的主要法律依据为《学生伤害事故处理办法》，该办法虽然规定了事故的责任认定、处理程序等内容，但针对事故的善后处理方面可操作性不强。目前，许多幼儿园一旦发生幼儿意外伤害事故，善后处理仍缺乏规范、权威的处理依据，处理标准更无统一。因此，我们应充分借鉴国外先进经验，不断建立和完善幼儿园安全管理相关法律法规，要尽快制定专门的《幼儿园安全法》，切实保护各级各类幼儿园和师生的安全，做到有法可依，不断走向依法治园的法治轨道。

2. 建立幼儿园安全的现代化防范措施

依靠先进的科学技术手段，建立一套科技防范网络系统，有效预防各种犯罪行为以及幼儿园安全事故，以降低事故发生率，努力创建平安幼儿园。

3. 建立处理纠纷具有公权力的仲裁方

在意外安全事故中幼儿园和幼儿家长一样，也是受害者，但目前的情况却使双方成了对立者。幼儿的意外伤亡，往往由多种因素造成。判定幼儿园日常管理对这些意外事故形成究竟存在多少影响，应当说幼儿园和幼儿家长的评判解释都不可避免地站在对各自有利的立场上，显然缺乏公信力。这种情况下，双方的协商、谈判就更难找到平衡点。引入第三方力量的参与，有助于提供合理、公正仲裁，厘清各方责任，促进事故纠纷的解决。

4. 建立和完善保险机制，将幼儿园的办园风险社会化

不断借鉴国外幼儿园意外伤害事故的处理经验，进一步将保险业引入幼儿意外伤害事故的赔偿中。幼儿园和幼儿家长都应当增强风险分担的意识，积极为幼儿意外伤害事故投保，以降低事故风险。与此同时，保险公司也应该积极探索增加险种，以适应意外伤害事故形式的发展变化，从而通过多方努力，逐步形成投保基金、社会风险基金的良性运行机制，合理解决事故的赔偿问题，共同营造安定和谐的家园氛围。

5. 调动各种社会力量，广泛参与幼儿园安全管理

全面调动各种社会力量，形成广泛的幼儿园安全管理参与机制，有助于做好幼儿园的安全管理工作。幼儿园安全管理工作是一项系统工程，不是一朝一夕能够完成的，不能仅仅依靠幼儿园安全管理单打独斗。充分调动各方社会力量积极参与，建立一种广泛的参与机制，形成合力，有助于增强对违法犯罪的打击和各种校园事故预防能力。

六、幼儿园安全事故处理的典型案例分析

古罗马法典中有句名言："善良与公正是法的艺术。"在处理幼儿伤害事故中，我们应首先从人道的角度出发，努力与幼儿的监护人达成情与法的和谐统一。自觉履行对幼儿的法律义务，努力采取各种措施避免损害结果的发生，用我们强烈的爱心和高度责任感来保护在园幼儿的安全。只有我们问心无愧，才

能在解决幼儿意外伤害事故的过程中保持清醒的头脑，以法律为准绳，以事实为依据，理智地解决家园分歧，构建和谐友好的家园关系。

案例 7-19　幼儿被“第三者”毁容案

几年前，上海发生过一起毁容案，“第三者”杨某以幼儿教师的身份，把男方的女儿领出幼儿园并实施硫酸毁容。事发后，杨某被判处死刑，而幼儿家属则向幼儿园提起索赔，理由是幼儿园不应当把幼儿交由第三人带回。

问题：幼儿园是否应当承担赔偿责任？

案例分析

我国并没有相关法律或规范性文件规定幼儿只能由父母来领（这里幼儿园要和家长约定谁来接幼儿）。

①如果约定该幼儿除父母外，任何人来领都不能放行，幼儿园就必须承担责任。[《家长安全责任书》关于幼儿接送的条款中第 3 条规定，如有特殊原因委托他人接送时，家长要提前联系教师，将被委托者之姓名、性别、年龄、特征、衣着与孩子之间的关系告诉教师，被委托人应具备完全民事行为能力（年满 18 岁以上的正常人），交接孩子时要实行三方通话确认。]

②如果没有任何约定，采用混合过错的原则，考虑加害人和受害人之间的过错程度并进行比较，通过适用过错相抵规则确定加害人和受害人的责任范围；在共同过错的情况下，考虑共同侵权人的过错程度，从而确定各自与共同过错相适应的民事责任。

法律解析

对幼儿人身损害的赔偿责任应坚持过错原则。过错原则即幼儿在幼儿园中发生的人身和财产伤害，由有过错的一方承担责任，无过错则不承担责任。幼儿园只有在管理上存在过错，而且幼儿园的某种管理行为与幼儿的人身伤害和财产损害之间具有因果关系，才承担责任。

《中华人民共和国民法通则》第 106 条第 2 款规定：“公民、法人由于过错侵害国家的、集体的财产，侵害他人财产、人身的应当承担民事责任。”

最高人民法院《关于贯彻执行〈中华人民共和国民法通则〉若干问题的意见》第 160 条规定：在幼儿园、学校生活、学习的无民事行为能力人或者在精神病院治疗的精神病人，受到伤害或者给他人造成损害，单位有过错的，可以责令这些单位适当给予赔偿。

案例 7-20　滑倒受伤事件

2009 年 5 月某日下午，辰辰和其他幼儿在教师和保育员的带领下，一起来到户外铺设塑胶地毯的场地上做“丢手绢”游戏。在游戏开始前，教师详细讲解了游戏的规则。随后，当辰辰手持手绢向其他幼儿跑去时不慎摔倒，辰辰左手受伤当即疼痛不止。幼儿园一边通知辰辰的家长，一边将辰辰送往最近的医院急诊。经诊断，辰辰左肘关节肱骨髁上骨骨折。之后，辰辰又被转送住院治疗。

辰辰出院后，其父母委托司法鉴定中心对辰辰的伤残等级及营养、陪护期限进行了鉴定。经鉴定，辰辰因外力作用致左肘关节肱骨髁上骨骨折累及骨骺，现左肘关节活动受限，评定十级伤残，酌情给予(含二期取内固定术)伤后营养3个月，陪护3个月。后因双方对赔偿事宜协商不成，辰辰由其父母代理向法院提起诉讼。

问题：幼儿园对此事故有无过错?

案例分析

此案例中的教师无过错，幼儿园不应当赔偿。户外活动中，让一个教师保证几十个幼儿不摔倒，既不合理也不可能。教师的责任在于指导幼儿用正确的方法去游戏，同时对游戏过程中可能的危险有提请幼儿注意的义务，对于发生的事故有向幼儿园和幼儿的监护人报告的义务。如果我们的幼儿园教师要为幼儿的摔倒承担责任，我们的户外活动就应当取消，因为没有一个教师能够保证幼儿在户外游戏活动中不摔倒。

法律解析

①法庭上，对于幼儿受伤一事幼儿园是否存在管理疏忽(有无过错)成法庭审理的焦点。幼儿的父母认为自己本来是冲着被告拥有较好的师资和较为完善的教学配套设施，才想方设法将辰辰送进来。由于幼儿尚未满5周岁，显然不具备独立照顾自己的能力，且相关法律法规也规定了未成年人在校上学期间，幼儿园具有保障未成年人人身不受侵害的义务。现幼儿在幼儿园组织的游戏过程后受伤，幼儿自身并无过错，作为负有安全保障义务的幼儿园显然存在管理上的疏漏，应该承担全部的赔偿责任。幼儿园应赔偿除已经支付的医疗费之外的伤残赔偿金、营养费、律师费、精神损失费等各项费用共计7万余元。

②被告幼儿园则大呼冤枉，其辩称幼儿园各项管理工作一向规范，幼儿园组织幼儿做的“丢手绢”游戏是在幼儿园教育大纲范围之内，完全属于幼儿的认知和体力能力所能承受的范围。场地的设施和教师人数等均符合要求，幼儿的跌倒属于瞬间发生的意外事件，幼儿园已经尽到充分的注意义务，不应再承担责任。

③双方均无过错，法院依“公平责任”判幼儿园担半责。对于双方的争辩，法院经审理后认为，《教育法》《未成年人保护法》以及《上海市中小学幼儿伤害事故处理条例》明确规定，幼儿园与幼儿之间是法定的教育管理关系，幼儿园对未成年幼儿负有教育、管理和保护职责。本案中，幼儿在教师和保育员的组织

下进行户外游戏并无不当，而且“丢手绢”游戏为我国传统类游戏，并未超过幼儿正常的认知能力和体力能力。考虑幼儿做“丢手绢”游戏时一直处在运动的状态之下，故幼儿园提供铺设了塑胶地毯的场地做游戏，对可能存在的各种安全隐患作了充分的防备。在整个游戏过程中，教师和保育员未擅离职守，已尽到了相应的注意义务。原告受伤后，被告及时通知家长，并在第一时间将原告送至医院进行治疗，说明被告已积极采取措施救护受伤幼儿。可见，被告对原告受伤的损害后果并无过错。原告在做“丢手绢”游戏中不慎致损害事实的发生，属意外事件。根据相关法律规定，当事人对造成损害都没有过错，可以根据实际情况，由当事人分担民事责任。法院根据公平责任原则，结合案件的实际情况，酌定被告幼儿园分担原告50%的损失，即赔偿伤残赔偿金、护理费等各项费用共计4万余元，扣除已经支付的9000余元再需赔偿3万余元。

案例 7-21　幼儿园窗户玻璃坠落致幼儿伤害

2000年3月某日，从幼儿园三楼窗户上掉下一块玻璃，恰好落到幼儿童童头上，玻璃顷刻变成碎片，其中一块玻璃碎片插入幼儿的头顶部，致使童童当场昏迷。幼儿园立即将童童送到医院抢救，童童家长接到通知后也随即赶到医院。经诊断，童童开放性颅脑损伤，颅内异物。尽管经抢救脱离了危险，但脑袋顶端留下一个一元硬币大小的洞。3个月后，童童进行了颅脑修补手术，还留下了经常头痛、半夜惊醒、出冷汗等后遗症。为治疗童童的颅脑损伤，历时半年，前前后后共花去医疗费、颅脑修补手术费、家长误工费、交通费、营养补助费等3万多元。家长作为童童的法定监护人，向幼儿园提出赔偿损害，包括已花费的和今后将要花费的物质损害和精神损害、直接损失和间接损失，共计人民币20万元。

问题：幼儿园是否应当赔偿？

法律解析

幼儿园应当承担赔偿责任。我国《民法通则》第126条规定：建筑物或者其他设施以及建筑物上的搁置物、悬挂物发生倒塌、脱落、坠落造成他人损害的，它的所有人或者管理人应当承担民事责任，但能够证明自己没有过错的除外。

本案中，由于楼房窗户玻璃安装质量有问题，以致窗户玻璃脱落，造成幼儿受伤，楼房的所有人(该幼儿园)应当承担赔偿责任。对此案应适用该条规定处理。除非幼儿园能证明窗户玻璃从三楼掉下是由于不可抗力所致，幼儿园方可免责。

案例 7-22　飞石砸伤幼儿

在某幼儿园户外活动时间，园外飞来的一颗石子砸伤了一名幼儿。然而由于事发地点环境较为复杂，既有建筑工地，又靠路边交通主干道，这块颇具杀伤力的飞石无从调查。家长要求幼儿园对飞石致伤负责并赔偿，幼儿园则以事件发生不是幼儿园过错为由，拒绝赔偿。

问题：幼儿园是否应当赔偿？

法律解析

幼儿园应当赔偿。我国《未成年人保护法》第16条明确规定："幼儿园不得使未成年幼儿在危及人身安全、健康的校舍和其他教育教学设施中活动。"该幼儿园为在园幼儿提供的活动场所存在离主干马路和施工工地太近等不安全因素，不能排除幼儿在活动时免受危险的妨碍，对此而发生的损害结果，幼儿园应为其管理的疏忽和不善承担相应的法律责任。

案例7-23　幼儿撞伤事件

幼儿园中班操场上，幼儿李亮被跑动的幼儿郭涵碰倒在石凳上，被医院诊断为唇颌面软组织撕裂伤，缝合9针，并将两颗松动的乳牙拔掉。

问题：幼儿园是否应当赔偿？

案例分析

家长的态度：

①幼儿园是监护人（即便不是监护人，也有临时监护责任）应负全责。

②自己的幼儿是被另一名幼儿郭涵推倒的，说明教师没教育好幼儿，是幼儿园的责任事故。

③缝了9针就应该算责任事故。

此事家、园双方分歧较大，且家长索赔数额又高。为达成协议，家长提起诉讼，提出5000元的诉讼请求。在庭审中，法官向园方提问："郭涵小朋友跑，教师制止了吗？"

园方的态度：

①幼儿园不是在园幼儿的监护人，监护权转移之说无法无据；事发全过程证明教师无过失及疏漏，不应承担民事责任。

②李亮受伤不是郭涵故意推人所致，即便是郭涵故意所推，园方也没责任，因为我们的教育是有效的，但不是万能的。

③李亮缝9针，幼儿园也非常痛心，但认定幼儿园是否有过错要看其主观上是否存在过错、在管理上是否存在过失或疏漏。

④幼儿在操场上跑动是正常的，这是幼儿园操场的用途和功能，是幼儿每天的户外活动中必要的活动。当时操场只有两个班的幼儿活动，秩序井然，教师忠于职守，郭涵的跑动行为不具有危险性。在他前方的中班幼儿或蹲或走捡拾梧桐花，不具有危险性，教师不去制止是没有错的。郭涵在跑动过程中无意

将李亮碰倒，这是教师不可预料、不可克服、不可避免的，事故的发生纯属意外，不是由教师的疏漏引起。

法律解析

法院支持了原告精神抚慰金1100元，由郭涵家长支付770元，幼儿园支付330元。驳回其他诉讼请求。

在这一起幼儿意外伤害案中，家长起诉书指控幼儿园"断然否认幼儿园有责任，并不保证类似的事情不再发生"。

幼儿园在庭审答辩中郑重而诚恳地说："尊敬的原告，你是把幼儿送到了对幼儿实施保育和教育的集体机构中来的，不是雇请家庭教师一对一地施教。在集体教育机构中，幼儿发生意外伤害在所难免，无论是本被告还是幼儿园的主办单位，都不能向家长承诺和保证幼儿不发生意外伤害；有无过错是确定幼儿园承担民事责任的前提条件。"

因此，作为被告方的幼儿园，首先要本着实事求是的科学态度详细阐述事发经过，用事实证明事故发生是不能避免、不能克服、不能预料的，同时还要阐述幼儿园的工作性质、任务及教师的工作职责，这将有助于办案人员客观分析案情事实。其次，本着"谁主张，谁举证"的原则，在幼儿园已证明自己无过错的情况下，应请原告方用事实证明幼儿园过错何在。

案例7-24　幼儿嬉闹事件

某幼儿园大班幼儿由教师王某带领到户外活动，幼儿陆某站在幼儿李某的背后，两人均在队尾，趁队伍行走拉开距离时，二人嬉闹。李某背陆某时摔倒，致使李某左股骨中段斜形闭合性骨折。事故发生后，幼儿园及时送李某到医院治疗。李某住院3个月后临床愈合。李某家长与幼儿园就医疗费和赔偿问题多次进行协商，终未达成协议，李某家长向法院起诉，要求巨额赔偿。

问题：李某所受伤害应当由谁来赔偿？

案例分析

父母认为，幼儿入园意味着自己已经将幼儿及对其的监护责任托付给了幼儿园。幼儿在幼儿园时，自己作为法定监护人不可能直接行使监护人责任，只有幼儿园才能监护幼儿，因此，自己不应承担任何赔偿责任。

幼儿园则提出，在幼儿活动前教师已经一再强调"不要拥挤、打闹"，且事故发生之后幼儿园及时送幼儿到医院治疗，幼儿园主观和客观上都不存在过错，不应独自承担如此巨额的赔偿费用。

法律解析

法院作出判决：幼儿园对幼儿活动管理不周，应对损害后果承担一定赔偿责任;幼儿李某、陆某未听从管理,违反幼儿园纪律是引起这次伤害的主要原因,应由其法定监护人对其行为后果承担主要责任。

案例 7-25　　幼儿园推撞事件

2004 年 11 月 10 日下午 4 时左右,正是幼儿园放学时间,来接年仅 4 岁的小天(化名)的父亲却发现幼儿头部肿起个大包,左腿也不能动了。小天支吾着说:"有个小朋友推了我一下,我就倒在地上了,正好坐到一块石头上。"随后他指了指推他的幼儿小伟(化名)。小天父亲赶忙找到教师反映这一情况。幼儿园李园长找到 5 岁的小伟,而小伟自己也说不清怎么推小天的。看着小天一直喊左腿疼,李园长赶紧和小天父亲把小天送进医院。经检查,发现小天是左腿骨折。为治病,小天家长花费医疗费 1.3 万元。

问题:小天所受伤害应当由谁来赔偿?

案例分析

小伟的父亲认为,小伟虽然推倒了小天,但这是在幼儿园发生的事件,自己幼儿入托后,其监护责任应由幼儿园行使,幼儿造成的经济损失应由幼儿园负责赔偿。而幼儿园认为,教师已经尽到了监护责任,幼儿之间互相推是教师无法立即发现的,这是意外情况,所以幼儿园不该负责,小天受伤的损失应由小伟的监护人负责赔偿。为此,小天的父亲正式起诉小伟的监护人和幼儿园。

法律解析

几方最后站到法庭上。法院认为,对小天的伤害,二被告负有共同赔偿责任。法院判决二被告各赔偿小天 1 万余元。法院审理认为,小天在幼儿园入托,被小伟推倒摔伤所造成的经济损失,幼儿园负有补偿义务。根据最高人民法院《人身损害赔偿司法解释的理解与适用》第 7 条规定:对未成年人依法负有教育、管理、保护义务的幼儿园、学校或者其他教育机构,未尽职责范围内的相关义务致使未成年人遭受人身损害,或者未成年人致他人人身损害的,应当承担与其过错相应的赔偿责任。第三人侵权致未成年人遭受人身损害的,应当承担赔偿责任。幼儿园是有过错的,应当承担相应的补充赔偿。

案例 7-26　　在园幼儿人身损害

6 岁的小笑系光华幼儿园的学生,就在教师带领学生回教室途中,小笑走路时不小心摔倒,导致右上肢受伤。

问题:家长和幼儿园各应承担什么责任?

案例分析

这是一起典型的幼儿在幼儿园遭受人身伤害而幼儿园又没有任何过错的

意外事件。本案律师在代理此案件时有着十足的信心，相信幼儿园不应该承担任何的责任，因为根据《最高人民法院关于审理人身损害赔偿案件使用法律若干问题解释》和《学生伤害事故处理办法》的规定，幼儿园在没有任何过错的情况下不承担任何责任。但法院认为，另据全国人大通过的《侵权责任法》第 38 条规定：无民事行为能力人在幼儿园、学校或者其他教育机构学习、生活期间受到人身损害的，幼儿园、学校或者其他教育机构应当承担责任，但能够证明尽到教育、管理职责的，不承担责任。

法律解析

被告辩称，幼儿园对原告的摔伤并无过错，不应承担任何赔偿责任理据不充分，法院对此不予采信，依照《最高人民法院关于审理人身损害赔偿案件适用法律若干问题解释》第 7 条、第 17 条之规定，判决幼儿园负全部赔偿责任。

附录

学生伤害事故处理办法

（中华人民共和国教育部第12号令，自2002年9月1日起实施）

第一章 总 则

第一条 为积极预防、妥善处理在校学生伤害事故，保护学生、学校的合法权益，根据《中华人民共和国教育法》《中华人民共和国未成年人保护法》和其他相关法律、行政法规及有关规定，制定本办法。

第二条 在学校实施的教育教学活动或者学校组织的校外活动中，以及在学校负有管理责任的校舍、场地、其他教育教学设施、生活设施内发生的，造成在校学生人身损害后果的事故的处理，适用本办法。

第三条 学生伤害事故应当遵循依法、客观公正、合理适当的原则，及时、妥善地处理。

第四条 学校的举办者应当提供符合安全标准的校舍、场地、其他教育教学设施和生活设施。

教育行政部门应当加强学校安全工作，指导学校落实预防学生伤害事故的措施，指导、协助学校妥善处理学生伤害事故，维护学校正常的教育教学秩序。

第五条 学校应当对在校学生进行必要的安全教育和自护自救教育；应当按照规定，建立健全安全制度，采取相应的管理措施，预防和消除教育教学环境中存在的安全隐患；当发生伤害事故时，应当及时采取措施救助受伤害学生。

学校对学生进行安全教育、管理和保护，应当针对学生年龄、认知能力和法律行为能力的不同，采用相应的内容和预防措施。

第六条 学生应当遵守学校的规章制度和纪律；在不同的受教育阶段，应当根据自身的年龄、认知能力和法律行为能力，避免和消除相应的危险。

第七条 未成年学生的父母或者其他监护人（以下称为监护人）应当依法履行监护职责，配合学校对学生进行安全教育、管理和保护工作。

学校对未成年学生不承担监护职责，但法律有规定的或者学校依法接受委托承担相应监护职责的情形除外。

第二章　事故责任

第八条　发生学生伤害事故，造成学生人身损害的，学校应当按照《中华人民共和国侵权责任法》及相关法律、法规的规定，承担相应的事故责任。

第九条　因下列情形之一造成的学生伤害事故，学校应当依法承担相应的责任：

（一）学校的校舍、场地、其他公共设施，以及学校提供给学生使用的学具、教育教学和生活设施、设备不符合国家规定的标准，或者有明显不安全因素的；

（二）学校的安全保卫、消防、设施设备管理等安全管理制度有明显疏漏，或者管理混乱，存在重大安全隐患，而未及时采取措施的；

（三）学校向学生提供的药品、食品、饮用水等不符合国家或者行业的有关标准、要求的；

（四）学校组织学生参加教育教学活动或者校外活动，未对学生进行相应的安全教育，并未在可预见的范围内采取必要的安全措施的；

（五）学校知道教师或者其他工作人员患有不适宜担任教育教学工作的疾病，但未采取必要措施的；

（六）学校违反有关规定，组织或者安排未成年学生从事不宜未成年人参加的劳动、体育运动或者其他活动的；

（七）学生有特异体质或者特定疾病，不宜参加某种教育教学活动，学校知道或者应当知道，但未予以必要的注意的；

（八）学生在校期间突发疾病或者受到伤害，学校发现，但未根据实际情况及时采取相应措施，导致不良后果加重的；

（九）学校教师或者其他工作人员体罚或者变相体罚学生，或者在履行职责过程中违反工作要求、操作规程、职业道德或者其他有关规定的；

（十）学校教师或者其他工作人员在负有组织、管理未成年学生的职责期间，发现学生行为具有危险性，但未进行必要的管理、告诫或者制止的；

（十一）对未成年学生擅自离校等与学生人身安全直接相关的信息，学校发现或者知道，但未及时告知未成年学生的监护人，导致未成年学生因脱离监护人的保护而发生伤害的；

（十二）学校有未依法履行职责的其他情形的。

第十条　学生或者未成年学生监护人由于过错，有下列情形之一，造成学生伤害事故，应当依法承担相应的责任：

（一）学生违反法律法规的规定，违反社会公共行为准则、学校的规章制度或者纪律，实施按其年龄和认知能力应当知道具有危险或者可能危及他人的行为的；

（二）学生行为具有危险性，学校、教师已经告诫、纠正，但学生不听劝阻、拒不改正的；

（三）学生或者其监护人知道学生有特异体质，或者患有特定疾病，但未告知学校的；

（四）未成年学生的身体状况、行为、情绪等有异常情况，监护人知道或者已被学校告知，但未履行相应监护职责的；

（五）学生或者未成年学生监护人有其他过错的。

第十一条 学校安排学生参加活动，因提供场地、设备、交通工具、食品及其他消费与服务的经营者，或者学校以外的活动组织者的过错造成的学生伤害事故，有过错的当事人应当依法承担相应的责任。

第十二条 因下列情形之一造成的学生伤害事故，学校已履行了相应职责，行为并无不当的，无法律责任：

（一）地震、雷击、台风、洪水等不可抗的自然因素造成的；

（二）来自学校外部的突发性、偶发性侵害造成的；

（三）学生有特异体质、特定疾病或者异常心理状态，学校不知道或者难于知道的；

（四）学生自杀、自伤的；

（五）在对抗性或者具有风险性的体育竞赛活动中发生意外伤害的；

（六）其他意外因素造成的。

第十三条 下列情形下发生的造成学生人身损害后果的事故，学校行为并无不当的，不承担事故责任；事故责任应当按有关法律法规或者其他有关规定认定：

（一）在学生自行上学、放学、返校、离校途中发生的；

（二）在学生自行外出或者擅自离校期间发生的；

（三）在放学后、节假日或者假期等学校工作时间以外，学生自行滞留学校或者自行到校发生的；

（四）其他在学校管理职责范围外发生的。

第十四条 因学校教师或者其他工作人员与其职务无关的个人行为，或者因学生、教师及其他个人故意实施的违法犯罪行为，造成学生人身损害的，由致害人依法承担相应的责任。

第三章 事故处理

第十五条 发生学生伤害事故，学校应当及时救助受伤害学生，并应当及时告知未成年学生的监护人；有条件的，应当采取紧急救援等方式救助。

第十六条 发生学生伤害事故，情形严重的，学校应当及时向主管教育行政部门及有关部门报告；属于重大伤亡事故的，教育行政部门应当按照有关规定及时向同级人民政府和上一级教育行政部门报告。

第十七条 学校的主管教育行政部门应学校要求或者认为必要，可以指导、协助学校进行事故的处理工作，尽快恢复学校正常的教育教学秩序。

第十八条 发生学生伤害事故，学校与受伤害学生或者学生家长可以通过协商方式解决；双方自愿，可以书面请求主管教育行政部门进行调解。成年学生或者未成年学生的监护人也可以依法直接提起诉讼。

第十九条 教育行政部门收到调解申请，认为必要的，可以指定专门人员进行调解，并应当在受理申请之日起60日内完成调解。

第二十条 经教育行政部门调解，双方就事故处理达成一致意见的，应当在调解人员的见证下签订调解协议，结束调解；在调解期限内，双方不能达成一致意见，或者调解过程中一方提起诉讼，人民法院已经受理的，应当终止调解。调解结束或者终止，教育行政部门应当书面通知当事人。

第二十一条 对经调解达成的协议，一方当事人不履行或者反悔的，双方可以依法提起诉讼。

第二十二条 事故处理结束，学校应当将事故处理结果书面报告主管的教育行政部门；重大伤亡事故的处理结果，学校主管的教育行政部门应当向同级人民政府和上一级教育行政部门报告。

第四章 损害赔偿

第二十三条 对发生学生伤害事故负有责任的组织或者个人，应当按照法律法规的有关规定，承担相应的损害赔偿责任。

第二十四条 学生伤害事故赔偿的范围与标准，按照有关行政法规、地方性法规或者最高人民法院司法解释中的有关规定确定。

教育行政部门进行调解时，认为学校有责任的，可以依照有关法律法规及国家有关规定，提出相应的调解方案。

第二十五条 对受伤害学生的伤残程度存在争议的，可以委托当地具有相应鉴定资格的医院或者有关机构，依据国家规定的人体伤残标准进行鉴定。

第二十六条 学校对学生伤害事故负有责任的，根据责任大小，适当予以经济赔偿，但不承担解决户口、住房、就业等与救助受伤害学生、赔偿相应经济损失无直接关系的其他事项。

学校无责任的，如果有条件，可以根据实际情况，本着自愿和可能的原则，对受伤害学生给予适当的帮助。

第二十七条 因学校教师或者其他工作人员在履行职务中的故意或者重大过失造成的学生伤害事故，学校予以赔偿后，可以向有关责任人员追偿。

第二十八条 未成年学生对学生伤害事故负有责任的，由其监护人依法承担相应的赔偿责任。

学生的行为侵害学校教师及其他工作人员以及其他组织、个人的合法权益，造成损失的，成年学生或者未成年学生的监护人应当依法予以赔偿。

第二十九条 根据双方达成的协议、经调解形成的协议或者人民法院的生效判决，应当由学校负担的赔偿金，学校应当负责筹措；学校无力完全筹措的，由学校的主管部门或者举办者协助筹措。

第三十条 县级以上人民政府教育行政部门或者学校举办者有条件的，可以通过设立学生伤害赔偿准备金等多种形式，依法筹措伤害赔偿金。

第三十一条 学校有条件的，应当依据保险法的有关规定，参加学校责任保险。

教育行政部门可以根据实际情况，鼓励中小学参加学校责任保险。

提倡学生自愿参加意外伤害保险。在尊重学生意愿的前提下，学校可以为学生参加意外伤害保险创造便利条件，但不得从中收取任何费用。

第五章　责任处理

第三十二条 发生学生伤害事故，学校负有责任且情节严重的，教育行政部门应当根据有关规定，对学校的直接负责的主管人员和其他直接责任人员，分别给予相应的行政处分；有关责任人的行为触犯刑律的，应当移送司法机关依法追究刑事责任。

第三十三条 学校管理混乱，存在重大安全隐患的，主管的教育行政部门或者其他有关部门应当责令其限期整顿；对情节严重或者拒不改正的，应当依据法律法规的有关规定，给予相应的行政处罚。

第三十四条 教育行政部门未履行相应职责，对学生伤害事故的发生负有责任的，由有关部门对直接负责的主管人员和其他直接责任人员分别给予相应的行政处分；有关责任人的行为触犯刑律的，应当移送司法机关依法追究刑事责任。

第三十五条 违反学校纪律，对造成学生伤害事故负有责任的学生，学校可以给予相应的处分;触犯刑律的,由司法机关依法追究刑事责任。

第三十六条 受伤害学生的监护人、亲属或者其他有关人员,在事故处理过程中无理取闹,扰乱学校正常教育教学秩序,或者侵犯学校、学校教师或者其他工作人员的合法权益的,学校应当报告公安机关依法处理;造成损失的,可以依法要求赔偿。

第六章 附 则

第三十七条 本办法所称学校,是指国家或者社会力量举办的全日制的中小学(含特殊教育学校)、各类中等职业学校、高等学校。本办法所称学生是指在上述学校中全日制就读的受教育者。

第三十八条 幼儿园发生的幼儿伤害事故,应当根据幼儿为完全无行为能力人的特点,参照本办法处理。

第三十九条 其他教育机构发生的学生伤害事故,参照本办法处理。

在学校注册的其他受教育者在学校管理范围内发生的伤害事故,参照本办法处理。

第四十条 本办法自2002年9月1日起实施,原国家教委、教育部颁布的与学生人身安全事故处理有关的规定,与本办法不符的,以本办法为准。

在本办法实施之前已处理完毕的学生伤害事故不再重新处理。

北京市中小学生人身伤害事故预防与处理条例

（2003年9月5日在北京市第十二届人民代表大会常务委员会第六次会议上通过，自2004年1月1日起施行）

第一章　总　则

第一条　为了预防和处理中小学生人身伤害事故，保护中小学生和学校的合法权益，根据国家有关法律法规，结合本市实际情况，制定本条例。

第二条　在本市行政区域内的中小学校（以下简称学校）教育教学活动期间，在校学生人身伤害事故（以下简称事故）的预防与处理适用本条例。

第三条　保障学生人身安全，预防事故的发生是各级人民政府及其有关部门、学校举办者、学校、学生及其父母或者其他监护人和社会的共同责任。

第四条　事故的处理应当遵循及时、合法、公正的原则。

第五条　市和区、县教育行政部门负责组织学校开展安全工作，监督学校落实事故预防措施，指导和协调事故的处理。

第二章　事故的预防

第六条　教育行政部门应当制定学校安全工作和事故预防的管理规范，并组织实施和检查。

第七条　卫生行政部门应当对学校的教育教学设施、教学用具、食品和饮用水的卫生状况依法进行监督和检查，指导学校改进卫生工作。

公安机关应当维护学校治安秩序，打击危害校园安全的违法犯罪活动，指导和监督学校做好校内防火和安全保卫工作。

规划、建设、质量监督等有关行政部门应当在各自职责范围内做好相关的学校安全工作。

第八条　学校举办者为学校配备的教育教学和生活设施应当符合安全标准。

第九条　在教育教学活动期间，学校依法对学生负有教育、管理和保护的职责。

学校应当对学生进行安全和自护自救知识的教育，增强学生的安全意识，提高防范能力。

学校应当建立健全事故预防制度，落实事故预防措施，做好日常安全管理工作，消除安全隐患。

第十条　学校应当履行下列职责：

（一）保证使用中的教育教学和生活设施符合安全标准；对存在安全隐患的设施和设备，应当采取防护、警示措施并及时维修或更换；对存在重大安全隐患的，应当立即停止使用。

（二）配备消防设备，保持安全通道的畅通。

（三）对校园内存在的易燃易爆及有毒物品依法管理。

（四）在选择与学生的学习和生活有关的产品与服务时，应当选择质量与安全性能符合有关标准和要求的产品与服务。

（五）按照国家课程标准和本市教学要求开展体育、实验和其他教育教学活动。

（六）组织学生参加与其生理、心理特点相适应的劳动、实习、考察、社会实践和其他集体活动，并在可预见的范围内采取必要的安全措施。

（七）对已知患有不适宜从事教育教学及辅助工作的疾病的教职工，不得安排其担任相应的工作。

（八）对已知有特异体质或者疾病不适宜参加某种教育教学活动的学生，给予必要的照顾。

（九）对在校期间突发疾病的学生及时救助。

（十）发现或者知道学生有未到校、擅自离校等与学生人身安全直接相关的情形时，及时告知其父母或者其他监护人，并采取相应措施。

（十一）建立健全住宿学生管理制度和安全保护措施，设专人负责管理住宿学生的生活和安全保护工作。

第十一条　学校教职工应当遵守工作纪律，不得擅离工作岗位，不得有侮辱、殴打或者体罚、变相体罚及其他伤害学生的行为，不得在工作中违反操作规程及其他有关规定。

学校教职工在组织学生参加教育教学活动时，应当根据学生的年龄和认知能力对学生进行安全教育；发现学生行为具有危险性的，应当及时告诫或者制止。

第十二条　学生父母或者其他监护人应当依法履行监护责任，加强对学生的安全教育;配合学校做好学生的教育、管理和保护工作。

对有特异体质或者疾病的学生,其父母或者其他监护人应当安排学生进行健康状况检查,并向学校提供书面证明。

第十三条 与学生学习和生活有关的产品与服务的提供者,应当保证其所提供的产品与服务符合国家和本市的相关质量和安全标准。

第十四条 学生应当遵守学校纪律和规章制度,服从学校的教育和管理,不得从事危及自身或者其他学生人身安全的活动。

第三章 事故的处理

第十五条 事故发生后,学校应当及时救助受伤害学生,并告知学生父母或者其他监护人。

第十六条 事故发生后,学校应当在24小时内将有关情况报告学校所在地的区、县教育行政部门;属于重大事故的,应当在2小时内报告区、县教育行政部门及有关部门,区、县教育行政部门接到报告后,应当在2小时内报告同级人民政府和市教育行政部门,并及时派人指导、协助事故处理。

第十七条 事故发生后,学校应当及时调查事故原因;必要时,应当保护事故现场及相关证据,并请求公安、卫生等部门进行调查和处理。

教育行政部门及有关部门、受伤害学生的父母或者其他监护人调查取证、了解事故情况时,学校应当协助、配合,提供真实情况和证据。

第十八条 对事故的处理,当事人可以通过协商方式解决,也可以按照自愿的原则,书面请求学校所在地的区、县教育行政部门协调。经协调,当事人对事故处理达成一致意见的,应当签订事故处理协议。区、县教育行政部门自接到请求之日起超过60日,经协调仍不能达成一致意见的,可以终止协调。

当事人不愿协商、协调,或者经协商、协调不能达成一致意见的,可以依法向人民法院提起诉讼。

第十九条 受伤害学生的父母或者其他监护人、参加事故处理的其他人在事故处理过程中,不得扰乱学校正常的教育教学秩序。

第二十条 事故处理结束后,学校应当将事故处理结果书面报告学校所在地的区、县教育行政部门;对重大事故的处理结果,区、县教育行政部门应当上报同级人民政府和市教育行政部门。

第四章 事故责任的承担与赔偿

第二十一条 事故责任应当由有过错的一方承担;过错方为两方以上的,应当按照过错大小,分别承担相应的责任。法律另有规定的,从其规定。

第二十二条 因下列情形之一造成事故的，学校应当承担相应的责任：

(一)学校未履行本条例第十条规定的职责的；

(二)教职工未履行本条例第十一条规定的职责或者履行职责有过失的；

(三)法律、法规规定学校应当承担责任的其他情形。

第二十三条 事故发生后，学校对受伤害学生未采取救助措施，导致损害后果加重的，学校应当承担相应的责任。

第二十四条 有下列情形之一，学校有过错的，应当承担相应的责任；学校无过错的，不承担责任。法律法规另有规定的除外。

(一)学生自行上学、放学、返校、离校途中发生事故的；

(二)学生在学校教育教学活动或者集体活动期间擅自外出发生事故的；

(三)学生违反学校规定在非教育教学活动期间自行到校活动，或者放学后自行滞留学校期间发生事故的；

(四)在教育教学活动期间，学校和学生以外的第三人造成事故的；

(五)学生对自己实施人身伤害的；

(六)在对抗性或者具有风险性的体育活动中发生事故的。

第二十五条 有下列情形之一的，学校不承担责任：

(一)因不可抗力造成事故，并在合理期间内取得相关证明的；

(二)学校不知道或者难于知道学生有特异体质或者疾病，在教育教学活动中发生事故的；

(三)学校有证据证明，学校及其教职工已经履行本条例第十、第十一条规定的相应职责，但仍然没有避免事故发生的。

第二十六条 因学生、学生父母或者其他监护人的过错造成事故的，学生、学生父母或者其他监护人应当承担相应的责任。

第二十七条 因与学生学习和生活有关的产品与服务提供者的过错造成事故的，产品与服务的提供者应当依法承担相应的责任。学校已先行赔付的，学校可以向产品与服务的提供者追偿。

第二十八条 事故责任人应当依法承担损害赔偿责任。赔偿范围和标准按照国家和本市有关规定执行。

受伤害学生及其亲属的户口、住房、就业、入学等与救助受伤害学生、赔偿相应经济损失无关的事项，不属于学校承担责任的范围。

第二十九条 因教职工未履行本条例第十一条规定的职责或者履行职责有过失造成事故的，学校在承担损害赔偿责任后，可以向有关责任的教职工追偿。

第三十条 学校可以本着自愿原则，根据其条件和实际情况，对非因学校责任受到伤害的学生提供帮助。

第三十一条 市和区、县教育行政部门应当组织学校向保险机构办理责任保险。保险费用由学校举办者承担。

提倡学生父母或者其他监护人为学生办理意外伤害保险。

第五章 法律责任

第三十二条 学校及其教职工有下列情形之一的，有教育行政部门依法对直接负责的主管人员和直接责任人给予行政处分；构成犯罪的，依法追究刑事责任：

（一）未履行本条例规定的职责，造成重大事故的；

（二）瞒报、缓报或者谎报事故，造成严重后果的；

（三）妨碍事故调查或者提供虚假情况的。

第三十三条 学校违反本条例，安全管理制度和预防措施不落实、存在重大安全隐患的，教育、卫生行政部门或者公安机关应当责令限期改正，并依法给予行政处罚。

第三十四条 对违反本条例在事故处理过程中，扰乱学校正常教育教学秩序，构成违反治安管理行为的，由公安机关依法处理；给学校造成损失的，应当依法赔偿损失。

第三十五条 对因违反学校纪律或规章制度，造成事故的学生，学校应当依据学籍管理的规定给予相应的处分。

第三十六条 教育、卫生行政部门和公安机关等有关部门及其工作人员未履行本条例规定的法定职责，玩忽职守的，由有关部门对直接负责的主管人员和直接责任人依法给予行政处分；情节严重，构成犯罪的，依法追究刑事责任。

第六章 附 则

第三十七条 本条例下列用语的含义为：

（一）中小学校是指本市行政区域内经批准设立的全日制小学、初级中学、高级中学、各类中等职业学校。

（二）中小学生是指在本条第（一）项所列学校中就读的受教育者。

（三）教职工是指本条第（一）项所列学校的校长、教师及其他工作人员。

（四）教育教学活动期间是指在校内活动期间和寄宿制学生住宿期间，以及学校组织安排的校外活动期间。

（五）人身伤害是指死亡、肢体残疾、组织器官功能障碍及其他影响人身健康的损伤。

第三十八条 技工学校学生的事故预防与处理由本市劳动和社会保障部门依照本条例，负责组织、监督、指导和协调。

第三十九条 学前教育机构中的学龄前儿童，少年宫、少年儿童活动中心、少年科技中心、少年业余体校等校外教育机构中的中小学生的事故预防和处理，参照本条例执行。

第四十条 本条例自2004年1月1日起实施。

上海市中小学校学生伤害事故处理条例

（2001 年 7 月 13 日上海市第十一届人民代表大会常务委员会第二十九次会议通过，根据 2011 年 11 月 17 日上海市第十三届人民代表大会常务委员会第三十次会议《关于修改〈上海市中小学校学生伤害事故处理条例〉的决定》修正）

第一条 为了妥善处理中小学校学生伤害事故，保障中小学生和学校的合法权益，维护正常的教育教学秩序，根据国家有关法律、行政法规的规定，结合该市实际情况，制定本条例。

第二条 在本市行政区域内的中小学校（以下简称学校）教育教学活动期间发生的中小学生人身伤害或者死亡事故（以下简称学生伤害事故）的处理，适用本条例。

第三条 学生伤害事故的处理应当及时、公正、合法，做到事实清楚、责任明确、处理得当。

第四条 学校的举办者应当保障学校必要设施、设备的资金投入和人员的配备。

各级教育行政部门应当加强对学校的管理，制定学校对学生安全保护的有关规定，指导和监督学校落实预防学生伤害事故的有关措施，指导和协调学生伤害事故的处理。

第五条 学校在进行教育教学活动的同时，负有对学生进行安全教育、管理和保护的职责。

学校应当根据国家和本市的有关规定，采取措施，预防和消除可能造成学生人身伤害的危险；按照学生不同年龄的生理、心理以及教育特点，建立健全各项管理和保护学生的规章制度。

学校应当确保教育教学和生活的设施、设备符合国家和本市的安全标准。

第六条 学生应当遵守学校的规章制度。不同年龄和认知能力的学生，有相应的避免和消除危险的义务。

学生的父母或者其他监护人应当依法履行监护职责，对学生进行安全教育、管理和保护。提倡学生的父母或者其他监护人为学生的人身意外伤害投保。

第七条 为学校组织安排教育教学活动提供场所、设施的单位和个人，应当健全各项安全保障措施。活动场所和设施应当符合国家和本市的安全标准。

第八条 对学生伤害事故的发生有过错的责任人，应当承担损害赔偿责任，法律另有规定的，从其规定。

第九条 下列情形之一造成的学生伤害事故，学校承担损害赔偿责任：

（一）学校使用的教育教学和生活设施、设备不符合国家和本市的安全标准的；

（二）学校的场地、房屋和设备等维护、管理不当的；

（三）学校组织教育教学活动，未按规定对学生进行必要的安全教育的；

（四）学校组织教育教学活动，未采取必要的安全防护措施的；

（五）学校向学生提供的食品、饮用水以及玩具、文具或者其他物品不符合国家和本市的卫生、安全标准的；

（六）学校组织安排的实习、劳动、体育运动等体力活动，超出学生一般生理承受能力的；

（七）学校知道或者应当知道学生有不适应某种场合或者某种活动的特异体质，未予以必要照顾的；

（八）学生伤害事故发生后，学校未及时采取相应救护措施致使损害扩大的；

（九）教职员侮辱、殴打、体罚或者变相体罚学生的；

（十）教职员擅离工作岗位、虽在工作岗位但未履行职责，或者违反工作要求、操作规程的；

（十一）应当由学校承担责任的其他情形。

第十条 下列情形之一造成的学生伤害事故，学校不承担损害赔偿责任：

（一）学生自行上学、放学途中发生的；

（二）学生擅自离校发生的；

（三）学生自行到校活动或者放学后滞留学校期间发生，学校管理并无不当的；

（四）学生突发疾病，学校及时采取救护措施的；

（五）学生自杀、自伤，学校管理并无不当的；

（六）学生自身或者学生之间原因造成，学校管理并无不当的；

（七）学校和学生以外的第三人造成，学校管理并无不当的；

（八）教职员在校外与其职务无关的个人行为引起的；

（九）不可抗力造成的；

（十）不应当由学校承担责任的其他情形。

第十一条 学生的父母、其他监护人的过错或者学生自身的原因造成学生伤害事故的，由学生的父母或者其他监护人承担责任。

学校和学生以外的第三人的过错造成学生伤害事故的，由第三人承担责任。

第十二条 完全由学校的过错造成学生伤害事故的，学校应当承担全部责任。部分由学校的过错造成学生伤害事故的，学校应当承担部分责任。

第十三条 对学生伤害事故的发生，当事人均无过错的，可以根据实际情况，按照公平责任的原则，由当事人适当分担经济损失。

第十四条 学生伤害事故发生后，学校应当根据现有条件和能力及时采取措施救护受伤害学生，及时通知受伤害学生的父母或者其他监护人。

第十五条 学生伤害事故发生后，学校应当在二十四小时内将有关情况报告学校所在地的区、县教育行政部门。属于重大伤害事故的，学校应当立即报告区、县教育行政部门及有关部门；区、县教育行政部门接到报告后，应当立即报告区、县人民政府和市教育行政部门。

第十六条 学生伤害事故发生后，学校应当及时成立事故处理小组或者指派专人负责事故的处理工作。

当事人可以自愿协商处理学生伤害事故。

当事人不愿协商或者协商不成的，可以向学校所在地的区、县教育行政部门要求调解。当事人要求调解的，区、县教育行政部门应当自受理之日起三个月内调解结束。市教育行政部门应当指导区、县教育行政部门的调解工作。

学校投保责任险的，保险公司应当参与学生伤害事故的处理。

第十七条 学生伤害事故发生后，受伤害学生、其父母或者其他监护人不愿协商、调解的，或者协商、调解不成的，可以依法向人民法院提起诉讼。

第十八条 学生伤害事故的赔偿范围应当根据人身伤害事故的具体情况确定。

学生伤害事故的责任人应当赔偿医疗费、营养费、误工补助费、护理费、交通费等为治疗和康复支出的合理费用。造成学生残疾的，还应当赔偿残疾生活辅助具费、残疾赔偿金；造成学生死亡的，还应当赔偿丧葬费、死亡赔偿金。

侵害学生人身权益，造成严重精神损害的，被侵权人可以依法请求精神损害赔偿。

学生伤害事故的责任人不承担解决受伤害学生及其亲属的户口迁移、房屋调配、工作调动等与学生伤害事故无关的事宜。

第十九条 发生学生伤害事故，可以要求赔偿下列费用：

医疗费，指受伤害学生为恢复健康进行治疗产生的必要费用。医疗费参照本市医疗保险规定进行计算，但抢救过程中的医疗费按照实际需要计算。

营养费，指受伤害学生为恢复健康确实需要补充营养所支付的费用。营养费按照本市居民人均年食品类支出标准计算。

误工补助费，指受伤害学生的父母或者其他监护人因需要陪同受伤害学生诊治或者处理学生伤害事故而不能参加工作导致劳动收入减少的费用。误工补助费按照本市上年度职工年平均工资标准计算。

护理费，指受伤害学生在住院期间和出院后生活不能自理需要专人陪护的费用，或者虽未住院但在诊治期间生活不能自理而需要专人陪护的费用。护理费参照本市护工从事同等级别护理的劳务报酬标准计算，给付期限按照治疗医院出具的诊断意见或者司法鉴定机构出具的鉴定结论予以认定。

交通费，指受伤害学生及其合理数量的陪护人去医院救治、诊治、陪护所需支出的往返路费。在能够保障及时就医的前提下，应当选择费用较低的交通工具，伤情危重的除外。

法律法规规定的其他为受伤害学生治疗和康复支出的合理费用。

第二十条 因学生伤害事故造成残疾的，受伤害学生除可以按照本条例第十九条的规定要求赔偿外，还可以要求赔偿下列费用：

残疾生活辅助具费，指受伤害学生因残疾需要配置（含更换）补偿功能器具所需的费用。残疾生活辅助具费按照普通适用器具的合理费用计算，伤情有特殊需要的，可以参照辅助器具配制机构的意见确定相应的合理费用标准。

残疾赔偿金。根据受伤害学生的伤残等级，按照本市上一年度城镇居民人均可支配收入标准，自定残之日起按二十年计算。

第二十一条 因学生伤害事故造成死亡的，死亡学生的父母或者其他监护人除可以按照本条例第十九条的规定要求赔偿外，还可以要求赔偿下列费用：

丧葬费，指处理死亡学生丧葬事宜所需的必要费用。丧葬费按照本市上一年度职工月平均工资标准，以六个月总额计算。

死亡赔偿金。按照本市上一年度城镇居民人均可支配收入标准，按二十年计算。

第二十二条 本市以市或者区、县为单位组织学校为其责任投保。

本市设立学生伤害事故专项资金，由学校的举办者筹集。专项资金的筹集和使用办法由市教育行政部门会同市财政部门另行制定。

第二十三条 学生伤害事故赔偿金可以一次性支付，也可以分期支付。

第二十四条 对学生伤害事故负有责任的教职员，教育行政部门或者学校应当给予批评教育或者行政处分；法律、法规有规定的，教育行政部门可以依法给予行政处罚；构成犯罪的，依法追究刑事责任。

第二十五条 在学生伤害事故的处理中，任何人不得侮辱、殴打教职员，不得侵占、破坏学校房屋、设施和设备，不得扰乱学校正常教育教学秩序。

违反前款规定的，由公安机关予以制止，并可根据《中华人民共和国治安管理处罚法》的有关规定予以处罚；造成人身及财产损失的，学校可以要求赔偿；构成犯罪的，依法追究刑事责任。

第二十六条 本条例下列用语的含义为：

（一）中小学校，是指本市行政区域内符合本市学校设置条件，经市或者区县主管部门批准的公办和民办的全日制小学、初级中学、高级中学、中等职业学校和其他中等以下教育教学机构；

（二）学生，是指前项范围内的在册学生；

（三）教职员，是指校长、教师以及学校的其他职工；

（四）学校的举办者，是指各级人民政府、行业主管部门和民办学校的出资人；

（五）教育教学活动期间，是指在校内活动期间和寄宿制学生住宿期间，以及学校组织安排的校外活动期间；

（六）人身伤害，是指肢体残疾、组织器官功能障碍及其他影响人身健康的损伤。

第二十七条 幼儿园发生的幼童伤害事故，可以参照本条例执行。

第二十八条 本条例自 2001 年 9 月 1 日起施行。

本条例施行前已经处理完毕的学生伤害事故，不适用本条例。

江苏省中小学生人身伤害事故预防与处理条例

（2006年11月30日江苏省第十届人民代表大会常务委员会第二十七次会议通过，自2007年3月1日起施行）

第一章 总 则

第一条 为了预防和处理中小学生人身伤害事故，保护中小学生的合法权益，维护正常的教育教学秩序，根据《中华人民共和国教育法》《中华人民共和国未成年人保护法》等法律、行政法规，结合本省实际，制定本条例。

第二条 本省行政区域内中小学生（以下简称学生）在学校教育教学活动期间，以及学校负有管理责任的校舍、场地、其他教育教学设施、生活设施内发生的人身伤害事故（以下简称伤害事故）的预防与处理，适用本条例。

第三条 保障学生人身安全，预防伤害事故的发生，是地方各级人民政府及其有关部门、学校举办者、学校、学生及其父母或者其他监护人和社会的共同责任。

第四条 学校应当依法履行对学生进行安全教育、管理和保护的职责。

学生父母或者其他监护人应当履行监护职责，对学生进行安全教育，并有义务配合学校落实有关安全管理制度和安全保护措施。

学生应当遵守学校的规章制度和纪律，服从学校的教育和管理，根据自身的认知能力和民事行为能力，避免和消除相应的危险。

第五条 处理学生伤害事故，应当遵循依法、公正、合理、及时的原则，做到事实清楚、定性准确、责任明确。

第二章 伤害事故的预防

第六条 地方各级人民政府应当加强对学生伤害事故预防与处理工作的领导，建立教育、公安、文化、体育、卫生、环境保护、工商、质量技术监督、安全生产监督、建设等有关部门和单位参加的学校安全管理协作机制，督促各有关部门做好学生伤害事故预防与处理工作。

第七条 教育行政部门负责部署、指导、协调、监督、检查学校学生伤害事故的预防和处理工作，指导学校建立健全相应的安全管理制度，监督检查学校安全管理制度、有关应急预案和学生伤害事故预防措施的落实情况。

第八条 公安机关应当协助学校开展治安、消防、交通安全知识教育，指导和监督学校做好校内防火和安全保卫工作，加强对学校及其周边区域的治安、消防、交通管理，履行下列职责：

（一）在学生上学和放学时段，加强对学校周边区域的巡逻，及时制止和查处危害学生安全的违法犯罪活动；

（二）定期对学校进行消防安全监督检查，督促学校消除消防安全隐患；

（三）在学校附近设立学校标志，并在学校门前路段设置车辆禁停、警示、限速等标志标线，没有行人过街设施的，应当施画人行横道线，设置提示标志，维护交通繁忙路段学校出入口道路的交通秩序。

公安机关、交通部门应当加强对载运学生的车辆、船舶的安全管理，取缔无牌无证、不符合安全标准的车辆、船舶，及时制止和查处超载等违法行为。

第九条 卫生行政部门应当对学校的食品、饮用水的卫生状况以及疾病预防控制工作依法进行监督检查，指导监督学校改进卫生工作，加强对为学校及学生提供服务的生产经营者的卫生监督管理。

第十条 国土资源、水行政主管部门应当会同教育行政部门对学校及其周边区域的危及学校建筑物、活动场所、通道等安全的山体、水流进行定期测评，并根据测评结果告知有关部门或者学校采取禁止使用或者通行、限期整改、设置防护设施和警示标志等措施。

有关部门和单位应当在新建中小学校的网点布局、选址与规划设计中严格执行地质灾害危险性评估制度，采取切实有效的措施，防治地质灾害。

第十一条 发展改革、规划、建设、环境保护、文化、工商、城市管理、安全生产监督等部门以及学校所在地乡（镇）人民政府、街道办事处，应当依法加强对学校及其周边区域建设活动和生产经营活动的监督管理，及时制止和查处下列行为：

（一）建设易燃、易爆、有毒、有害等对学校安全有危害的项目的；

（二）依傍学校围墙搭建建（构）筑物的；

（三）进行有污染环境以及其他影响学校和学生安全的生产经营活动的；

（四）在校园周边两百米范围内设立歌舞、电子游戏、互联网上网服务等限制未成年人进入的经营性文化娱乐场所的；

（五）在学校门前及其两侧五十米范围内摆摊设点、堆放杂物的；

（六）设置影响学生安全或者正常通行的设施设备的；

（七）依法应当制止和查处的其他行为。

第十二条 学校举办者和学校应当提供符合国家和省规定的安全、卫生标准的校舍、场地以及其他教育教学和生活设施设备。

学校举办者和学校不得将操场等教学场地用于停放校外机动车辆，将校舍、场地以及其他教育教学设施和生活设施设备用于其他用途的，不得影响学校教育教学秩序和危害学生人身安全。

第十三条 学校应当将安全教育纳入日常管理和教育教学活动，根据不同年龄的学生的认知能力、身心特点、民事行为能力，采取多种形式，经常对学生进行必要的法制教育、安全教育、心理健康教育以及自我保护和自救教育，增强学生的安全意识，提高防范能力。

学校应当利用家长会等形式，指导学生父母或者其他监护人对学生进行安全教育和心理疏导，预防学生伤害事故的发生。

学校应当建立健全学校安全管理和学生伤害事故预防的组织机构、工作制度，制定各类突发事件应急预案，落实学校安全管理和学生伤害事故的预防措施。

第十四条 学校应当加强对学生伤害事故的防范，并履行下列职责：

（一）开展体育、实验和其他教育教学活动，应当符合国家、省课程计划、课程标准和教学要求，并采取必要的安全防护措施；

（二）组织学生参加劳动、实习、考察等社会实践活动以及文化娱乐和其他集体活动，应当与学生生理、心理特点相适应，符合安全、卫生要求，专人负责，并采取必要的安全防护措施；

（三）提供与学生的学习、生活有关的物品和服务，应当符合国家和省规定的安全、卫生标准；

（四）对所选择的实习单位和向学生提供设施、设备、物品和服务的经营者，应当审查其是否具备相应的资质和必要的安全保障条件，提供的设施、设备、物品、服务是否符合国家和省规定的安全、卫生标准；

（五）在具有危险性的教育教学、生活服务设施设备上和校内施工区域，设置明显的安全警示标志并采取相应的安全防护措施；

（六）加强安全检查，对存在安全隐患的设施设备，应当停止使用，及时采取防护、警示措施并予以维修或者更换；

（七）对有危险性的设施设备、教学科研实验仪器、辐射材料及其他有毒有害物品、易燃易爆物品，应当建立健全使用和管理制度，存放于安全地点，指定专人保管，并对产生的有毒有害废弃物统一收集、分类储存，交由具备相应资质的单位运输、处理；

（八）对因患有疾病或者其他原因不适宜从事教育教学及辅助工作的教职员工，应当及时调离相应的工作岗位；

（九）依法履行消防职责，及时消除火灾隐患；

（十）建立健全校车及其驾驶人安全管理制度，校车及其驾驶人应当符合国家和省有关规定；

（十一）建立学校门卫管理等内部安全保卫制度，由专职保安或者能够切实履行职责的人员担任门卫和其他保卫人员，对进入学校区域的来访人员和车辆加强管理；

（十二）建立学生请销假制度，对学生请销假进行登记；

（十三）建立健全住宿学生管理制度和安全保护措施，做好住宿学生的生活管理和安全保护工作；

（十四）对监护人书面告知以及学校自行发现的有特异体质或者疾病不适宜参加某种教育教学活动的学生，给予必要的照顾，对不适宜在校学习的学生，建议其请假或者休学；

（十五）对在教育教学活动期间以及学校负有管理责任的校舍、场地、其他教育教学设施、生活设施内突发疾病或者人身受到伤害的学生及时予以救助；

（十六）改变放学时间以及知道或者应当知道学生有未到校、擅自离校等与学生人身安全直接相关的情形时，及时告知其父母或者其他监护人；

（十七）发现学生行为可能危及自身或者他人人身安全的，应当及时予以制止；

（十八）发生自然灾害、事故灾难、公共卫生事件、社会安全事件等突发公共事件时，启动应急预案，及时采取抢险、救助、防护措施，优先保护学生人身安全；

（十九）法律、法规、规章规定的其他职责。

第十五条 教育行政部门应当制定学生军事训练规范和安全事故预防制度，明确训练的科目、形式、课时、教员、安全防范措施和安全责任，督促学校做好学生军事训练的安全保障工作。

学校应当依据学生的生理、心理特点，合理安排军事训练的时间、科目和强度，采取有效的安全防护措施，保障学生的人身安全。

第十六条 学校教职员工应当遵守法律、法规、规章和工作纪律，恪守职业道德，认真履行工作职责，不得擅离工作岗位，不得有侮辱、歧视、体罚或者变相体罚以及其他伤害学生的行为，不得在工作中违反操作规程及其他有关规定。

学校教职员工在组织学生参加教育教学活动时，应当根据学生的年龄、认知能力和身心特点，进行安全教育。发现学生行为具有危险性或者学生遭受侵害时，应当及时告诫、制止、保护，必要时，报告公安机关处理。

第十七条 学校应当主动向新入学学生的父母或者其他监护人了解其身体健康情况。有特异体质或者特殊疾病学生的父母或者其他监护人应当及时书面告知学校，并向学校提供二级以上医疗机构出具的与疾病有关的书面材料；父母或者其他监护人因特殊情况无法告知的，可以委托他人告知。涉及学生隐私的，学校应当保密。

第十八条 为学校、学生提供教育教学、实习和生活设施设备、场地，以及其他与学生学习和生活有关的物品和服务的学校举办者以外的单位、个人，应当落实各项安全保障措施，所提供的设施设备、物品、场地和服务应当符合国家和省规定的安全、卫生标准。

在学校内施工作业、参观访问或者开展其他活动的单位和个人，应当遵守学校的安全制度，服从学校的安全管理。

第十九条 鼓励和支持志愿者协助有关部门和学校做好学生伤害事故预防工作，保护学生人身安全。

第三章　伤害事故的责任认定

第二十条 学生伤害事故的责任，应当根据相关当事人的行为与损害后果之间的因果关系，依据过错责任原则确定。法律、法规另有规定的，从其规定。

第二十一条 因下列情形之一造成的学生伤害事故，学校应当承担法律责任：

（一）学校未履行法律、法规、规章和本条例规定职责的；

（二）学校教职员工违反本条例第十六条规定的；

（三）法律、法规规定学校应当承担法律责任的其他情形。

第二十二条 因下列情形之一造成的学生伤害事故，学校行为并无不当的，不承担法律责任：

（一）学生在自行上学、放学、返校、离校途中发生的；

（二）学生在教育教学活动期间擅自离开教育教学活动区域，学校已经尽到管理职责的；

（三）学生在非教育教学活动期间擅自进校或者自行滞留学校期间发生的；

（四）学生有特异体质、特殊疾病，其监护人未书面告知学校，而学校又难以知道的；

（五）学生在教育教学活动期间以及学校负有管理责任的校舍、场地、其他教育教学设施、生活设施内突发疾病，学校已经及时采取救助措施的；

（六）学生因自身原因或者相互之间的过错导致伤害或者死亡的；

（七）来自学校外部的突发性、偶发性侵害造成的；

（八）在对抗性或者具有风险性的体育或者竞赛活动中发生意外伤害的；

（九）法律、法规规定不应当由学校承担法律责任的其他情形。

第二十三条 因下列情形之一造成的学生伤害事故，学校已经履行教育、管理、保护职责的，学生或者其监护人应当承担法律责任：

（一）学生违反法律、法规的规定，违反社会公共行为准则、学校依法制定的规章制度、纪律，实施了按其年龄、认知能力应当知道可能危及自身及他人人身安全的行为的；

（二）学生行为具有危险性，学校已尽告诫、制止等义务，但学生拒不改正的；

（三）明知学生有特异体质、特殊疾病，但未及时书面告知学校的；

（四）学生的身体状况、行为、情绪等有异常情况，父母或者其他监护人知道或者应当知道但未履行相应监护职责的；

（五）法律、法规规定学生或者其监护人应当承担法律责任的其他情形。

第二十四条 因学校和学生以外的第三人侵权造成学生伤害事故，由第三人承担法律责任。学校有未尽职责范围内相关义务的过错的，应当在其能够制止或者防止损害的范围内承担补充赔偿责任。

第二十五条 实习单位或者向学校、学生提供设施设备、场地、交通工具、食品以及其他物品和服务的经营者，或者学校以外的活动组织者因过错造成学生伤害事故的，应当承担法律责任。学校有过错的，也应当承担法律责任。

第四章　伤害事故的处理

第二十六条 发生学生伤害事故，学校应当立即采取救助措施，将受伤害学生就近送医疗机构进行救治，保护事故现场，保全相关证据，并及时通知学生父母或者其他监护人和保险公司。

医疗机构对受伤害学生应当及时组织抢救和治疗，不得拒绝、推诿或者拖延。

第二十七条 发生学生伤害事故，学校应当在二十四小时内向教育行政部门及有关部门报告。属于重大学生伤害事故的，学校应当立即向教育行政部门及有关部门报告。教育行政部门及有关部门接到学校报告后，应当立即向同级人民政府和上一级教育行政部门报告。

发生违法犯罪活动、交通事故以及出现食物中毒、传染病疫情等情况的，学校应当按照有关规定立即报告公安、卫生等部门。公安、卫生等部门接到报告后应当按照规定组织人员进行调查处理。对于群体性不明原因的疫情、中毒等情形,学校应当按照卫生部门的要求,依法落实防控措施。

第二十八条 发生学生伤害事故,学校应当及时组织调查处理,并通知保险公司参与;学校无法调查处理的,由教育行政部门组织调查处理。发生重大学生伤害事故,由学校所在地人民政府组织教育、公安、卫生、安全生产监督等部门组成联合调查组进行事故调查,并在事故发生之日起三十日内提出事故调查处理意见。法律、法规另有规定的,从其规定。

受伤害学生的父母或者其他监护人可以参加学生伤害事故的调查处理,有权了解学生伤害事故及相关调查处理情况,学校及有关部门应当如实告知。

第二十九条 对学生伤害事故的民事赔偿事项,当事人可以自愿协商处理,或者向学校所在地教育行政等部门申请调解,也可以依法申请仲裁或者提起诉讼。

第三十条 教育行政等部门收到调解申请后,应当指派专人负责,调解时可以邀请其他学生家长、法律专家、社区服务工作人员等社会有关方面人员参加,听取他们的建议、意见。

教育行政等部门应当自接到调解申请之日起六十日内结束调解。当事人达成一致意见的,应当签订调解协议书;调解不成,或者当事人提起诉讼,人民法院已经受理的,应当终止调解。调解结束或者终止,教育行政等部门应当书面通知当事人。

经调解达成的协议,当事人不履行或者反悔的,可以依法提起诉讼。

第三十一条 任何单位和个人不得阻挠、干涉依法对学生伤害事故进行的调查处理,不得侮辱、殴打、恐吓学校教职员工、学生,不得侵占、损毁学校的教育教学、生活服务设施设备和其他财产,不得扰乱学校正常教育教学秩序。

第三十二条 学校应当自伤害事故处理结束之日起三十日内将事故处理结果书面向其所在地教育行政等部门报告;重大学生伤害事故的处理结果,学校所在地教育行政等部门应当自伤害事故处理结束之日起十五日内向同级人民政府和上一级部门报告。

第五章　伤害事故的损害赔偿

第三十三条 学生伤害事故的责任人,应当根据过错程度对受伤害的学生给予赔偿。

当事人均无过错的,可以根据实际情况,按照公平原则,由当事人适当分担经济损失。

学生伤害事故的责任人不承担解决受伤害学生及其亲属的户口迁移、房屋调配、工作调动等与学生伤害事故无关的事宜。

第三十四条 学生伤害事故损害赔偿费用的范围和标准，依照国家和省有关规定，根据事故的具体情况确定。

第三十五条 因学校教职员工在履行职务中造成学生伤害事故的，学校承担赔偿责任后，可以向有故意或者重大过失的责任人进行追偿。

第三十六条 学生为维护国家、集体或者他人的合法权益而受到伤害的，由侵害人承担赔偿责任。没有侵害人、不能确定侵害人或者侵害人没有赔偿能力的，相关受益人应当在受益范围内对其给予适当经济补偿。

第三十七条 政府应当组织学校办理学生伤害事故校方责任保险，保险费用由省财政统筹支付。

当政府举办的学校依法应当承担的赔偿金额大于校方责任保险的赔偿金额时，其差额学校承担有困难的，由地方财政给予适当补助。

第三十八条 禁止将校方责任保险费用向学生摊派。

鼓励和提倡学生父母或者其他监护人为学生办理意外伤害保险。

第六章　法律责任

第三十九条 学校有下列情形之一的，由教育行政部门或者其他有关部门对直接负责的主管人员和其他直接责任人员给予行政处分；构成犯罪的，依法追究刑事责任：

（一）安全管理制度不健全、管理混乱、学生伤害事故预防措施不落实，经有关部门督促限期改正而逾期未改的；

（二）校舍或者其他教育教学、生活服务设施设备存在安全隐患，未及时采取措施的；

（三）发生的学生伤害事故，学校负有主要责任且情节严重的；

（四）学生伤害事故发生后，未及时采取救护措施导致损害加重的；

（五）瞒报、缓报或者谎报学生伤害事故的；

（六）拒绝、阻挠学生伤害事故的调查，或者提供虚假情况、隐瞒事实真相的。

第四十条 学校教职员工对学生伤害事故负有责任的，教育行政部门或者学校应当给予批评教育或者行政处分，情节严重的，可以依法予以解聘；构成犯罪的，依法追究刑事责任。

第四十一条 学生对学生伤害事故负有责任的，学校可以依据学籍管理的规定给予相应的处分。

第四十二条 当事人以及其他有关人员对学生伤害事故的处理有下列情

形之一的，教育行政部门或者其他有关部门应当及时予以制止，造成损失的，应当依法赔偿；构成违反治安管理处罚行为的，由公安机关依法处理；构成犯罪的，依法追究刑事责任：

（一）侮辱、殴打、恐吓学校教职员工、学生的；

（二）侵占、损毁学校教育教学、生活服务设施设备和其他财产的；

（三）扰乱学校正常教育教学秩序的。

第四十三条 教育行政部门或者其他有关部门未履行相应职责，对学生伤害事故的发生负有责任的，或者在学生伤害事故调查处理中滥用职权、玩忽职守的，对直接负责的主管人员和其他直接责任人员由其所在单位或者上级机关给予行政或者纪律处分；构成犯罪的，依法追究刑事责任。

第七章 附 则

第四十四条 本条例下列用语的含义为：

（一）中小学生，是指在国家或者社会力量依法举办的全日制的小学、初级中学、高级中学、各类中等职业学校就读的受教育者和在其他学校全日制就读的中等教育阶段的受教育者；

（二）教职员工，是指校长、教师以及学校的其他职工；

（三）学校的举办者，是指举办学校的人民政府、行业主管部门和民办学校的出资人；

（四）教育教学活动期间，是指在校内与教育教学相关的活动期间，寄宿制学生住宿期间，以及学校组织安排的校外活动期间；

（五）人身伤害，是指死亡，肢体残疾，组织器官、精神功能障碍，以及其他影响人身健康的损伤；

（六）重大学生伤害事故，是指发生学生死亡一人以上，或者重伤两人以上，以及三人以上集体性受伤害事件。

第四十五条 幼儿园中的儿童以及少年宫等校外教育机构中的中小学生的人身伤害事故的预防与处理，可以参照本条例执行。

第四十六条 本条例自 2007 年 3 月 1 日起施行。

杭州市中小学校学生伤害事故处理条例

（2002 年 10 月 11 日杭州市第十届人民代表大会常务委员会第三次会议通过，2002 年 12 月 20 日浙江省第九届人民代表大会常务委员会第四十次会议批准，自 2003 年 2 月 1 日起施行）

第一条 为了积极预防、妥善处理中小学校学生人身伤害事故，保障中小学生和学校的合法权益，维护正常的教育教学秩序，根据《中华人民共和国教育法》《中华人民共和国未成年人保护法》等有关法律、法规的规定，结合本市实际情况，制定本条例。

第二条 在本市行政区域内的中小学校（以下简称学校）教育教学活动期间发生的中小学生人身伤害或者死亡事故（以下简称学生伤害事故）的处理，适用本条例。

第三条 学生伤害事故的处理应当合法、公正、及时，做到事实清楚、责任明确、处理得当。

第四条 各级教育行政部门应当加强对学校的管理，指导和监督学校落实预防学生伤害事故的有关措施，指导和协调学生伤害事故的处理。

其他行政部门应当按照各自职责，积极配合教育行政部门的工作。

第五条 学校的举办者和学校应当根据国家和省、市有关规定，确保教育教学和生活的设施、设备符合安全标准。

学校在进行教育教学活动的同时，负有对学生进行安全教育、管理和保护的职责。

学校应当教育和监督教职员履行职责，根据实际情况采取必要措施，预防和消除教育教学环境中存在的安全隐患；按照学生不同年龄的生理、心理以及教育特点，建立健全各项管理和保护学生的规章制度。

第六条 学生应当遵守学校的规章制度和纪律；在不同的受教育阶段，应当根据自身的年龄、认知能力和民事行为能力，避免和消除相应的危险。

第七条 未成年学生的父母或者其他监护人(以下简称监护人)应当依法履行监护职责,对学生进行安全教育、管理和保护。提倡学生自愿参加意外伤害保险。

第八条 为学校组织安排教育教学活动提供场所、设施的单位和个人,应当建立、健全各项安全保障措施。活动场所和设施应当符合安全标准。学校应当加强监督、检查。

第九条 对学生伤害事故的发生有过错的责任人,应当按照过错责任原则依法承担与过错相应的责任。法律另有规定的从其规定。

第十条 下列情形之一造成的学生伤害事故,学校应当依法承担责任:

(一)学校管理制度有疏漏,或者管理混乱,存在重大安全隐患,未及时采取补救措施的;

(二)学校使用的教育教学和生活设施、设备不符合国家、省、市安全标准的;

(三)学校对场地、房屋和设备等维护、管理不当的;

(四)学校组织教育教学活动,未按规定对学生进行必要的安全教育的;

(五)学校组织教育教学活动,未采取必要的安全防护措施的;

(六)学校向学生提供的食品、饮用水以及玩具、文具或者其他物品不符合有关的卫生、安全标准的;

(七)学校组织安排的实习、劳动、军训、体育运动等体力活动,超出学生一般生理承受能力的;

(八)学校组织体检获取学生身心异常或其他可能危及学生人身安全的有关信息,未及时告知学生本人或未成年学生监护人的;

(九)学校已知学生有不适应某种场合或者某种活动的特异体质、异常心理状态或特殊疾病,未予以必要照顾的;

(十)学校教师或者其他工作人员在负有组织、管理未成年学生的职责期间,发现学生行为具有危险性,但未进行必要的管理、告诫或者制止的;

(十一)对未成年学生擅自离校等与学生人身安全直接相关的信息,学校发现或者知道,但未及时告知未成年学生的监护人,导致未成年学生因脱离监护人的保护而发生伤害的;

(十二)学生伤害事故发生后,学校未及时采取相应救护措施致使损害扩大的;

(十三)教职员侮辱、殴打、体罚或者变相体罚学生的;

(十四)学校知道教职员患有不适宜担任教育教学工作的疾病,但未采取必要措施的;

(十五)教职员擅离工作岗位、虽在工作岗位但未履行职责,或者违反工作要求、操作规程的;

(十六)应当由学校承担责任的其他情形。

第十一条 下列情形之一造成的学生伤害事故,学校已履行相应职责,行为并无不当的,不承担责任:

(一)学生自行上学、放学或返校、离校途中发生的;

(二)学生自行外出、自行组织活动或者违反学校规章制度擅自离校期间发生的;

(三)在放学或放假期间,学生自行到校活动或者自行滞留学校期间发生的;

(四)学生有特异体质、异常心理状态或特殊疾病,学生或未成年学生监护人未告知学校的;

(五)学生突发疾病,学校及时采取救护措施的;

(六)学生自我伤害造成伤残、死亡的;

(七)学生自身或者学生之间原因造成的;

(八)学生违反学校纪律与规章制度,经学校教育拒不改正,实施按其年龄和认知能力应当知道具有危险或者可能危及他人安全的行为的;

(九)在对抗性或者具有风险性的体育竞赛活动中发生意外伤害的;

(十)学校和学生以外的第三人造成的;

(十一)教职员在校外实施与其职务无关的个人行为引起的;

(十二)不可抗力造成的;

(十三)依法不应当由学校承担责任的其他情形。

第十二条 学生伤害事故完全由学校的过错造成的,学校应承担全部责任;受害人及监护人也有过错的,学校可根据受害人及监护人过错程度相应地减少责任;由学校和学生双方以外的第三人过错造成的,应由第三人承担责任。

第十三条 学生伤害事故由学校教职员在履行职务中的故意或者重大过失造成的,学校承担赔偿责任;学校可以对造成事故的教职员行使追偿权。

第十四条 对学生伤害事故的发生,当事人均无过错的,可以根据实际情况,由学校或另一方当事人对受伤害学生给予适当的经济补偿。

第十五条 学生伤害事故发生后,学校应当根据现有条件和能力,及时采取措施救护受伤害学生,并有效保护事故现场,保全相关证据,及时通知受伤害学生的父母或者监护人以及有关部门。

第十六条 学生伤害事故发生后,学校应当在二十四小时内将有关情况报告主管教育行政部门。属于重大安全事故或治安、刑事案件的,学校应当立即报告主管教育行政部门及有关部门，主管教育行政部门接到报告后，应当按照有关规定立即报告同级人民政府和上一级教育行政部门。

第十七条 学生伤害事故发生后，学校应当及时成立事故处理小组或者指派专人负责事故的处理工作。当事人可以自愿协商处理学生伤害事故。

第十八条 本市设立学生伤害事故处理调解机构，受理属本条例调整范围内的各类学生伤害事故。调解机构由有关部门人员组成，具体事务由市教育行政部门负责。

第十九条 当事人不愿协商或者协商不成的，可以要求学校主管教育行政部门或调解机构调解；主管教育行政部门或调解机构应当自受理之日起六十日内结束调解。

第二十条 当事人不愿协商、调解或者协商、调解不成的，可以依法向人民法院提起诉讼。

第二十一条 学生伤害事故的赔偿范围和标准依照有关法律、法规或者国家有关规定确定。学生伤害事故的责任人不承担解决受伤害学生及其亲属的与学生伤害事故无关的事宜。

第二十二条 教育行政部门以市或者区、县（市）为单位组织学校参加校方责任保险。

学校投保责任险的，所需经费由学校的举办者列入教育经费预算，以学校为单位支付。

第二十三条 市本级和各区、县（市）依法设立学生伤害事故专项资金。

专项资金的筹集和使用办法，由同级教育行政部门会同财政部门制定，但不得向学生摊派或者变相摊派。

第二十四条 教育行政部门未履行相应职责，对学生伤害事故的发生负有责任的，由有关部门对直接负责的主管人员和其他直接责任人员分别给予相应的行政处分；有关责任人的行为构成犯罪的，由司法机关依法追究刑事责任。

对学生伤害事故负有责任的教职员，教育行政部门或者学校应当给予批评教育或者行政处分；违反法律、法规规定的，依法给予行政处罚；构成犯罪的，由司法机关依法追究刑事责任。

第二十五条 在学生伤害事故的处理中，任何人不得侮辱、殴打教职员和学生，不得侵占、破坏学校房屋、设施和设备，不得扰乱学校正常的教育教学秩序。

违反前款规定的，由公安机关予以制止，并可依照《中华人民共和国治安管理处罚条例》的有关规定予以处罚；造成人身及财产损失的，责任人应当承担损害赔偿责任；构成犯罪的，由司法机关依法追究刑事责任。

第二十六条 本条例下列用语的含义是：

(一)中小学校，是指本市行政区域内符合本市学校设置条件，经市或者区、县(市)主管部门批准的公办和民办的全日制小学、初级中学、高级中学、完全中学、中等专业学校、中等职业学校、中等技术学校和其他中等及以下教育教学机构；

(二)学生，是指第(一)项范围中在校的学生；

(三)教职员，是指第(一)项范围中的校长、教师以及学校的其他职工(包括临时工)；

(四)教育教学活动期间，是指在校内与教育教学相关的活动期间和寄宿制学生住宿期间，以及学校组织安排的校外活动期间；

(五)人身伤害，是指肢体残疾、组织器官功能障碍及其他影响人身健康的损伤。

第二十七条 本条例自 2003 年 2 月 1 日起施行。

本条例施行前已处理完毕的学生伤害事故，不适用本条例。

安全小故事

居家安全

淘气的橡皮泥宝宝

天色越来越黑了,月亮婆婆都禁不住打了个盹儿。可大山还是舍不得睡觉,偷偷地躲在被窝里玩橡皮泥呢。

“瞧,这是我做的橡皮泥宝宝!”大山开心极了。

“不好! 妈妈来了!”大山一个机灵儿钻进了被窝里……

月亮婆婆睡熟了,大山卧室里的小夜灯闪烁着小星星般的光亮……

“大山,大山,妈妈回她自己房间了,快出来陪我玩吧!”橡皮泥宝宝竟然“活”了,大山简直不敢相信自己的眼睛!“嗖”的一声,橡皮泥宝宝像是施了魔法一样,把大山一下子变到了客厅里。

“大山,快来躲猫猫呀,我要藏到……电冰箱里!”天呐! 橡皮泥宝宝冻成了又硬又冰的冰棍宝宝啦!

橡皮泥宝宝赶紧跑到电热扇前,“好温暖呀,真舒服,藏到这里吧!”不好了,橡皮泥宝宝烤焦啦!

橡皮泥宝宝一股脑儿地跳进了滚筒洗衣机里,“哇,真清凉,正好藏在这里吧!”不好了,橡皮泥宝宝拧成湿哒哒的麻花啦!

橡皮泥宝宝赶忙冲到电风扇前面,“哇,吹干干,藏在这里正合适!”不好了,橡皮泥宝宝的手卷进电风扇里了!

“哇——”大山看着受了伤、变了形的橡皮泥宝宝,急得都掉眼泪了!

“大山,醒醒,大山你做噩梦了。”妈妈温柔地叫醒了睡梦中的大山。“原来是一场梦啊!”大山急忙摸了摸枕边的橡皮泥宝宝,看到它可爱、完整的模样,大山长舒了一口气。

“我的好朋友，可别再淘气了，家用电器安全一定要谨记呀!”

安全教育关键经验

让幼儿知道在家中不玩电器，不碰电源插座。

藏起来的“尖尖角”

大山刚搬了新家，周末邀请了很多好朋友来家里聚会。大山的新邻居叫“尖尖角”，听说大山家里有聚会，却没有邀请自己，很生气，它决定要去破坏大家的聚会。

“尖尖角”隐身从开着的门缝中溜了进来。它在家里走呀走、看呀看，突然有了主意。“尖尖角”隐身藏在了客厅的桌子里，桌子“长”出了四个尖尖角。藏起来的“尖尖角”心里又激动又兴奋：不知道谁会中我的圈套?

几个小伙伴这时正在玩“警察抓小偷”的游戏，飞快地在客厅跑来跑去。只听“哎呦”一声，不好，大山撞到了桌角上，腿碰红了，伤心地哭了起来。隐身在桌子里的“尖尖角”得意极了。它继续在家里走呀走、看呀看，突然又有了主意。

“尖尖角”又隐身藏在了客厅的墙边上，墙边上就“长”出了个尖尖角，藏起来的“尖尖角”心里又激动又兴奋：不知道谁会中我的圈套?

几个小伙伴这时正在玩“躲猫猫”的游戏，为了不被发现，小雁躲到了墙角边。“抓到你了!”小伙伴伸手一抓，小雁往旁边一躲：“哎呦!”不好，小雁的头撞到了墙角上，起了老大一个包，小雁伤心地哭起来。

“哈哈!”隐身在墙边的“尖尖角”得意极了。它轻轻一跳，到了窗台上，窗台也长出了尖尖角。正藏在窗台下面的大山听到小雁的哭声，一着急，“蹭”地跳起来：“哎呦!”不好，大山的额头也多了一个包。

咦?这是怎么回事，大家为什么总是受伤?几个小伙伴想了想，有了主意：在屋子里，大家要慢慢走，不打闹，不追逐。“尖尖角”再也没有找到机会，只好溜走了。

安全教育关键经验

让幼儿知道家里的墙面、家具很多都是带角的，易对儿童造成伤害，不应在家里玩相互追逐、打闹的游戏。

雁妈妈的暗号

“当、当、当”传来敲门声，小雁边喊着“我来开门！我来开门！大山他们来了”，边往门口跑。门刚一打开，小雁面前就出现了两个大大的礼盒，还有一声超大声的“生日快乐”。原来，今天是小雁的生日，好朋友大山和小美来为她庆祝生日，三个人一见面就开始叽叽喳喳聊个不停。这时，小美提议用积木搭建一个城堡，于是三人一起在玩具箱里找出各种各样的积木，准备搭建城堡。

雁妈妈在厨房给孩子们准备好水果来到客厅，听见孩子们正在你一句我一句地讨论怎么搭建城堡。妈妈对孩子们说：“孩子们，我去楼下蛋糕店给你们买蛋糕，一会儿就回来，你们在家里玩玩具，记得不要给陌生人开门噢！”

孩子们正玩得起劲，小雁连头都没抬，摆摆手说：“好的，妈妈你快去吧，我们知道了。”雁妈妈看小雁的反应，感觉应该没把自己的话听进去。她灵机一动，走到孩子们身边说：“要不我们对个暗号吧，等我回来，一说暗号你们就开门，好吗？”

孩子们一听有暗号，兴奋地叫起来：“好啊！好啊！”雁妈妈说：“那妈妈回来时就‘小小雁儿好娃娃……’”宝宝们抢着回答：“看家本领顶呱呱！”说完，还为自己想到了这么好的暗号鼓起掌来。雁妈妈高兴地说：“那就说定喽，我这就下楼买蛋糕。”雁妈妈说完，又看了一眼玩得起劲的孩子们，便出门了。

孩子们终于确定了城堡的最终方案，开始搭建基础部分，这时，门铃响了。小雁以为妈妈回来了，随口就问：“谁呀？”“是我，”门外传来的是一个陌生男子的声音，这让三个小伙伴顿时紧张起来。“我是快递公司的，这里是雁妈妈家吗？有雁妈妈的快递，麻烦签收一下。”小雁一听，顿时松了口气说：“好的，稍等。”说完就准备给快递员开门。大山和小美忙走过来拦住了小雁，大山说：“等一下，你忘了阿姨出去时怎么交代的吗？不能给陌生人开门。”小美也跟着说：“是啊，是啊，不能开门，虽然他说自己是快递员，但是我们谁也没见过他呀，他对我们来说就是陌生人！让他等阿姨回来再来吧！”

小雁想了想对着门口说：“叔叔，叔叔，不好意思，妈妈出门的时候把门锁上了，我们打不开，麻烦您明天再来吧。”快递员说：“那好吧。”只好悻悻地走了。

三个孩子很快忘记了刚才的小插曲，又开心地玩起来。这时门铃又响了，三个孩子同时一愣，相互看了一眼，谁都没有出声。可是门铃一直在响，小雁鼓起勇气问了一句：“是谁？”门外的人回答：“你好，我是物业的工作人员，来查看你们家水电，麻烦你开一下门。”三个人悄悄地走到门口，翘起脚尖从猫眼里向外看。大山悄悄地对小雁说：“阿姨应该快回来了，你让他们一会儿再来吧。”小雁："好吧。"于是朝向门口说："阿姨，我们现在不能给您开门，你先去别人家吧。"物业工人："好吧，那我一会儿再来。"确定物业人员已经离开。孩子们再次回到客厅时，已经没有了搭积木的心情，可是看看已经初具雏形的城堡，还是继续搭起了积木。

孩子们刚把城堡搭完，这时门外又传来了门铃声。这次三个孩子谁都没有出声音，都不约而同地蹑着脚走向门口，还没走到门口就传来了雁妈妈的声音："小雁，是妈妈回来了。"三个孩子同时舒了一口气，快步走向门口，争先恐后地给雁妈妈开门。这时候大山突然说："我们不是有暗号的吗？"小雁和小美说："对呀，让妈妈对暗号！"小雁说："你说是妈妈，还记得我们的暗号吗？"雁妈妈听了，微微一笑说："小小雁儿好娃娃，"宝宝齐声回答："看家本领顶呱呱！"她们马上给雁妈妈打开了门。妈妈进门后孩子们争先恐后地告诉雁妈妈刚才发生的事情。

小雁："妈妈，刚才快递员叔叔来敲门了，说是有你的快递。"

大山："小雁差点就开门了，还好我们及时阻止了他。"

小美："然后物业阿姨来查电表，我们也没有给他开门。"

小雁："所以妈妈敲门的时候我们都没有出声音。"

雁妈妈满意地点点头："小宝贝们真能干，居家安全记心间，你我之间有约定，争当安全小主人！你们做得很对，不管是快递员还是物业人员，对于你们来说都是陌生人，所以陌生人来了不要开门。"雁妈妈拿起蛋糕："作为奖励阿姨给你们切蛋糕去。"孩子们高兴地拍起了手："噢！太棒了！我们记住了，以后不会给陌生人开门的！"

蛋糕端出来了，小伙伴们一起插上蜡烛，为小雁唱起了《生日歌》……

安全教育关键经验

不轻信陌生人，能够做到不跟陌生人走；若独自在家，不随意给陌生人开门。

小雁的生日聚会

一天，幼儿园的小雁同学过生日，她邀请了鹿鹿老师、小兔子、小狮子、小猴来家里做客。小雁的爷爷为招待大家，正在准备丰盛的晚宴。

大家来到小雁家，小雁正在家里看动画片《汪汪队》，于是他们一起讨论动画片里的人物。小狮子说："我喜欢消防狗毛毛，他可以灭火。"小雁说："我喜欢阿奇，他可以破案。"小猴说："我喜欢飞机，飞机可以飞得很高，你们看就像我这样。”小猴闭着眼睛一会儿跑到这儿，一会儿跳到那儿，一眼没看见被椅子绊了一下，眼看就要撞到桌角上了。就在这千钧一发之际，小狮子看见了，连忙扶住小猴，说：“小猴，危险！”小雁见状赶紧叫来了鹿鹿老师，鹿鹿老师蹲下身子，认真地对小猴说：“在家里跑来跑去，不小心碰到‘尖尖角’上，会受伤的，这样做很危险。”

事情平息了，小狮子和小兔为庆祝小雁的生日，想给小雁做道好吃的菜。小狮子对小兔子说：“我最爱吃妈妈做的西红柿炒鸡蛋了，我们也试着做一做吧。”就这样，小狮子和小兔子在厨房里忙活起来。可是第一步该怎样做呢？小狮子若有所思地说：“我记得妈妈是打着火后先倒油。”小狮子边说边做，打开火，倒进油，结果油四处飞溅，吓得小狮子和小兔子抱做一团，不知该如何是好。这时油锅起火了，小兔和小狮子吓得大叫起来。小雁的爷爷和鹿鹿老师闻声赶来，赶紧冲进厨房把锅盖盖上，熄灭了火苗。鹿鹿老师对孩子们说：“小朋友进厨房时，一定要有大人在身边，要远离炉灶，不要触碰这些危险物品。”小狮子和小兔难为情地低下了头。

小雁的爷爷在厨房里面有条不紊地忙碌着，小雁看着空荡荡的客厅说：“不如吃饭前，我们先来装扮一下客厅吧，这样才有气氛呀！我去找几个小彩灯，把它挂到窗户上。”大家说：“好啊，好啊！”刚从厨房洗过手的小兔拿过彩灯的插头冲着插座就插，结果手指碰到了插孔上，被电了一下。“啊”地一声，小兔尖叫起来。鹿鹿老师听到小兔的叫喊声，急忙走到小兔子旁边。当她看到小兔用湿湿的手拿着插头时，她就明白发生了什么事情。鹿鹿老师对小兔说：“我们在插插座时，一定要把手上的水擦干净，还要牢记不能把手指伸进插孔里，这样会很容易触电的。小朋友尽量不要接触电源，如果需要插电，可以请大人来帮忙！”

经过一天的忙碌，大家终于坐到了餐桌前，愉快地为小雁庆祝生日。他们一起吃蛋糕、唱生日歌、跳舞，度过了一个开心而有意义的家庭生日聚会！

安全教育关键经验

让幼儿学会对自己进行适当的保护，学会几种简单的自救方法。

在园安全

大声说出来

3岁的大山要上幼儿园了。每天离开妈妈上幼儿园，大山都有一些害怕。

妈妈说幼儿园里的老师就是“妈妈”，有事都可以对她说，但是大山不敢说。这一天，大山愁眉苦脸地从厕所里出来，因为他尿湿了裤子。好朋友小雁发现了，劝他说：“你去告诉老师，让老师帮你换裤子吧。”“不，我要回家让妈妈给我换。”

放学了，妈妈来接大山。大山见到妈妈就焦急地拉着妈妈回了家。“妈妈，你帮我换换裤子，今天在幼儿园我把裤子尿湿了。”妈妈一边帮大山换裤子，一边问：“大山尿湿了裤子为什么不跟老师说，老师会给你换上干净舒服的新裤子。”大山有些焦急，不情愿地说：“不嘛，就要妈妈换。”“老师就是幼儿园里的妈妈，不用害羞，大胆地告诉她，老师会帮助你。”

律动活动中，大山发现衣服上有一根长长的线，他就把线一圈一圈绕到了食指上。不一会儿食指就变得又紫又肿，还隐隐有些胀痛，大山害怕了，却怎么也解不开，做律动时也不敢把手伸出来。老师发现后问大山：“你怎么了，身上哪里不舒服吗？”大山把手藏在身后不说话。老师接着问道：“大山你的手怎么了？拿出来我看看。”大山很不情愿地把手伸了出来说：“老师，绳子解不开了。”老师大吃一惊，急忙帮大山解开缠在手指上的细绳说：“大山，绳子解不开要跟老师说，你说出来，老师才能帮你呀。”然后老师又请来了医生阿姨给大山进行检查。医生阿姨检查完后告诉大山：“这次幸亏老师发现得早，不然你的手指就要绑坏了。绳子缠得太紧，血液就无法流通，手指会坏死的。以后不能把绳子缠到身体上，知道了吗？”大山不好意思地说：“知道了。”医生阿姨：“快去谢谢老师，以后遇到问题要告诉老师哟。”

户外游戏时，大山和小雁比赛爬梯子，大山很快就爬到了顶端，但是他发现自己下不来了。小雁站在梯子下面喊：“大山快下来啊！”“我害怕。我下不来了，你快帮帮我。”“你爬得太高了，我够不到你。”小雁回答到。“老师，老师，帮帮我，我下不来了。”大山鼓足勇气，大声地喊。老师急忙跑过来，扶着大山一步一步爬下梯子：“大山这次做得不错，遇到事情能大声地寻求帮助，老师听到了，才能帮助你。”大山在老师的指导下很快学会了爬梯子。

安全教育关键经验

引导幼儿遇到困难、危险时能够沉着、冷静，勇敢地克服羞怯心理，大声寻求帮助。

午睡小风波

新的一天开始了，太阳公公伸了伸懒腰，云朵也露出了笑脸，鸟儿在枝头叽叽喳喳地唱着歌，花儿也开心地随风舞蹈。

早晨，小朋友们高高兴兴地来到了幼儿园。“老师，早上好！”“宝贝儿，早上好！”小朋友们唱歌、跳舞、做游戏，玩得可开心了。

“叮咚！”午休时间到了，小朋友们脱下了鞋子，并把它们整齐地放在了小床边。辰辰像小兔子一样，在床上跳来跳去。小床疼得大声喊起来：“哎吆，哎吆，我的小身体好疼呀，好疼呀！”还发出了吱嘎吱嘎的声音。站在旁边脱衣服的大山听见了，赶紧走过去对辰辰说：“辰辰，你的小床都哭了，快快停下来吧，你这样不仅会把小床弄坏，还会不小心把自己摔伤的。”辰辰听完后，低下了头，乖乖地躺在了小床上。

小朋友们在好听的睡前故事中进入了梦乡，这时，却听见了“小枕头”的声音：“闷死了，闷死了，我都快喘不上气来了。”老师顺着声音看过去：“咦，那个小朋友的被子怎么是鼓鼓的？”老师走近一看，原来是辰辰蒙着头，撅着小屁股在床上玩呢。老师赶紧走过去，拉下辰辰的小被子。“小枕头”大口喘着气：“呼，呼，终于舒服了。”老师轻轻地对辰辰说：“被子蒙在头上会让自己喘不过气来的，快快让你的小脑袋枕在枕头上，盖好被子，乖乖睡觉吧。”

不一会儿，辰辰进入了梦乡。窗外，树上的鸟宝宝看着这一切，高兴地点点头，依偎着鸟妈妈睡着了。

安全教育关键经验

引导幼儿正确午睡。

安全从我做起

在遥远的森林里，有一个“森林幼儿园”，小兔、小雁、小猴、小狮子都是幼儿园的小朋友。可爱漂亮的小兔乖巧听话，体型笨重的小熊憨厚可爱，活泼爱动的小猴贪玩任性，勇敢大胆的小雁有点冒失……这些小动物们在幼儿园鹿鹿老师的陪伴和教育下健康、快乐地成长着。

秋天，叶子黄了的时候，森林幼儿园开学了。幼儿园的第一节课是“安全”，为了测试小动物们能否避免危险事故的发生，鹿鹿老师故意藏了起来，结果还真发现了不少问题。

“嗨，小朋友，我就是最强壮、最聪明、最帅气的森林狮子王！在家里面，爸爸妈妈、爷爷奶奶都听我的！我可是名副其实的狮子王。开学了，我有一个愿望，那就是成为学校里的狮子大王，哈哈……我的力气最大，谁愿意和我比力气？”这时，小雁从小狮子身边经过，小狮子一把抓住小雁说：“我们来比试比试，看谁最厉害！”小雁连忙摆摆手说：“我们是好朋友，不打架。”还没等小雁说完，小狮子就扑向小雁，两人追来追去，一会儿快跑，一会儿急停，一会儿躲闪，一会儿猛扑。结果他俩一个不小心，双双摔倒，一个抱着胳膊，一个揉着腿。嘴里还不停地喊："哎呦哎呦，真疼啊！"小猴看见了连说："你们啊，才过几天就忘了我们学的那首《追逐打闹》歌了吗？"大家又一起愉快地唱起了歌。

大家见到小猴，都开心地说："小猴，小猴，好久不见了，大家都想你啦！"小猴嘿嘿一笑，对大家说："我最近学会了一个新本领——变魔术。哈哈，你们都没有我这本领吧！"大家听了都很好奇，说："呀，魔术？快给我们表演一下吧。"小猴就在大家面前，开始假装玩吞硬币变魔术的游戏。小狮子看得可入迷了，他也学着小猴子的样子，假装把从家里偷偷带来的硬币放到嘴里，吓得小兔子大叫："呀！小狮子你不能把硬币吃到嘴巴里呀。"鹿鹿老师听到赶紧跑过来，小狮子嘿嘿一笑说："硬币在我手里呢。"鹿鹿老师对大家说："小朋友们，还记得我们学过的那首儿歌吗：'小东西，要注意，个头小来危险大。如果进入眼睛、鼻子和嘴巴，伤害健康让人怕。这种危险动作千万不要做，一旦发生危险就糟糕啦！'"

小兔给小狮子端来一杯水，小狮子说："我好渴啊，正好想喝水了。"他接过水杯，大口大口地喝起来，小狮子喝得又快又急，结果呛了水，鼻子嘴里全是水，难受得眼泪都出来了。小雁忙走过来，拍着小狮子的背说："慢点喝，慢点喝，不要着急，被水呛到是很危险的。"

在嬉嬉闹闹中，愉快的一天结束了。小动物们知道了好多事情：在幼儿园里，不能追逐打闹，不能吞咽硬币等小粒物品；喝水时不能太急。同时也知道了幼儿园里其他不安全的事情不能做。

安全教育关键经验

①不随身携带玩具、小刀、牙签、硬币等尖锐危险的物品来园。②在园时小朋友不能追逐打闹，喝水时要慢慢喝。

公共场所安全

秋游历险记

秋天到了，树叶黄了，森林幼儿园组织大家去秋游了。

鹿鹿老师带着孩子们出门了，小兔、小猴、小雁、小狮子恨不得像火箭似地冲出去玩儿。它们在路上这里看看、那里跑跑、上蹿下跳，玩得真高兴！

要过马路了，鹿鹿老师看到孩子们都很兴奋，就提醒道："孩子们，马上要过马路了，都要看好信号灯，走人行横道，注意安全呀！"就在他们正要过马路的时候，突然发现狮子叔叔闯红灯，在路口差点被车撞倒。小动物们看到这一幕，都吓坏了。这时，绿色信号灯亮了，小动物们在鹿鹿老师的带领下走过人行横道，大家扶起狮子叔叔，安全到达了马路对面。狮子叔叔对大家说："谢谢你们，千万不要学我呀，这样太危险了！"孩子们点点头和狮子叔叔道了别。

大家兴高采烈地来到了公园的荷花池边，鹿鹿老师说："孩子们，你们看这里有好多鱼呀！"大家都喜欢给小鱼喂食，小猴顽皮地翻越栏杆，伸着手臂喂小鱼："小鱼，快吃啊！"结果脚下一滑，差点掉进了水里，幸好小雁发现得及时，一把抓住了它，小猴才得以脱险。

小动物们在公园里欣赏着怡人的景色，鹿鹿老师说："孩子们，我们在这个空地上休息一下、自由活动吧，大家一定要注意自身安全哦！"小动物们说："好呀，好呀！知道了，鹿鹿老师，我们一定会注意安全的！"

这时，活泼机灵地小猴看到不远处有一座大象滑梯，大声地喊道："大家快来玩儿呀，这里有大象滑梯。"小动物们听到后，争先恐后地跑到滑梯旁边，你争我抢，都想第一个玩儿。这时小狮子走过来，一把推倒了站在队伍前面的小兔说："让开！我先玩。"小兔倒在地上，摔破了膝盖，"呜呜呜"地哭了起来！小狮子不知所措地站在旁边，羞愧地低下了头。鹿鹿老师听到了哭声，走过来扶起了小兔，帮小兔处理好伤口，了解了一下情况，对站在旁边的小狮子语重心长地说："做游戏时，要懂得互相谦让，不争抢，要有序地排队。"小狮子知道自己错了，低着头说："对不起小兔，我不该插队，还把你推倒。"小兔拉着小狮子的手说："没关系，我们一起玩滑梯吧！"

孩子们正开心地玩着，走过来一个陌生人，手里拿着一瓶饮料，要给他们分饮料喝。鹿鹿老师远远地看到了，赶紧走上前问："你是谁？"陌生人一看老师来了，吓得赶快要跑，被鹿鹿老师一把抓住，及时拨打了 110 报警，警察赶到并抓住了这个陌生人。

在鹿鹿老师的教育下，小动物们知道了出门要遵守交通规则、过马路要看红绿灯，不能在水边嬉戏玩耍、攀爬栏杆，做游戏时不争不抢、互相谦让，遇到陌生人不能轻易相信，尤其不能吃、喝陌生人给的食物和饮料。

愉快的秋游，大家收获很多，小动物们一起唱着："秋天秋天多么美……"

安全教育关键经验

①出门要遵守交通规则。②不要在水边嬉戏玩耍，不要攀爬栏杆。③做游戏时要有秩序。④不轻信陌生人，不随便吃陌生人的东西。

安全小剧本

居家安全

“小瓶子”大危险

角色：大山、大山妈妈、小雁、雁妈妈。

道具：沙发，茶几，橱子，洗洁精、沐浴露、杀虫剂等瓶子。

背景：小雁的家。

服装：大山、大山妈妈、小雁、雁妈妈的衣服及头饰、一个围裙。

音效：杀虫剂“滋滋”的声音。

第一幕

场景：大山与妈妈手拉手随着音乐走在路上，东瞧瞧、西看看很是开心。

背景音乐：森林狂想曲。

（音乐停，大山与妈妈手拉手站在舞台右前方，相互看着对方）

大山：“妈妈，一会就要到小雁家了，我好开心呀！”

妈妈：“今天你可要做一个有礼貌的好孩子哦！”

大山（边拍手边说）：“好的，妈妈！你放心吧！”（扮成很开心的样子边说边自然跑下场）

第二幕

场景一：小雁家客厅，客厅里摆着沙发、茶几和橱子，橱子旁边有一瓶杀虫剂。这时雁妈妈正在厨房洗碗筷，小雁在家里收拾整理。

雁妈妈（手里拿着洗洁精从厨房走出，对小雁说）：“小雁，一会儿大山来了可是小客人，你要好好招待他们哦！”

小雁（露出甜甜的微笑点点头）：“嗯，妈妈，你放心吧！”

（大山妈妈领着大山上场了）

大山（很有礼貌地问）："有人在家吗？"

小雁："来了来了，一定是我的好朋友大山，妈妈我去开门。"（一听敲门声，雁妈妈将手里的洗洁精随手放到了沙发旁边，就和小雁一起去开门）

小雁（高兴地打开门）："你好，大山！"

大山："你好，小雁！"

（两人很热情地拥抱在一起）

雁妈妈："快进来吧！"（雁妈妈和小雁请客人进屋）

大山妈妈和雁妈妈："你们去玩吧，我们要为你们准备好吃的啦！"（说完大山妈妈和雁妈妈就去厨房了）

（大山和小雁开心地手拉手前后摇摆，大山对小雁家充满了好奇）

小雁："我带你参观一下吧？"（小雁拉着大山边走边指点着）

场景二：客厅的沙发旁。

大山："你们家好玩的东西可真多啊！咦？这个小瓶瓶里面是什么呀？"（边说边用手拿起来给小雁看）

（小雁和大山看到了沙发旁边的一堆小瓶子，大山拿起其中一个瓶子）

大山（好奇地）："这个瓶子黄黄的，里面装的会不会是好喝的饮料呢？要不我们一起尝一尝吧？"

小雁："不不不，这可不是饮料，它是妈妈的小帮手洗洁精。它的作用可大了，可以帮助厨房的餐具去除油渍，厨房里面少了它可不行！我们把它送回去吧！"（小雁说完两人一同把洗洁精送回了厨房）

场景三：大山和小雁一同出来，站在舞台中间。

大山（就在这个时候，大山又灵机一动）："小雁，要不我们一起吹泡泡吧？吹泡泡可好玩了！"

小雁（嘟着嘴）："可是我家里没有泡泡机啊！"

大山（突发奇想地）："我有办法了，洗澡巾喝了沐浴露，会吹出许多的泡泡，而且还香香的，我们如果也来喝一口，肯定也能吹出泡泡来！你快去把它拿出来吧？"（大山很期待的样子）

小雁："不不不，它可不能喝。它的家在卫生间，可以让我们的身体变得又香又干净，如果把它喝下去，咱们就需要去医院了，那可真是太危险了！"（小雁用很严肃的语气说，说完两人将瓶子送回了卫生间）

场景四：小雁家的客厅。

大山（大山闻到了一种怪怪的味道）："小雁，你闻一闻这是什么味道啊？"（大山边说边做出闻的动作，要夸张一点儿）

小雁："嗯？我也不知道，不过我们家有'香水'，喷一喷，味道就变成香香的

了,我去给你拿!”(边说边往橱子旁边走过去,想去拿杀虫剂)

大山妈妈和雁妈妈(从厨房走出来):“别碰它,别碰它,它可不是‘香水’,它是大名鼎鼎的杀虫剂。告诉你们一个秘密,它可是有毒的气体,可以帮助妈妈清理害虫!它不应该放在这!”

大山和小雁(低下了头,不好意思地来到妈妈身边):“妈妈,原来小瓶子里面装着这么多危险的事情呀,以后我们再也不随便乱动了!”

安全教育关键经验

家长应把家里有潜在危险的物品放置好,并告知小朋友危险的东西不能动。

“惹祸”的窗台

角色:丽丽、丫丫、大灰狼、阿姨、小雁、警察、医生。

道具:带窗台的窗户 2 个、桌子、椅子、零食、担架。

背景:公园场景。

服装:灰色大灰狼服饰、小姑娘的服饰(有一件带小雁)、黄色黄鼠狼服饰、警察服饰(也可以便装,有证件)、医生服饰。

音效:救护车的声音。

第一幕:窗户边

旁白:小朋友,你们家里一定都有窗台和阳台吧。可是你知道吗?站在阳台和窗台上是很危险的。今天我们就一起听一听《“惹祸”的窗台》这个故事吧!

丽丽(和丫丫手牵手走到窗户前):“丫丫,快来看,窗外的风景真美。”

丫丫(手指天上):“快看快看有彩虹!”

丽丽(做陶醉的样子):“多美的彩虹呀。”

丫丫:“丽丽,楼下好像有小朋友在做游戏呢。”(边说边拿来小椅子,踩着小椅子准备站在窗台上)

丽丽(拉住丫丫的胳膊):“丫丫,这样做太危险了,大灰狼就是因为爬到窗台上往下看才被摔伤的。”

丫丫(很害怕的样子):“真的吗?你怎么知道的?”

丽丽(使劲地点点头):“是那本《大灰狼和小雁》的书上讲的呀。”(丽丽从书架上取下了书)“咱们一起看看吧。”(俩人手牵手下场)

第二幕:公园门口,阳光明媚的一天

旁白:有一天,大灰狼楼下公园开了个恐龙展,他决定下楼去看看。走到公园门口,碰到了检票员小雁。

小雁:请你把票拿出来看看。

大灰狼(眼珠子一转):“啊！小雁啊,我今天忘带钱了,你先让我进去吧。”

小雁:“哼！休想！我看你就是不想买票。”

大灰狼(眼珠子又一转):“我这有个棒棒糖给你,你放我进去吧。”

小雁:“我才不要你的糖,想进去就要买票。”

大灰狼瞪起眼睛,握紧拳头。小雁仍不退让。

大灰狼愤怒地张开爪子扑向小雁。

大象警官(走了过来):“住手,发生什么事了?”

小雁(指着大灰狼对大象警官说道):“大灰狼不想买票,就想闯进公园。”

(大灰狼一听吓得转身就跑开了)

第三幕:大灰狼家

(垂头丧气的大灰狼跑回了自己家)

大灰狼(自言自语):“小雁不让我进,我就站在我家窗台上看,哈哈哈,小雁呀小雁,你不让我进公园,我照样能看到恐龙。”

旁白:大灰狼在桌子上抓起一包坚果来到了窗台边,他踮起脚,伸长了脖子,可是怎么也看不见公园。大灰狼连忙在房间里搬了一把大椅子,放在窗前,一下爬了上去。

大灰狼(用力地打开窗户):“呀,终于看见了！公园里有好多的恐龙啊!”

大灰狼(发现了公园里的小雁,它手里拿着坚果袋,一边吃一边喊):“嗨,小雁啊,你不是不让我进吗？我在这里也能看得到,哈哈!”

第四幕:窗台上

旁白:大灰狼得意忘形地把身子探出窗外。这时候只听“砰”的一声,大灰狼从窗口掉了下去,重重地摔在地上。来看恐龙展的人都围了上来,他们赶紧拨打了“120”。

(响起救护车的声音,医生抬着担架把大灰狼抬走了)

旁白:有人说,大灰狼的腿摔坏了,也有人说,大灰狼的头摔破了,还有人说大灰狼的眼睛睁不开了……(与观众互动)大灰狼到底怎么了呢？家里的阳台、窗台不能攀爬,那是很危险的事情,小朋友们一定要记住啊!

所有演员(鞠躬谢幕):演出到此结束,谢谢大家!

安全教育关键经验

①小朋友不要攀爬阳台和窗台,也不要把头探到窗户外面,容易失去平衡,造成高空跌落的事故。②小朋友应知道电话“120”的用途,遇到紧急情况能呼叫求救。

在园安全

小雁爱美记

角色：小雁、大山、小小雁、雁姐姐、保健雁。

道具：用纸板及银色亮纸制作的穿衣镜、小型的滑梯。

背景：小雁的家、幼儿园的户外活动场地。

服饰：拖地长裙，高跟鞋，口红，项链，手镯，大山穿的绿色衣服，小雁穿的红色衣服，雁姐姐穿的黄色衣服，保健雁穿的白大褂、护士帽。

音效：轻柔舒缓的音乐、滑稽音效、欢快的音乐。

第一幕

场景：小雁的家，有简单的家具、一个大穿衣镜。

背景音乐：轻柔舒缓的音乐。

旁白：小雁超级爱美，什么裙子、项链、手镯、高跟鞋、口红……统统都想要。

小雁（站在穿衣镜前，左顾右盼照镜子）："瞧！我新买的裙子，多美啊！"

（坐在小椅子上穿高跟鞋，站起来欣赏）"穿上小高跟鞋！哈哈，我长高了！"

（离穿衣镜很近，涂口红）"还要涂上漂亮的口红！"

（在穿衣镜前，带项链、手镯）"还有好看的项链和手镯呢！"

（在穿衣镜前，自我陶醉的样子）"瞧，我多美啊！美丽的小公主都是这样上幼儿园的！"

第二幕

场景：幼儿园的户外活动场地。

旁白：小雁来到了幼儿园，这下，小雁的"美"简直轰动了整个幼儿园，大家团团围住了小雁。

大山（关心地问）："小雁，你的腿受伤了吗？怎么走路一瘸一拐的？"

小小雁（仔细打量着小雁的嘴，关心地问）："小雁，你的嘴怎么了？出血了吗？"

小雁（生气的样子）："哼！什么审美啊！不和你们玩儿了！"

旁白：小雁觉得大家实在太不会审美了，气得就想跑开。刚上几层台阶，哎呀，长裙子一下子绊倒了自己……额头磕破了……

背景音乐：滑稽音效。

小雁（小雁上滑梯的台阶，被长裙绊倒）："哎呀！不好！"

小雁（用手摸摸头）："哇，好疼啊！"

旁白：小雁慌忙滑下滑梯，哎呀，项链不小心挂在了滑梯上断了，脖子也勒伤了……

背景音乐：滑稽音效。

小雁（从滑梯上滑下，项链挂在滑梯上）："哎呀！我的项链！"

小雁（用手摸摸脖子）："哇，好疼啊！"

旁白：小雁想赶紧从地上爬起来，哎呀，高跟鞋扭了脚腕。

背景音乐：滑稽音效。

小雁（从地上爬起来，高跟鞋扭伤了脚腕）："哎呀！我的脚！"

小雁（用手揉着脚腕）："哇，好疼啊！"

旁白：大山赶忙扶起小雁，哎呀，小雁的手镯棱角不小心划伤了大山的手……

背景音乐：滑稽音效。

小雁（小雁懊恼极了）："天啊！我把这一切搞得一团糟！"

旁白：听说大家受伤了，保健雁赶忙提着药箱赶来了。

保健雁（保健雁仔细地为大家处理着伤口）："来，快擦擦伤口，小心感染！"。

小雁（不好意思地低下了头）："对不起，是我不好，让大家受伤了。"

旁白：洗洗脸，擦擦伤口，抹抹药膏，穿回园服和运动鞋，小雁回到了教室。

背景音乐：欢快的音乐。

小小雁（小小雁开心地）："小雁，你穿上园服和运动鞋真漂亮！我们又能一起赛跑了。"

雁姐姐（高兴地）："小雁，摘下项链的你，真漂亮！我们又能一起滑滑梯了。"

大山（兴奋地）："小雁，不戴手镯的你，真漂亮！我们又能手牵手一起玩了。"

小雁（开心地）："谢谢大家，我好幸福呀！可是，没有了项链、手镯、高跟鞋、口红，我是不是不美了呢？"

大家一起（异口同声地）："才不是呢，这样的小雁才是最美的！"

小雁（高兴地）："要不我送给大家每人一个美美的亲亲吧！"

大家一起（大家开心地拥抱在一起）："不涂口红的亲亲是最美哒！哈哈——"

背景音乐：欢快的音乐响起。

安全教育关键经验

①在园要穿简洁安全的衣服、鞋子，不佩戴各种饰物，不携带不安全、危险的物品来园。②上下楼梯不推挤，走跑跳时知道躲闪。

第一次做蛋糕

角色：大山、小雁、雁老师、雁妈妈、雁大厨、保健雁老师。

道具：橡皮泥草莓、橡皮泥鸡蛋、橡皮泥蛋糕、放橡皮泥鸡蛋的盘子、纸壳烤箱、纸壳洗手池、桌椅、塑料刀、医药箱、贴有烫伤药水的小瓶子、棉棒。

背景：幼儿园门口背景、班级教室场景、烘焙教室背景、保健室背景。

服装：大雁服装、围裙、口罩、保健医服装。

音效：鸟叫的音效、舒缓的音效。

第一幕

场景：下午，教室里孩子们围坐在雁老师身边。

背景音乐：轻柔舒缓的音乐。

雁老师："孩子们，告诉大家一个好消息，周一我们幼儿园新建的烘焙坊就要开放啦，大家可以和自己的爸爸妈妈一起来做好吃的糕点。"

孩子们高兴的欢呼起来："太好了，太好了！"

大山（急切地）："小雁明天我们一起做一个水果蛋糕好吗？"

小雁（开心地）："好啊，好啊，我想做一个草莓味儿的。"

第二幕

场景：早晨太阳出来了，路边有花草树木，小鸟在树梢唱着歌。

音效：鸟叫声。

旁白：周一早晨大山和小雁拉着妈妈的手早早地从家里出发了。

雁妈妈："你们今天打算做什么呢？"

大山小雁（争先恐后地说）："我们要做水果蛋糕，对，草莓味的大蛋糕。"

旁白：他们来到体验馆，热情地与雁老师打了招呼。

大山小雁："早上好，雁老师！"

雁老师："早上好，可爱的孩子。来，这是你们的围裙和口罩。"

大山小雁："谢谢老师。"

雁老师："将这个穿戴好，你们就是小烘焙师了。"

旁白：说着大山和小雁在妈妈和老师的帮助下穿戴好了。

雁老师（手指着洗手台）："孩子们做蛋糕前要先去洗手噢。"

第三幕：

场景：烘焙坊里有烤箱，操作桌，各种烘焙用具。雁大厨在整理物品。

旁白：洗完手的大山、小雁来到烘焙区。雁大厨热情地接待了孩子们。

雁大厨：欢迎你们，可爱的孩子们，我来给你们讲一讲怎样做蛋糕：首先，用打蛋器把鸡蛋打好，再加上面粉和糖、奶油，不停地搅拌，等到均匀后填充到模具里，放进烤箱烤一会儿就好了。

旁白：孩子们认真地听着，并不断地点头。

雁大厨："孩子们，你们都知道了吗？"

小朋友们："知道啦！"

第四幕

旁白：开始做蛋糕了，大山赶紧从桌子上拿了草莓，又拿来水果刀匆忙地准备切草莓。雁妈妈看到大山急不可耐的样子赶紧阻止了他。

雁妈妈（边给大山做示范边说）："大山，用刀切东西的时候一定要看准了慢慢来，刀子很锋利，容易割到手。"

大山："哦，我知道了。"

旁白：于是，大山慢慢地切起草莓。

小雁（端着盘子蹦蹦跳跳地）："妈妈，我端来了鸡蛋。"

雁老师（赶紧上前阻止了小雁，并耐心地告诉小雁）："教室里要慢慢走，用手端着东西更应该平稳地慢慢走，要不然容易摔倒伤到自己。"

小雁（不好意思地低头说）："我知道了雁老师，以后我再也不端着东西蹦蹦跳跳了。"

第五幕

旁白：大家都开始专心做起了蛋糕，过了一会，蛋糕做好了。雁妈妈把蛋糕放进了烤箱。一会儿，香味就飘了出来。

孩子们（闭着眼睛嗅着香味感叹地说）："好香啊，蛋糕烤好喽！"

旁白：大山心急地跑过去，打开烤箱伸手就去拿。

大山（捧着手，痛苦的样子，带着哭腔说）："啊，好烫啊，我的手被烫起了一个大泡，这可怎么装饰蛋糕啊。"

旁白：雁妈妈听到声音，赶紧跑了过来。

雁妈妈（心疼地捧着大山的手说）："大山，你怎么那么不小心，走我们先去找保健老师。"

第六幕

场景：保健室，保健老师正在电脑前工作。保健室里有洗手台，桌椅，医药箱。

旁白:雁老师和大山妈妈带着大山来到了保健室。保健雁老师赶紧用凉水帮大山冲伤口。

保健雁老师(一边抹药一边说):“大山,来烘焙室一定要注意安全,做事情别着急要慢慢来,以后一定要小心啊。”

大山(吸了吸鼻子,点着头说):“我知道了,老师给我们讲过烘焙室的安全,可是我太着急就给忘记了,下次我一定不会这样了,谢谢老师。”

第七幕

场景:烘焙室里,雁大厨和老师们都在等待大山,桌子上放着做好的草莓蛋糕。

旁白:大山和雁妈妈回到了烘焙教室,小雁和雁大厨已经将水果蛋糕做好啦。

小雁(赶紧跑向大山说):“大山,你没事了吧?”

大山:“嗯,我没事了,我们以后做事情一定不能着急,慢慢做,要注意安全。”

雁老师:“对啊,孩子们,我们一定要把安全放在第一位。好啦,我们一起来吃蛋糕吧。”

旁白:大家围坐在一起,开开心心地品尝起了香喷喷的草莓蛋糕。

安全教育关键经验

①在室内不要奔跑。②在烘焙室要注意各种烘焙用具的正确使用方法。③掌握简单自救常识,不慌张,不害怕,积极配合成人处理和治疗。

餐桌上的小绅士

角色:小花狗、小棕熊、小花猫、小猴子、小山羊、小雁、大山老师。

道具:小动物头饰,餐具若干。

背景:森林动物餐厅。

服装:小动物服装。

音效:音乐 Summer。

第一幕

场景:森林幼儿园的小朋友们都来吃饭了,大家开始自主取餐。

旁白:太阳公公一大早就露出了笑容,小动物到森林餐厅就餐了,大家自主取餐,小棕熊、小花猫、小猴子一起跑过来,拿起餐盘打打闹闹,跑到取餐处取餐。而小山羊、小雁一边排好队,一边安静取餐具。

小棕熊:“我先来,我先来!”

小花猫:“快来呀,我们吃饭了!”

小猴子:“我来了,前面的快让开!”

小花狗:“太挤啦,你都踩到我的脚啦!”

旁白:只听到大家的吵闹声:“你踩到我了,你碰到我了……”

大山老师(发现了小朋友不安全的举动,赶忙说):“大家不要拥挤,我们来看小山羊和小雁是怎样做的!”

小山羊:“你们不要这样拥挤,这样不文明的!”

小雁:“我们一起来安静、有序排队吧!”

大山老师:“小朋友们来取餐,安安静静把队排,稍稍等莫着急,轻轻拿起小餐具,你不挤来我不抢,文明礼让有秩序。小朋友试试看,这样就可以做到文明取餐了!”

旁白:大家听了大山老师的话,都去拿好餐具排队取餐了。

小花狗、小棕熊、小花猫、小猴子(都羞愧地低下了头):“我们记住了,取餐时一定要安静地排好队,轻轻拿餐具!”

第二幕

场景:小动物们取完餐坐到了小椅子上开始就餐了,这时不文明的饮食习惯又出现了……

小棕熊:“你看今天的饭可真香呀!”(狼吞虎咽地一边说话一边吃饭,差点被噎到)

大山老师:“进餐时莫讲话,细细嚼慢慢咽!”

小花猫:“我就想吃鱼,我不吃菜!”

大山老师:“食物多多有营养,身体健康不挑食!”

小猴子:“真好玩,真好玩!”(一边用勺子拍打餐具,一边用筷子指小朋友)

大山老师说:“玩餐具来进餐,这样的动作很危险!”

小山羊正在安静地就餐,看到小动物们这样吃饭,心里很是着急。

小山羊:“这样做很危险!”

小雁:“小棕熊慢慢吃,小花猫不挑食,小猴子别贪玩,大家文明吃美食!”

大山老师:“小雁小朋友说得对,吃饭的时候要安静就餐,大家一起来听一听《吃饭》这首小儿歌:

吃饭时,坐端正,右手拿勺子,左手扶着碗。

细细嚼,慢慢咽,不剩饭,不挑菜,自己吃饭真能干。

第三幕

场景:听了猫头鹰老师的话,小动物们都安静地进餐了。

餐后小动物跟着大山老师去散步了，小花狗、小棕熊、小花猫、小猴子、小山羊、小雁一边走一边回味着刚刚学习的新儿歌《吃饭》！

安全教育关键经验

会对自己和同伴进行适当安全保护，提醒同伴注意避免不安全行为带来的伤害，初步掌握安全进餐的常识。

公共场所安全

神奇的七彩虹

角色：小雁、大山、小猫咪、交警雁、小小雁、七彩光芒、斑马线、大楼、信号灯、行人5、汽车3。

道具：雨过天晴天空七彩虹的背景、七彩纱巾（象征七彩光芒）、纸箱制作的高楼（正面土黄色、反面七彩色）、透明纱制作的斑马线、纸板制作的信号灯（正面红黄绿、反面七彩色）。纸箱制作的汽车三辆。

背景：小雁家的客厅、马路边小公园、马路上。

服饰：纱裙一件（可以用手一拉裙摆变成七彩颜色）、大山穿的绿色衣服、小雁穿的红色衣服、七彩衫、七彩衣。

音效：优美的轻音乐、欢快的轻音乐、魔幻音效。

第一幕

场景：雨过天晴，美丽的七彩虹挂在天空，小雁趴在窗户上望着窗外。

背景音乐：优美的轻音乐。

旁白：雨停了，天晴了，美丽的七彩虹挂上了天空。

小雁（小雁趴在窗户上望着窗外，兴奋地自言自语）："红、橙、黄、绿、青、蓝、紫……美丽的七彩虹好漂亮！我要是有一件彩虹做的裙子，该多好呀……"

旁白：小雁正想着，顷刻间，一道七彩光芒从天而降，团团围住了小雁。（一名幼儿手拿七彩纱巾挥舞）

小雁："啊！太神奇啦！我的裙子真的变成了美丽的七彩虹！"（小雁幸福地跳起了旋转舞）

背景音乐：欢快的轻音乐。

小雁（兴奋地）："我要把这神奇的七彩虹送给整个世界！"

旁白：小雁充满了能量，她来到楼下，遇到了她的好朋友大山和小猫咪。

第二幕

场景：街心花园、马路上。

背景音乐：欢快的轻音乐。

大山："小雁，你的七彩裙太漂亮了！"

小猫咪："小雁，我也想要一件漂亮的七彩衣服！"（大山、小猫咪羡慕地看着小雁）

小雁（拿起一件七彩衫递给大山）："大山，送你一件七彩衫！"

小雁（拿起一件七彩衣递给小猫咪）："小猫咪，送你一件七彩衣！"

大山、小猫咪（大山、小猫咪将七彩衣服穿在身上）："谢谢你，小雁！"

旁白：小雁看着路边的大高楼，看着马路上的人行横道线，看着不停变换的信号灯，哈哈！我要让它们都变变变！

小雁（小雁双手在胸前交叉后斜上举打开）："大楼，大楼，快变成七彩大楼吧！"

大楼：（向后转身，变成七彩大楼）

背景音乐：魔幻音效。

小雁：（小雁双手在胸前交叉后斜上举打开）"斑马线，斑马线，快变成七彩线吧！"

斑马线：（两个小朋友翻转透明纱制作的斑马线，变成七彩斑马线）

背景音乐：魔幻音效。

小雁（小雁双手在胸前交叉后斜上举打开）"信号灯，信号灯，快变成七彩灯吧！"

信号灯：（向后转身，变成七彩灯）

背景音乐：魔幻音效。

旁白：整个世界一下子被七彩虹涂了彩，抹了色。

第三幕

场景：街心花园、马路上。

背景音乐：欢快的轻音乐。

大山（急匆匆地）："小雁，快变回白色人行横道线吧！行人乱过马路，都被撞倒好几人了……"

（行人无序地在斑马线上走，互相撞到）

交警雁（急得直跺脚）："小雁，不好了，信号灯变成七彩色，现在马路上的交通乱成一锅粥啦……"

（行人、汽车混行、交通无序的样子）

小小雁（着急、慌忙的样子）："小雁，汽车灯不停地闪呀闪，好几辆车都撞在了一起!”

(汽车无序地行驶,撞到一起)

小雁(小雁急得都快哭了):“不变了,不变了,快快回到原来的样子吧!”

旁白:一瞬间,所有的一切都回到了原来的样子,世界仿佛都回归了平静。

大楼:(向后转身,变成原来的大楼)

背景音乐:魔幻音效。

斑马线:(两个小朋友翻转透明纱变回斑马线)

背景音乐:魔幻音效。

大山(高兴地说):“小雁,你看,人们又能有秩序地走人行横道过马路了,多安全啊!”。

信号灯:(向后转身,变回信号灯)

背景音乐:魔幻音效。

交警雁(高兴地说):“红灯停,绿灯行,黄灯亮了等一等!”。

小小雁(兴奋地拍着手):“快看快看! 信号灯正常了,来往车辆多安全!”

旁白:小雁默默低下了头,真不应该给公共安全带来这么大的危险,小雁轻轻摘下裙子上最后一缕小彩虹,轻轻吹向马路对面……呀,小彩虹轻轻化成一道透明的绳,紧紧系起牵手过马路的“大手”和“小手”。大山、小雁、交警雁、小小雁也开心地拉起了彼此的手。

背景音乐:优美的轻音乐响起。

安全教育关键经验

识别交通标志,自觉遵守交通规则。

乘车,去旅游

角色:大山、壮壮、淘淘、小雁、医生阿姨、司机、导游阿姨。

道具:自制开放式大巴车、玩具猴、零食包装盒、急救包。

背景:大巴车上、动物园猴子区。

服装:幼儿自备服装、成人医护服装、成人导游马甲。

音效:儿歌《去郊游》《开汽车》《森林狂想曲》。

第一幕:乘车出发

旁白:今天天气晴朗,阳光明媚,是郊游的好日子。大山约了小雁、壮壮、淘淘一起去郊游。

场景:停车场上。

音效:《去郊游》音乐响起。

小雁、壮壮、淘淘(蹦蹦跳跳,哼着歌齐上场):"走走走,我们大手拉小手,走走走,一起去郊游……"

小雁:"今天天气这么好,动物园肯定很热闹,咦?你们看见大山了吗?怎么还没到?"

壮壮(边说边东张西望地找):"对呀!大山呢?说好九点集合的……"

导游阿姨:"请去动物园的游客带好行李物品,有秩序上车。"

淘淘:"导游阿姨,大山还没到,能等会儿吗?"

导游阿姨(看了看时间):"嗯,行程安排比较紧,只能等一小会儿,抓紧联系大山,快点来集合地点。"

(正说着,大山晃着手里的冰糖葫芦、爆米花……急急忙忙跑过来)

大山:"哈哈,不好意思,我刚才去买了一堆好吃的,旅游怎么能少了好吃的呢。"

大山(边说边往车上挤):"快快快,赶紧上车吃好吃的喽!"

小雁(一把拉住大山):"集体旅行,以后一定记住要守时,还有,上车要排队哦。"

(大山红着脸不好意思起来,赶紧退到队尾,排队上车)

导游阿姨:欢迎各位小游客乘坐快乐号大巴,今天我们的目的地是动物园,旅途愉快

(出发!汽车开动,轻音乐响起,快乐的旅行开始了)

音效:《开汽车》。

淘淘(蹦蹦跳跳去找大山):"你带了什么好吃的啊?"

大山:"给,你和小雁坐在一起吃爆米花吧!"

旁白:淘淘抱着一大桶爆米花,蹦蹦跳跳……这时汽车一拐弯,淘淘没站稳,"啪"的一声,摔倒了,散落一地的爆米花……

导游阿姨(把淘淘扶起来,边检查边说):"司机师傅快停车,淘淘,你没事吧?摔到哪里了,呀,手臂划破了!"

(淘淘一听划破了,吓得"哇哇"哭起来)

导游阿姨(赶紧拿出急救箱,用碘伏消毒,贴上创可贴):淘淘,别哭了,阿姨已经帮你消毒了,还好今天车速不快,不然后果不堪设想,以后坐车千万不能随便下位,在过道蹦蹦跳跳很危险。

导游阿姨(看了看满地的爆米花):"在车上吃零食也是不文明的行为,而且还容易呛到气管,以后一定要注意哦。"

淘淘(不好意思地):"谢谢阿姨,我以后一定不随便下位,也不在车上吃零

食了。”

旁白：(与观众互动)小朋友你记住了吗？

(安顿好淘淘，清理好车上散落的爆米花，汽车又重新出发……)

旁白：两侧的房屋、树木“唰唰”地向后滑去，就像放电影一样，很快让小伙伴们忘记了刚才的不愉快，孩子们又开始唱起歌：“小汽车，滴滴叫，带着乘客向前跑，钻山沟，过大桥，转个弯弯到站了……”

小雁(打开窗户，用手往外指)：“快看，前面就是动物园啦！”

导游阿姨(赶紧把小雁的手拽回来)：“危险！”

壮壮：“不能把手伸到窗外，如果旁边有车开过，手就会受伤。”

小雁(不好意思地低下头)：“对不起，我一高兴就忘了，让大家担心了，谢谢！”

导游阿姨：“嗯，以后一定要小心哦，动物园到了，请小游客一会儿自由活动，一定切记11:30到这里集合。在动物园，一定不要随便喂食动物，不要把手伸进围栏，现在请有序下车。

第二幕：动物园里的小插曲

音效：《森林狂想曲》。

旁白：动物园里真热闹，各种动物真不少；孔雀开屏多美丽，老虎狮子嗷嗷叫；长颈鹿脖子长，够到树叶吃个饱；大象鼻子长又长，走起路来摇啊摇；小猴子，真可爱，上窜下跳逗人笑。

壮壮(拉着淘淘的手)：“我们快去看猴子吧，小猴子爬树可快了，最灵活啦！”

淘淘：“我也最喜欢猴子，快走。”

旁白：饲养员正在给猴子补充食物，猴子吃了水果后，都高兴地跳着，摆着各种姿势，有的把尾巴挂在树枝上荡秋千，有的爬到山顶上蹲着看风景，有的还在跳舞。

壮壮：“看猴子又蹦又跳多开心啊，像在欢迎我们似的。”

淘淘：“你看那儿，有只小猴了好像没吃到水果，多伤心啊……”

壮壮：“我包里还有香蕉呢，你说我们送给它好不好？”

淘淘：“可是导游阿姨说不能随便喂食动物！”

旁白：两个小家伙看着没吃到食物的小猴子，你看看我，我看看你，他们做了个大决定，找个离小猴子近的地方，把香蕉送给它……

(壮壮隔着围栏拿着香蕉冲着小猴子晃了晃，栏杆太高了，这可怎么办？踮起脚尖还是够不到)

壮壮：“淘淘，你快帮帮我，就差一点了。”

淘淘(抱起壮壮):"这样能够着了吗?"

旁白:只听"吱吱、吱吱"一群猴子都跳过来抢香蕉,壮壮的手没有及时收回来,被猴子抓伤了……

壮壮(哭着说):"哎呦,好疼啊!"

淘淘:"快来人啊,猴子抓伤人了!"

旁白:还好,动物园的巡视员及时发现,赶紧通过医务人员,对壮壮进行简单包扎处理,紧急送往市疾控中心注射狂犬疫苗。(与观众互动)小朋友你知道吗?被动物咬伤了,狂犬疫苗要在几小时之内注射才有效?(等待几秒钟)是的,24 小时。

旁白:以后一定要记住,在动物园不要随意戏弄、吓唬、喂食小动物,有可能会激怒它们,容易被动物抓伤、咬伤。

安全教育关键经验

①在旅游大巴车上不要随意下位子,更不能在过道上蹦蹦跳跳。②在动物园不要随意戏弄、吓唬、喂食动物。③自己有困难或受到伤害时能准确告诉成年人伤害的部位及感受。

讲文明　排好队

角色:大山、小雁、雁老师、买蛋糕的老奶奶、坐公交车的小朋友、群众演员。

道具:大雁服装、桌子、道具蛋糕、公交车站牌、公交车、板凳。

背景:天空的背景、房间的背景、下雪的背景、蛋糕店背景、公交车背景、游乐场门口背景、木马背景、蹦蹦床背景。

服装:大雁服装。

音效:微风的音效、悠扬的音效、公交车"滴滴"的音效、嘈杂的人群音效。

第一幕

场景:天空的背景。

音效:微风的声音。

雁老师(雁老师飞在最前面,扭过头朝着后面的孩子们喊):"孩子们跟紧啦,别掉队,南方就要到啦!"

大山(噘着嘴不开心)对小雁说:"哎,又看不到雪啦,我好想看看雪呀。"

小雁(噘着嘴)说:"对呀。"

大山(眼睛转了转,小声)说:"要不我们用魔法下一场大雪吧!"

小雁(兴奋地)说:"好啊好啊,真是个好主意!"

第二幕

场景一：房间的场景。

小雁(拉着大山的手跑进房间)对大山说："我们得快点，不然我爸爸妈妈一会儿就回来啦！"

大山和小雁拉起手，闭上眼睛，嘴里开始轻声念起咒语。

场景二：下雪的背景

音效：微风的声音。

(大山和小雁紧张地拉着手，快步跑到门口，推开门)

小雁(激动地跳着)说："我们成功了，真的下雪了！"

大山(开心地跳着)："雪可真漂亮啊！"

(有许多小伙伴开始出来看雪)"阿嚏，阿嚏"有许多小雁开始打喷嚏了(做打哆嗦的样子)。

场景三：房间的背景。

(看到这个场景，大山和小雁回到了房间)

(小雁紧张地)对大山说："我们好像闯祸了，小雁们都生病了，大家一定会责怪我们的。"

(大山皱眉，一脸焦急的样子)他想来想去，对小雁说："要不我们离开这里吧！"小雁拉着大山的手，点了点头。(说完做准备飞的动作)

第三幕

场景一：天空的背景。

音效：微风的声音。

(大山和小雁飞上了天空，边飞边往下看)

突然，大山(指着下面)对小雁说："小雁你快看，这里人好多啊，我们下去看看吧。"

小雁(做点头的动作)："那我们在这里降落吧！"(做落地的动作)

场景二：蛋糕店背景，桌子上摆放蛋糕道具，许多人在排队买蛋糕。

音效：人群嘈杂的声音。

(大山和小雁边走边看，闻见一阵香味。)

小雁(舔着嘴唇)："我饿了，这些蛋糕好像很好吃，我们进去买点吧！"

大山(做点头动作)："好，正好我也饿了！"(大山和小雁做使劲挤的动作)

一位老奶奶(笑着和蔼的样子)："小朋友，买东西的时候不能挤，要排队，讲文明，不然会挤伤的。"

大山和小雁(做不好意思，低下头的动作)："我们知道了。"

第四幕

场景一：街道背景。

音效：公交车“滴滴滴”的声音。

（大山和小雁买完蛋糕后，在街上走着）

大山（激动地指着公交车）：“是公交车来了，我们去坐公交车吧，去游乐场看看！”

小雁（开心地跳着）：“好呀！”大山和小雁跑到公交车前。（大山和小雁做往前挤的动作）

一个排队的小朋友（叉着腰，大声地）：“老师说过，上汽车，守秩序，人多人少不拥挤，这样才能又快又安全！”

大山和小雁（做不好意思、低下头的动作）：“我们知道了。”（转身去排队的动作）

场景二：公交车上。

大山和小雁坐在座位上。广播响了：“游乐园就要到了，请乘客从后门有序下车。”

大山和小雁（很激动地）：“快点快点，到站了，我们下车去玩吧！”（做下车的动作）

第五幕

场景一：游乐园门口，许多人在排队检票。

音效：人群嘈杂的声音。

小雁（手指着游乐园门口）：“快看，里面有旋转木马！我们快点进去。”（做使劲挤的动作）

检票阿姨（微笑着）：“小朋友们，进游乐园的时候要讲文明，排好队哦，不能拥挤，有许多人也想进去呢，快去排队吧。”

大山和小雁（做不好意思、低下头的动作）：“我们知道了。”

场景二：蹦蹦床背景。

音效：欢快的音乐。

（大山和小雁拉着手走到了蹦蹦床前）

大山（拉着小雁走到队伍的末尾，对小雁说）：“我们排队吧，不能挤，要讲文明。”（小雁用力点头）

（雁老师笑着朝大山和小雁走了过来）

大山和小雁（笑着向雁老师跑去并拉着老师的手）：“老师老师，这次我们知道了，买东西，不拥挤，上下车，守秩序，公共场所讲文明，安全出行最重要！”

雁老师（抱住大山和小雁）：“好孩子，你们做得很对！快回家吧，爸爸妈妈在等你们。”

安全教育关键经验

自觉遵守游戏、活动的安全规则。

困在电梯里怎么办

角色：小雁、大山、王叔叔、电梯管理员、两位电梯维修师傅。

道具：电梯道具、足球、维修电梯工具。

背景：电梯。

服装：管理员制服、维修员制服。

音乐：轻松欢快的音乐、紧张的音效。

第一幕

场景：大山和小雁踢完足球回家。

背景音乐：轻松欢快的音乐。

旁白：周末的上午，大山和小雁踢完足球一起回家。走到小雁家楼下，他们相互道别后，小雁走进了单元门，碰见了王叔叔。

第二幕

场景：小雁在单元门口遇见了王叔叔。

背景音乐：轻松欢快的音乐。

小雁（有礼貌地打着招呼）：“王叔叔好！”

王叔叔（笑着）：“哎，小雁真有礼貌。”

旁白：突然，王叔叔叫住了小雁。

王叔叔：“等一下，今天的电梯好像出问题了，你不要自己一个人坐啊，最好还是走楼梯吧！”

小雁：“知道了，谢谢叔叔。”

旁白：走到了电梯口，小雁看了看电梯还在正常运行着。小雁心想，电梯这不好好的嘛，不会这么倒霉吧。

第三幕

场景：小雁走进了电梯。

背景音乐：紧张的音效。

旁白：按了一下上楼的按钮，很快，电梯就下来了。

小雁（走进电梯，按下了10层，5、6、7、8，看着不断变化的数字，心里美滋滋的）：“幸亏没听王叔叔的话爬楼梯，不然得多累啊！”

旁白：忽然，“咔，嚓”，电梯发出了怪怪的声音，然后就停止不动了，里面黑漆漆一片。

小雁：“有人吗？快来救救我啊！”

旁白：可是，外面没有人答应。小雁蹲在电梯里哭了起来，还不时地用手去扒电梯门。但是，她的力气太小了，根本打不开。小雁越来越害怕，不敢乱动。过了一会儿，她好像听见外面有脚步声。

小雁（拼命地大声喊）：“我被困在电梯里了，有人救救我吗？”

第四幕

场景：电梯门打开，小雁获救。

背景音乐：轻松欢快的音乐。

旁白：这时，电梯门“哗啦”一声打开了，是电梯管理员，后面还跟着两位维修师傅。

电梯管理员（关心地问道）：“小朋友，有没有受伤？”

小雁（哽咽地）：“叔叔，我没受伤，我很害怕！”

管理员叔叔：“以后要记住，电梯出现故障时，要保持冷静，不要在里面又蹦又跳，更不能擅自采取撬门、扒门等错误的自救行动，那样可能会导致电梯坠落。”

小雁（小雁擦了擦眼泪，问道）：“那我该怎么办呢？”

管理员叔叔：“你可以按电梯里的报警铃，这样会有人来救你的。”

旁白：听了叔叔的一番话，小雁认真地点了点头。长舒了一口气，心里想着：要把这些电梯自救小常识分享给小伙伴们！

安全教育关键经验

幼儿遇到危险时能够冷静处理，能够正确求助。

不要在停车场玩耍

角色：小熊嘟嘟、山羊伯伯、兔大婶、小猴子、小黄狗、小松鼠。

道具：玩具汽车、沙发、电视机、纸箱做的汽车若干。

背景：停车场背景、客厅背景。

服饰：小熊头饰、兔子头饰、山羊头饰、小猴子、小黄狗、小松鼠头饰。

音效：汽车开车声音、刹车声音、动画片声音。

第一幕

场景：小熊嘟嘟坐在舞台中间沙发上，电视里放着动画片，嘟嘟玩着手里拿着的小汽车，并不高兴。

嘟嘟（把玩具丢在一边，摊手叹气）："好无聊啊！爸爸妈妈带我搬到新房子里，可是这里一个好朋友都没有，动画片也放完了，我该做点什么呢？"（无聊地在房间里走来走去，慢慢走到阳台往外看，看到了在停车场玩耍的小伙伴）

嘟嘟（双手托腮状往下看）："咦，那里有一个停车场啊，哎哎，还有小朋友呢！"

嘟嘟（很兴奋的样子）："看他们玩得好开心啊！不行，我也要下去玩，哈哈！"（开心地穿上外套，跑出门）

第二幕

场景：停车场里，摆放着很多辆汽车，在停车场中间有一群小伙伴在做藏猫猫的游戏。

（嘟嘟唱着歌欢快地跑到了停车场，小伙伴都围了过来）

嘟嘟："嗨！大家好，我叫嘟嘟，我能和你们一起玩吗？"

小黄狗："好啊！咱们一起玩藏猫猫吧！"

（藏猫猫的游戏开始了，大家都躲进了停车场）

小猴："嘟嘟，我看见你了，别让我抓住你。"（嘟嘟跑，小猴追）

第三幕

场景：停车场，山羊伯伯开着小汽车，一边开一遍哼着歌。

背景音乐：开车的声音。

小熊嘟嘟（边跑边往后看）："小猴，你来抓我呀！哎哟！"（嘟嘟一下子坐在了地上）。

山羊伯伯："哎呦，我的天哪！"

背景音乐：刹车声。

嘟嘟（坐在地上嗷嗷大哭）："呜呜，呜呜……"

（小伙伴们都跑了过来，大家都围着嘟嘟）

小伙伴们："嘟嘟，你没事吧！"

山羊伯伯："孩子，你怎么样？没撞着你吧？"（做着急的样子，摸摸嘟嘟的胳膊和腿）

（兔大婶挎着菜篮走来）兔大婶（摸了摸嘟嘟的头，语重心长地）说："孩子们，你们看，这个多危险啊！你们怎么能在停车场里玩呢？停车场全是车，你们个子矮，司机在车里是看不见你们的。"

山羊伯伯："你们在停车场玩，要是司机叔叔不注意，会撞到你们的。"

（嘟嘟听了，擦了擦眼角的泪水，低下了头）

嘟嘟："谢谢兔大婶。对不起山羊伯伯，我知道错了，我以后不会在停车场玩了。”

小黄狗、小猴子、小松鼠一起说：“我们也知道错了，以后再也不会在停车场玩了。”

兔大婶：“好啦！孩子们，我带你们一起去个安全的地方玩吧！”（大家拉着手，蹦蹦跳跳地离开了）

安全教育关键经验

①让小朋友明确哪些是不安全的游戏场所。②在运动、游戏时，遵守规则，不互相追打、乱跑碰撞，不猛跑猛停。

参考文献

1. 王雪:《幼儿园教育管理大全》,吉林大学出版社 2014 年版。

2. 曹冬:《幼儿园安全管理与教育》,北京师范大学出版社 2015 年版。

3. 陶金玲、许映建:《幼儿园班级安全管理》,中国轻工业出版社 2014 年版。

4. 天跃图书工作室:《幼儿园的 50 个安全管理问题》,福建教育出版社 2015 年版。

5. 洪秀敏:《幼儿园教师必知的 60 条教育政策与法规》,中国轻工业出版社 2014 年版。

6. 王明:《幼儿园一日活动教育细节 69 例》,中国轻工业出版社 2014 年版。

7. 吴文艳:《幼儿园一日生活过渡环节的组织策略》,中国轻工业出版社 2014 年版。

8. 苏晖:《幼儿园安全管理实用手册》,中国农业出版社 2016 年版。

9.《中小学幼儿园安全管理办法及相关文件汇编》,中国法制出版社 2006 年版。

10. 雷思明:《幼儿园安全策略 50 条》,华东师范大学出版社 2013 年版。

11."国家安全生产法制教育丛书"编委会:《学校及幼儿园安全管理法规读本》,中国劳动社会保障出版社 2009 年版。

12.《中小学幼儿园安全管理办法》,教育部令第 23 号文件,2006 年。

13. 金龙哲、宋存义:《安全科学原理》,化学工业出版社 2004 年版。

14. 欧新明:《学前儿童健康教育》,教育科学出版社 2003 年版。

15. 陈珍国:《学校安全管理》,复旦大学出版社 2008 年版。

16. 郑佳珍、朱炳昌:《幼儿安全保护指导》,高等教育出版社 2004 年版。

17. 陈帼眉、冯晓霞、庞丽娟:《学前儿童发展心理学》,北京师范大学出版社 2012 年版。

18. 毕义星:《中小学生命教育论》,天津教育出版社 2006 年版。

19. 李永连、李秀英:《当代日本幼儿教育》,山西教育出版社 1997 年版。

20. 石连海、马雷军:《中小学幼儿园安全教育教师读本》,中国轻工业出版社 2007 年版。

21. 顾荣芳:《学前儿童健康教育论》,江苏教育出版社 2012 年版。

22. 庞建萍、柳倩:《学前儿童健康教育》,华东师范大学出版社 2008 年版。

23. 教育部基础教育司:《幼儿园教育指导纲要(试行)解读》,江苏教育出版社 2002 年版。

24. 梁志燊:《学前教育学》,北京师范大学出版社 2011 年版。